徐远的投[illegible]课

[illegible]战篇

徐远◎著

徐远的投资课

投资案例实战分析 | 实战篇

徐远◎著

中信出版集团 | 北京

图书在版编目（CIP）数据

徐远的投资课．实战篇：投资案例实战分析 / 徐远著．-- 北京：中信出版社，2021.10（2021.12 重印）
ISBN 978-7-5217-3419-5

Ⅰ．①徐… Ⅱ．①徐… Ⅲ．①金融投资－基本知识 Ⅳ．① F830.59

中国版本图书馆 CIP 数据核字（2021）第 152840 号

徐远的投资课·实战篇——投资案例实战分析
著者：　徐远
出版发行：中信出版集团股份有限公司
（北京市朝阳区惠新东街甲 4 号富盛大厦 2 座　邮编　100029）
承印者：　中国电影出版社印刷厂

开本：880mm×1230mm 1/32　印张：8.75　字数：186 千字
版次：2021 年 10 月第 1 版　印次：2021 年 12 月第 2 次印刷
书号：ISBN 978–7–5217–3419–5
定价：58.00 元

目　录

第四篇

链接的分析

第五篇

破碎的规律

第六篇

真假的神话

自序

纸上得来终觉浅

冬夜读书示子聿

陆游

古人学问无遗力，少壮工夫老始成。

纸上得来终觉浅，绝知此事要躬行。

严格说起来，这不是一本教人投资的书，只不过是我的学习感悟。我的博士专业是金融学，毕业以后在大学里教了十几年的投资课，自己也做了十几年的投资操作。在投资这件事上，回首十几年的科研、教学和实际经验，觉得走过了三个阶段。

第一个阶段，是“一知半解”。博士毕业之后的好几年，大概都处于这个阶段。作为新出炉的博士，看起来是饱读诗书，其实理解并不深。金融市场博大精深，不是上十几门课，发表十几篇论文就能完全理解的。融会贯通，需要很多的学习、观察、积累。博士毕业后的几年，其实就像高年级的博士生，是个继续学习、积累的过程。

第二个阶段，是“纸上得来终觉浅”。毕业几年后，随着知识、阅历的积累，对金融市场的理解会加深，会进行一些独立的思考，形成一些独立的观点。这时候的困难，不是不理解基本知识、基本原理，而是在错综复杂的金融市场里，相关因素太多，很难抓住重点，做出准确的判断。

换言之，这时候的困境，不在于不理解市场的复杂性，而在于不能做到“大道至简”。所谓“大道至简”，是很多的思考之后，能够做到化繁为简，形成简单的分析框架。这个框架虽然简单，但是绝不幼稚，而是能够理清关系、分清主次，并且抓住要点、推演结论，然后再进行反复推敲。

要想做到大道至简，除了学科知识的积累，还要对经济的实际运行、对市场的实际运行有深刻的观察、积累。这时候，你就会真真切切体会到“纸上得来终觉浅”。没有实际研究、实际操作的锤炼，你很难真正理解变量之间的关系，那么多的重要因素，也很难分清孰轻孰重。化繁为简、以简驭繁，需要对真实世界的理解、体会、玩味。这个过程，遇到好老师可以帮很大的忙，但是不能替代自己的修行。

修行的过程，是一个犯错误的过程。在北大的课堂上，我也讲过自己的一些失败经历。比如 2007 年的时候，我卖掉了腾讯的股票，错失了财务自由的机会，就是没有深刻理解腾讯的逻辑。那时候我还处于“一知半解”的阶段，所以倒也并不自责。再比如，三一重工是一只明星股，可是我在三一重工上不仅没赚钱，还赔了钱。从2011年到2014年，我对中国的经济发展、城市化有信心，所以大量持有三一重工的股票，但这几年恰好是三一重工股价大幅回调的时期。事后看，从经济发展、城市化到工程机械行业，中间还有经济周期、政策周期、行业周期。中国股市波动很大，周期因素的影响很大。

每每想起这些错误，我就更加明白一件事，所谓投资回报，是自己的知识、见识的函数。没有那份知识、见识，不仅赚不到钱，还可能赔钱。而且，知识、见识是没有止境的。因此，投资是一生一次的修行。要投资得好，就不能停止修行。

投资修行的第三个阶段，是“只缘身在此山中”。有时候，觉得自己看不清，除了知识、见识的局限外，还因为自己身在局中，不能冷静超然。理智和情绪不能分割，不能达到最好的状态，分析力、判断力也会受影响。

2021年初，A股在盘整之后大幅上涨，开始快速拉升。不到两个月的时间，沪深300指数涨了几乎20%，从5000点左右涨到了5900多点，创了历史新高。需要注意的是，股市已经连续大涨了两年，估值已经很高，这时候的上涨是“百尺竿头，更进一步”，该怎么办？是继续持有，还是规避风险、空仓观望？

类似这样的问题，教科书里没有答案，必须结合实际情况分析判断，需要多年的修习、磨炼和积累。就像武侠小说里的功夫，是日复一日练出来的，光背诵口诀是不行的。至于武林奇遇，瞬间功力暴增，只是一种幻想。能遇到好老师点拨，少走弯路，就已经是奇遇了。因此，我对一路走来启发我的师长，始终心怀感激。

回到2021年初，当时我的判断是市场估值太高，尤其是市场认可的“白马股”估值太高，已经透支了涨幅。因此，年初的时候公开表达了谨慎态度[①]，并且建议购买安全资产，比如债券，这样一来规避风险，二来也有不错的收益。到本书定稿的时候，也就是2021年8月的时候，股市已经发生了很大的波动，很多白马股发生了大幅回调，像贵州茅台、美的集团、恒瑞医药、迈瑞医疗等之前备受青睐的消费、医药股票，业绩、质地都不错，但是股价都大幅回调。

和股市相反，债市则实现了不错的收益。我曾经在一年前提示过国债期货的投资机会：当时10年期国债期货的价格在98以下，我的判断是2021年底前会到100[②]。到了2021年8月初，国债期货主力合约的价格已经达到目标位100。如果只用10倍的

① 详见“徐远观察”公众号2021年1月14日推文：直播回顾丨回顾与预判：庚子岁末话桑麻（内含直播课件）。

② 详见“徐远观察”公众号2020年8月29日推文：国债期货良机再现。

杠杆，即保障仓位的绝对安全的情况下，则相当于最少实现了20%以上的安全回报[①]。

这时候，我决定清仓，只持有少量的中证500指数基金，并且在个人公众号上说了“休息是一种工作，空仓是一种投资”，算是和公众号读者分享自己的策略。

空仓的原因有两个，一是后市短期内看不到明显的趋势，大概率就是一个波动，风险大于机遇。二是秋天开学，教学任务比较重，有一门新课想仔细准备，并且写一本教材。认真教过书的人都知道，台上一分钟，台下十年功。这门课和货币有关，货币的问题我琢磨了近20年，可谓是魂牵梦绕，但是一直没能写下像样的文章，也可以说是一块心病。所以想仔细梳理一下，对得住课堂里的学生，也对得住这么多年的冥想。对于一个问题始终感兴趣，心里不愿放弃，其实也是一件幸福的事情。

当时心里有过判断。第一，这个空仓不一定对。写这个稿子是2021年8月底，回头看空仓股票大面上是对了，因为股票回调了很多，2021年内至今大面上是亏损的。空仓债市是8月初，之后债市一直是震荡的状态，不排除后市向上的可能性，但是总体上看不清方向。

之所以看不清，还是“只缘身在此山中”。站在2021年8月，发现股市估值不低，债市也涨了很多，年内经济增速已经很高，

① 国债期货自带50倍杠杆，通过多放现金可以降低杠杆。

没有保增长的压力。国际上，中美之间的关系还是很紧张，拜登政府想联合国际力量打压中国发展空间，不排除中美矛盾进一步激化的可能性，并波及金融市场。所以，稳妥起见，我选择清仓。清仓之后，相当于短暂退出金融市场，给自己一点冷眼旁观、理清思路的时间，等看清了再进去。有时候，一个超然的视角，可以帮助我们看清局势。

实在看不清的时候，跳出此山，是一种放弃，也是一种策略。

但是经济增速下行，宏观政策也有可能放松，导致后市向上突破。如果后市向上突破，这次空仓就错失了一些利润。但是错失的部分，是因为我看不清趋势，超出了我的能力边界，不属于自己能赚的钱。长期看，投资就是不断拓展能力边界，这样才能获得可持续的回报。而恪守自己的能力边界，才能在资本市场活得安稳舒适，并获得长久收益。

关于这个“只缘身在此山中”，还有一个更加通俗的版本：“只缘尚在赌局中。”投资是看长期的趋势，需要安全、稳固的逻辑。如果你发现看不清，感觉上涨、下跌都有可能，就很像是赌博，不是投资了。在赌场里，有这样一句话：不怕你坐下，就怕你站起来。站起来离开，你的利润才是自己的。

这本书的内容，就是反复在实战中积累知识，拓展自己的能力边界。如果看得清，投机就可以变成投资。如果看不清，投资就变成了投机。学会了，看清了，投机就变成了投资。在这个过程中，既需要学习已有的规律，也要留意规律的变化。所谓投资，就是不断学习的过程。

比如说，参与股市的老股民，都知道“小盘股效应”：平均而言，小盘股的回报率比大盘股高。可是，不管在A股市场，还是美股市场，小盘股效应都已经消失了，2015年以来就已经没有了。考虑到小盘股效应已经存在几十年，在美股市场上甚至已经存在近百年，这种消失很让人警醒，很可能意味着底层逻辑已经发生了变化。在第四次工业革命已经露出曙光，平台经济正在替代传统经济的大背景下，这种变化可能是深刻的、不可逆转的。不学习新的规律或者规律的新变化，就很容易在市场上交很贵的学费。

投资的知识没有止境，而且会不断出现新情况，所以持续学习很重要。比如说，电动汽车是个新兴行业，这个行业应该怎么看？在这本书中，我通过分析特斯拉这个现象级的企业，加深了对这个行业的理解。比如，电动汽车降成本的关键，在于电池技术，而这个技术还没有完全成熟，还在演化中，行业格局还没定调。再比如，这个行业的一个卖点是自动驾驶，可是自动驾驶不仅是技术问题，还是法律问题，短期内很难落地。因此，依赖自动驾驶支撑的市值，有泡沫的嫌疑。

基于仔细的分析，我发现电动汽车这个行业还有一个重要特点，就是竞争激烈。不仅传统车企巨头都在进军这个前途远大的领域，新兴势力也很强大。竞争激烈意味着利润率不会太高。因此，我判断特斯拉1000多倍的估值有点离谱。这个估值，不仅蕴含着未来很多年都要高速增长，而且需要巨大的竞争优势，比竞争对手大得多的优势，这样才能有很高的利润率。然而，在这个高度竞争的行业，很难有企业有这样大的优势。综合多种因素考虑，我判断特斯拉的股价存在泡沫，并做出“三年之内股价腰斩”的预测。

做出这一预测，并不是要做空特斯拉，而是因为估值明显偏高，不要去碰它。对于一个投资标的，除了做多、做空之外，还有第三个选择：不参与。其实，真正的投资者需要参与的投资标的很少，只有那些理解很深、很有把握的标的才需要参与。绝大多数标的，都是不需要参与的。

关于做空，可以加一句题外话。我自己的博士论文写的是“卖空机制”问题，知道卖空不仅要看对，还要求股价很快回落。换句话说，卖空不仅要看对趋势，还要看对波动，看对趋势已经很难，看对波动就更难，而且风险很大。因此，我是从来不做空的。

既然从不做空，为何要做这样的预测呢？这要从预测的目的说起。

做宏观经济和金融市场分析，因为涉及对短期未来的一些判断，预测是一种很好的分析方法。为了做出判断，比如判断未来半年到一年的经济走势、政策走势、市场走势，你需要把重要的事情都梳理一遍，对未来可能的重要变化都要梳理一遍。这样一来，你对一段时间的走势会做到心里有数。这时候，万一出现重大的、没有预期到的变化，你也不会慌乱，而是可以重新计算影响大小，之前的分析可以作为参照系。知道错在哪里，也是一种进步。

所以，预测不能保证对，但凡预测总可能错。但是，预测不失为一种方法，提供了难得的思考过程和参照系统。更何况，在这个互联网时代，仔细分析之后，白纸黑字写出来，放在网上等待时间检验，是智力上挑战、心情上愉悦的事情。

最后做三点说明。第一，我做过一个线上课，叫"徐远的投资课"，是多年在香港大学、麦吉尔大学、北京大学教书的基础上，整理提炼而成。课程推出以后，又结合金融市场中的重要问题，做了 12 讲的"加餐"，都是针对具体问题的分析。这本书，就是根据这 12 次"加餐"的内容整理、补充而成。所以，如果你已经订阅收听了"徐远的投资课"，那么这里面的内容你都见过，除非想再看文字稿，否则不一定要买这本书。

第二，这本书是前一本书《徐远的投资课》的续篇，这两本书都是根据同名线上课的讲义整理而成。前一本书讲的是投资的基本原理，包括投资方法、投资工具、投资操作，这本书是在前一本书的基础上，结合具体问题的分析写成。

第三，本书的章节虽然相互关联，每一章也可独立阅读。如果你放在床头，每晚读一章或者读几页，大约一个月可以读完。希望我认真写的这些分析思考，可以成为你一次愉快的阅读体验。

/ 第一篇 /

见微知著

一花一世界，一叶一如来。看清一件小事，就看清了整个世界。

本篇分析三个案例，把逻辑推到极简，把熵值降到最低。

中国银行（简称“中行”）原油宝是挂钩期货的理财产品，相当于买期货，风险很高，不适合普通投资者。“原油宝事件”，显示了金融创新的盲动和金融监管的漏洞。

茅台酒的逻辑和大城市房产是一样的：供给有限，需求无限，很难被替代，而且可以抗通胀，可以投资。简言之，二者都既是高端消费品，也是安全金融资产。茅台股价的靓丽表现，和大城市房价的上涨背后是同一种驱动力，都是中国的经济增长、消费升级、财富保值。

科创板推出的ETF（交易型开放式指数基金），是一种很好的投资工具，可以分散风险，同时分享科创板成长的收益。不过，如果估值太高，可以再等等。投资很简单，就是低买高卖，太高的时候不着急。

第一章

中行原油宝事件：错误的和正确的教训！[①]

2020年，中行的“原油宝事件”引起很大关注。和很多金融事件相比，这件事有一点很特殊：很多投资者不仅赔光了本金，还要被追加损失。比如说，小王买了1万元的原油宝，最后不仅这1万元赔光了，还倒过来欠银行2万元。这样的事情，可以说是闻所未闻。网上有笑话说，前两年的网络贷款，也就是P2P（个人对个人）贷款，虽然让投资者损失惨重，但比较之下其实很安全，毕竟只会损失本金。

根据媒体的公开报道，中行原油宝有6万多客户，保证金余额共42亿元，不仅这42亿元全部损失，客户还倒过来欠中行58亿元，总共损失100亿元以上。而且，这6万多户投资者，很多并不是专业的玩家，其中2/3是投资5万元以下的散户，其中不少是中老年人。

这个事情爆发以后，市场上有很多议论，有批评中行不专业的，有批评这个产品设计不合理的，还有批评海外的交易所合谋

① 本文写于2020年4月。

来欺骗中国投资者的。其中有一些合理的批评，也有一些误解。在这个事件中，最重要的不是批评谁，而是要正确分析，从中吸取正确的教训。为了吸取正确的教训，我们要搞清楚几点。

第一，原油宝产品的机制到底是什么？这个产品虽然细节很复杂，但基本原理其实很简单，就是挂钩原油期货的一种理财产品。这里的重点是，这个产品挂钩的是原油期货，不适合非专业的普通投资者。

第二，为什么投资者会倒贴？导致投资者倒贴的直接原因，是原油期货的价格变成了负数。价格变成负数，听起来很奇怪，那么你可以问一下，这种情况是合理的吗？是历史上第一次出现吗？我在下文会告诉你，历史上已经出现过很多次负价格，这并不奇怪。投资者不知道负价格就去买，才是奇怪的事情。

第三，价格为负隐含着一个关键问题，就是投资者要负无限责任，即损失可以无穷大，这是合法的吗？这和现代商业的“有限责任”原理，是一致的吗？后面我会告诉你，期货出现负价格是合法的，期货交易是无限责任的，并不违反“有限责任”的一般原理。

第四，在前面三点分析的基础上，中行“原油宝事件”对我们有什么启发，应该吸取什么教训？中行的产品设计和风险控制显然是有问题的，不然投资者不会有这么大的损失。但是对于投资者而言，更重要的是提高自己的投资认识，避免类似的悲剧重复发生。

以上四点是基本分析思路，我也预告了基本结论，下面我们一步一步展开分析。

第一个问题：原油宝这个金融产品，基本机制是什么？

原油宝这个金融产品机制的细节很复杂，但是基本原理很简单。投资者买了这个产品，相当于买了国外的原油期货，中行相当于充当了投资者买卖国外原油期货的通道。虽然这说起来很简单，但是因为涉及原油期货，所以很多细节里都隐藏着风险。

比如，期货是有到期日的，不像股票一样可以长期持有，这次“原油宝事件”涉及的合约是 2020 年 5 月到期，最后交易日是 2020 年 4 月 21 日。那到期之前怎么办？一个办法是清仓，也就是卖掉。另一个办法是展期，也就是卖掉到期的期货，同时买入一个远期的、还没到期的期货，相当于延长这个期限。这次“原油宝事件”投资者之所以遭受损失，就是因为到期没有及时展期，然后被市场上的炒家阻击，价格变成了负数，最后损失惨重。

你可能会说，那展期不就行了吗？没有这么简单，很多时候细节决定成败。比如说，什么时候展期？到期之前几天展期？举个例子。工商银行、建设银行也有类似的产品，产品设计和原油宝很类似，但是展期的日期是到期之前5个交易日。看起来很好，可是展期之后，很多客户发现损失惨重，本来买的是400桶原油，展期之后只剩下300多桶，损失超过20%。面对这样的损失，是展期，还是卖掉算了？如果卖掉，你会不会不甘心？有没有勇气承认错误，斩仓收手？面对真金白银，才是考验投资智慧的时候。

再比如，期货波动很大，会升水或者贴水，展期的时候应该怎么考虑？不要小看这些细节，这些虽然看起来是小问题，但其实都是大问题，一不小心就是好几个百分点的损失，相当于普通投资者一年的收益。如果没弄清这些问题，没想好怎么处理，最好不要碰这类产品。

原油宝的机制，简单概括就是买原油期货，中行提供了一个买卖期货的通道，挣做通道的钱。既然是期货，就有很大的风险，包括到期、展期、升水、贴水等。这些词，你听起来可能很陌生，可这还不是最困难的。原油期货是商品期货，要买的话就要深刻理解原油的价格波动，这个要求很高，不仅要理解宏观经济、原油市场，还要理解地缘政治，每一项都很复杂。

说实在的，关于“原油宝事件”，我有一点非常不明白，为什么那么多人凭“抄底”两个字就拿着真金白银冲了进去？我自己研究了很多年的宏观经济，也研究了很多年的投资，算是懂一点宏观经济和原油市场，也懂一点地缘政治的，但也只能说是略懂，不敢说很懂。我从来不敢做原油期货，因为知道里面门道很多。我不明白为什么那么多散户胆子这么大，敢做原油期货，也不明白这些大银行怎么会设计一款链接原油期货的理财产品。设计这个产品也就罢了，为什么还卖给那么多“小白”？

在这本书里，我会专门讲金融衍生品，包括期权、期货等，具体细节你可以在相对应的章节中学习。关于金融衍生品，我的讲法几乎和所有专家都不一样，要点只有一句话：尽量不要碰。如果一定要碰，我也教你一些相对稳妥的办法。为了讲清楚这两点，我会举很多例子给你剥开金融衍生品的华丽外衣，让你看清它的本质。

第二个问题：原油期货价格为负值很奇怪吗？

这次“原油宝事件”，一个争议的焦点是期货的价格居然是负的，最低的时候达到–40.32 美元/桶，最后收盘价格是–37.63 美元/桶。

看到这个数值，很多人觉得很奇怪，甚至觉得里面有阴谋，是国外机构阻击中国的原油多头，专门对付中国投资者的。类似这样的阴谋论很流行，阴谋论虽不一定全错，但是困难在于没法进一步分析，既找不到证据证实，也找不到证据证否，只能说说而已。最后只能比谁的口才好、谁的嗓门大，或者谁能够睁着眼睛说瞎话，还说得头头是道。

好在原油宝这个事情没那么复杂，我们只需要问一个问题：这是商品期货价格第一次出现负值吗？还是历史上曾出现过？如果历史上出现过，就说明这很正常，符合交易规则，我们要做的是去理解这个规则。

其实商品的价格为负，并不奇怪。我先举一个例子。2015年7月26日，美国南加州地区的很多居民发现，他们的用电价格居然是负的。什么意思呢？就是此时用户多用电不仅不交钱，反而会收到补偿，而电力公司需要为自己发的电支付费用，让用户用。南加州在美国并不偏僻，而是很繁华的地区，美国第二大城市洛杉矶就在这个地区，人口众多。

那为什么会这样呢？原因在于这个地区主要利用太阳能和风能发电，当太阳能和风能很足的时候，发电量就很大。电力很难存储，必须用掉，否则发电机组就要停转，这在技术上成本很高。这和炼钢锅炉的道理一样，必须持续开着，保持高温燃烧，关一次成本很高。因此电力公司付钱给居民，让他们把电用掉，以保持发电机组的正常运行。其实，负电价在历史上并不罕见，除了美国，英国、德国、荷兰等国家都出现过负电价的情况，原理就是刚才讲的，需要把电用掉，以维持机组的运行。

电力价格为负，基本原理是电的存储成本非常高，这个原理在石油上也适用。原油有很高的运输和储存成本，绝大部分投资者都无法承担这样的成本，因此负价格相当于付运输存储费用。

不仅石油，天然气也存在同样的情况，历史上天然气的价格也经常为负。一个做商品期货的朋友告诉我，天然气期货有个别称，叫“寡妇制造者”，意思是投资天然气期货风险特别大，不少老手也会倾家荡产，甚至跳楼。期货炒家跳楼，孩子、老婆就成了孤儿寡母，因此天然气期货被称为“寡妇制造者”。

所以，原油的价格为负并不奇怪。对于市场上有关这次事件是针对中行投资者的阻击这样的分析，我想说两点。第一，期货市场上的阻击本来就很正常，会经常发生，并不是专门针对某一个固定的人，而是针对所有做出错误决策的人。第二，要想不被阻击，就不要参与。尤其是散户，在这个市场上，其实就是充当韭菜的。金融市场看起来很炫，其实很残酷。这就是为什么我在讲投资时反复讲，投资最重要的一点是稳健，不懂的东西不要投。

第三个问题：期货负价格的隐含假设——无限责任，是合法的吗？

这个问题很重要。价格可以为负，就隐含着一个关键问题，就是投资者要负无限责任，也就是损失可以无穷大。

为什么这个问题很重要呢？因为这可能会让投资者血本无归，倾家荡产，这已经很严重了。更重要的是，这里还涉及一个基本的商业原则。

现代商业社会中有一个基本原则，叫作“有限责任”。很多公司的名称中都带有“股份有限公司”“有限责任公司”的字样，意为投资者、经理人对于公司的债务只负有限责任。公司经营不善、资不抵债了，债权人最多让公司破产清算，不能到老板家里拿东西抵债。买股票、债券的损失，也是以投资额度为限的，最多赔完本金，不能连带其他没有投资的资金。这里的有限责任，是保护经营者、投资者的。有了这层保护，经营者和投资者才愿意承担风险、进行探索。总体上，有限责任制度对社会是有益的，是社会的一大进步。

既然有限责任是基本商业原则，那期货的无限责任是合法的吗？答案是合法的。虽然“有限责任”是一个基本原则，但是期货不一样，是一个例外，期货交易是无限责任的，价格可以为负。换句话说，期货交易本来就不遵守“有限责任”的规则。比如说，期货交易合约里都有一条：保证金不足的时候，要追加保证金。这里的追加保证金，其实就包含了无限责任的意思。

根据中国证监会的规定，客户在进行期货交易之前，都要签署一份法律文件——《期货交易风险说明书》。说明书中第一句话就指出：“进行期货交易风险相当大，可能发生巨额损失，损失的总额可能超过您存放在期货公司的全部初始保证金以及追加保证金。”损失总额超过全部保证金，当然就不以投资额为限制了，这就相当于无限责任了。

在中行的原油宝案例中，原油宝适用的《中国银行股份有限公司个人账户商品业务交易协议》有明确的规定："因各类原因产生客户交易专户透支、资金不足的事实时，客户负有及时补足资金的义务，客户同意银行有权暂时冻结其签约账户，客户应在银行通知的时间内补足交易专户内的资金。"

因此，合约里是有明确说明的，无限责任本身不是问题。但是，对于无限责任的解释和告知，可能是一个问题。我不清楚中国银行以及其他发行类似原油宝产品的商业银行，有没有真正做到风险告知。比如这个产品背后链接的是期货，期货风险很大，而且是无限责任，不适合普通投资者。这些基本常识，银行的销售人员应该反复给投资者说清楚。

最后，我们讨论一下从"原油宝事件"中，我们应该吸取什么教训。我不想给你讲敬畏市场、尊重市场，也不想给你讲更多的期货专业知识。在这里，我只想给你讲：什么是投资，你应该如何投资，如何设定自己的投资目标？

我曾经讲过，投资是做自己懂的事情，在超出自己知识边界的产品上，你是在赌博，不是在投资，很容易成为被人收割的韭菜。希望原油宝这个例子，能够帮助你加深对这句话的理解。

本章要点：

1.原油宝是挂钩原油期货的金融产品，风险很大，投资者的损失令人痛心，但是这样的损失在期货上很常见。

2.商品价格为负并不罕见，原油价格虽是第一次出现这种情况，但是其他商品以前出现过，包括电力、天然气。价格为负的基本原理，是商品的运输和仓储成本。

3.期货交易是无限责任，这不是问题，投资者在不了解无限责任的情况下进行交易，才是问题。

4.“原油宝事件”的真正教训，是投资自己懂的产品，不懂的产品不要投。在超出自己知识边界的产品上，你很容易成为被收割的韭菜。

第二章

茅台的逻辑，和房子是一样的[①]

2020 年 7 月 16 日，股市开盘震荡上涨，可是后来却急转直下，三大指数都大幅下跌，收盘跌幅都超过 4%。在本章中，我们先分析这次下跌，然后提炼一些要点。

首先，我们来梳理一下当天的情况。当天 A 股一开盘，并没有明显下跌，沪深 300 微跌了 0.06 个百分点，代表中小板、创业板的中证 500 指数和创业板指数还略微高开。当天新上市的中芯国际开盘大涨 246%，中签的投资者兴高采烈，忙着发红包。看起来一切都很好，又是美好的一天。

开盘后的演绎，也是向着好的方向发展，券商、地产、基建板块表现不俗，带领指数向上。创业板指数最高涨了 1.3%，中证 500 指数最高也涨了超过 1%，沪深 300 指数涨了 0.6%。

这里面有一个细节，就是靠近这个时点的 A 股如果中小创业板开盘比大盘蓝筹股表现好，就说明市场情绪比较好，当天走势大概率是向上的。

---

① 本文写于 2020 年 7 月 17 日。

可是，从当天大约9点45分，也就是开盘15分钟以后，情况开始变化，股市开始回落，并且一路下行。到收盘的时候，三大指数跌幅都超过4%。其中创业板跌幅最大，达到5.93%（见表2–1）。行业板块也是全线下跌的。根据统计，沪深两市共3917只股票，有3695只下跌，254只跌停，只有222只上涨，跌停的股票数量比上涨的还要多，可谓非常惨烈。

表2–1　2020年7月16日三大指数表现（涨跌幅）

指数	开盘	最高	最低	收盘
沪深300指数	–0.06%	0.59%	–4.87%	–4.81%
中证500指数	0.05%	1.09%	–5.03%	–4.80%
创业板指数	0.06%	1.28%	–6.22%	–5.93%

这是什么原因呢？在分析之前，我们先梳理一下错误的原因和正确的原因。先说错误的。有分析将原因归结于当天公布的二季度经济数据。其实，这个数据中规中矩，不算好消息也不算坏消息，不会对市场产生这样大的影响。

比如说，当天公布二季度GDP（国内生产总值）同比增加3.2%，比预期高一点，预期在2%~3%。但是大家都知道，2020年疫情对经济影响很大，经济虽然回暖，但是增速还是很低，不会导致政策的收紧。在可能的空间内，财政政策和货币政策都会尽量宽松，这个基调在当年内不会变，很可能会保持到2021年。因此GDP数据不是利空，应该是稍微的利好才对。

其他的一些数据，比如工业增加值增速、服务业增加值增速，都由负转正了，社会消费品零售总额增速和固定资产投资增速虽然还是负的，但是降幅也已经大幅收窄了。总体上，2020 年二季度的经济数据是不错的，不应该解读为利空。

还有分析指向中美关系的紧张，以及英国宣布在 5G（第五代通信技术）建设中不使用华为的技术和设备，并拆除已安装的华为技术和设备。其实，这两件事都不是新闻，而是旧闻。2020 年是美国大选年，在 11 月大选之前美国两党候选人都会对华表示强硬，以拉拢选民。尤其是特朗普，作为在位总统，会更加用好“对华强硬”这张牌。显然，这里面政客表演的成分很大。资本市场对于中美摩擦早已经冷静对待，恐惧的情绪已经消散了。

至于英国跟随美国打压华为，也不是什么新闻了，这个消息在 2020 年 7 月 7 日，也就是本文写作 9 天前就已经公开报道了。资本市场消息灵通，可能更早就知道了，因此这个消息如果有影响，用资本市场的行话说，早已经反映在价格里了。

说完了不太靠谱的原因，我们再来说两个靠谱的原因。

第一个靠谱的原因是股市前期涨幅太高，涨速太快，客观上有回调的需求。参与股市的人都知道，那段时间股市涨幅惊人，投资者“恐高”的情绪很严重，都在担心回调。

这样的担心不无道理。简单看一下，从 2020 年 7 月以来，主要指数涨幅惊人。从 7 月 1 日到 7 月 13 日，短短 9 个交易日，沪深300指数上涨了16.6%，中证500指数上涨了17.7%，创业板指数上长了18.5%。要知道，这只是9个交易日的涨幅，不算之前从3月底、4月初以来的涨幅，就已经超过了平时1年的涨幅，大约是平时2年的涨幅。如果从4月1日开始算，截至7月13日这三个指数的涨幅分别是31.7%、36.9%、54.4%（见图2–1）。股市这3个月的涨幅，大约是平时4年的涨幅。

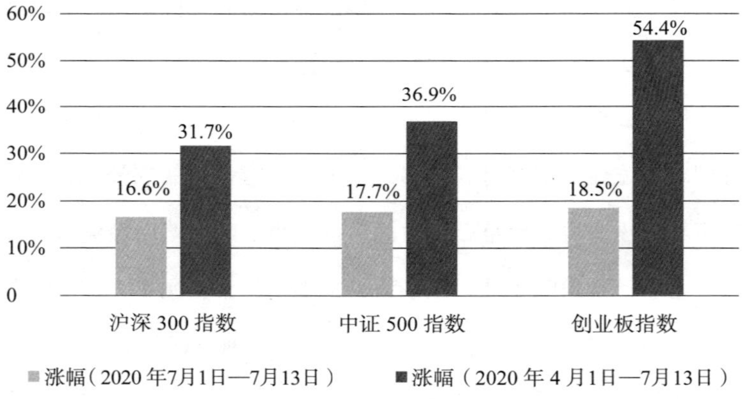

图2–1　三大指数2020年4月—7月涨幅

所以，在这样快速的上涨背景下，市场普遍存在“恐高”情绪。在这种严重的恐高情绪之下，一旦有风吹草动，就会引发回调。那么，这个风吹草动是什么呢？我们还是从盘面上找。

当天领跌的是酿酒板块，酿酒行业的跌幅达到8.7%，大约是市场跌幅的两倍。白酒板块有13只股票跌停，都是平时大名鼎鼎的绩优股，比如五粮液、泸州老窖、酒鬼酒、洋河股份、山西汾酒等。这些股票前期涨幅都比较大，因此存在调整的需要。那么，到底是什么因素引发了这个调整呢？

说到白酒，就不能不说茅台。贵州茅台作为A股市值最大的股票，在白酒行业也是当之无愧的“带头大哥”。2020年7月16日贵州茅台并没有跌停，只跌了7.9%，离跌停还有2.1个百分点。不过，仔细看的话，贵州茅台一开盘就是大幅下跌的，而且是领跌——开盘2分钟，跌幅就达到了5.8%。考虑到贵州茅台一直以来的强势地位，这显然需要一个理由。

这个理由就是网上传播的一篇文章，标题是《变味的茅台，谁在买单？》。文章的意思很清楚，就是茅台作为高端白酒的代表，已经成为腐败的温床。通过倒买倒卖茅台，很多人获利很大，特别是掌握权力的各级官员，利用茅台腐败的情况非常严重。文章还特别提到了已经落马的袁仁国，他是茅台集团前董事长。因此，这是一篇反腐败的檄文。

文章里有这么一句话，“酒是用来喝的，不是用来炒的，更不是用来腐的”。这句话很妙，里面的这个“炒”字一语双关，用得尤其妙。文章大量篇幅都是讲茅台酒的炒作、围绕茅台酒的腐败，通篇没有提茅台股票的高价。可是，“酒是用来喝的，不是用来炒的”这句话，很快就变成了“酒喝不炒”并广泛流传，和“房住不炒”并列。在股市高温的背景下，这篇文章很快就被解读成不要炒作茅台的股票。估计很多人根本没仔细看文章，甚至没看文章，就记住了“酒喝不炒”四个字，于是就开始卖出茅台股票了。

那么，这篇文章为什么有这么大的影响？那要看是谁写的。这篇文章是一个叫作“学习小组”的新媒体发出来的，这个“学习小组”是《人民日报》旗下的新媒体平台，其观点常常被认为代表《人民日报》的观点，因此影响才会这么大，而这篇文章又被解读为打压茅台股价。文章是2020年7月15日晚上贴出来的，16日茅台股价就大幅回调。从时间上看，说这篇文章导致了茅台股价的回调，是说得过去的。

那么，如何理解茅台的股价？茅台股价太高了吗？

看总市值的话，茅台股价确实很高，2020年7月16日大跌了7.9%之后，其市值还有2.2万亿元，是A股市场第一大股，下跌之后依然远超中国工商银行、中国平安这样的金融巨无霸，更远超恒瑞医药、宁德时代这样的绩优白马股。茅台的总市值看起来是有点高得不像话。要知道，沪深两市总市值77万亿元（2020年7月16日收盘数据），茅台一家就占了1/35，或者说A股市值一共就值35个茅台的市值，这是有点离谱的。正是在这样的背景下，“学习小组”发出了“变味的茅台，谁在买单？”这样的质问。应该说，贵州茅台凭着一瓶酒变成A股的超级巨无霸，是值得深思的。

那么，茅台市值这么高，有没有道理呢？还是有的。作为一个研究市场的人，我从不敢轻易说市场定价错误。茅台的股价是无数投资者用钞票买出来的，背后总有些道理。看当时茅台的估值，动态市盈率为 42 倍，工农中建这些大银行的市盈率只有 5~6 倍。相比之下，茅台的估值是不低。

那茅台的估值是不是不合理、很离谱呢？也没有。比起医药股动辄 90 倍、100 倍的估值，茅台还不到它们的一半。比如恒瑞医药的市盈率超过 100 倍，宁德时代的市盈率超过 150 倍，相比之下，茅台的估值就显得很低。所以，茅台的估值虽然高，但是并不离谱。如果说茅台哪里离谱，就是总市值太离谱了，作为一家白酒企业，总市值居然碾轧中国工商银行、中国平安这样的金融巨无霸，让人觉得不太舒服、不太好接受。

针对茅台 40 多倍的估值，还要做一点深入的分析。茅台公司这几年的利润增速在 36%左右，还是很不错的。2017—2019 年这三年茅台公司的总利润增速分别是 62%、30%、17%，平均起来是 36%。这个增速虽然有下降的趋势，但即便是 17%的增速，依然是很高的，何况这和茅台酒的限价有关。如果茅台酒可以涨价，其利润增速会更高。

对于公司利润 36%的增速，市场给出 40 多倍的估值，看起来稍微有点高。但是如果只看这 36%的增速，就没有真正看到茅台的本质。茅台的本质是市场潜力巨大、护城河很宽、增速稳定而且有保障。这三点说的是茅台在白酒中独一无二的地位。

随着收入的提高、消费的升级，越来越多的人喜欢喝茅台。我曾经跟懂酒的人请教过，他说白酒有两种，一种是茅台，另一种是其他。考虑到中国巨大的人口基数、未来的消费升级，以及茅台很难扩张的产能，茅台真的是皇帝的女儿不愁嫁。综合起来看，茅台是独一无二的白酒品种、不可替代，茅台股票的资产安全性非常高。

此外，茅台还有两个性质，使得其有了金融属性。一是抗通胀。未来通胀多高不好说，但是不管多高，茅台涨价的速度都会超过通胀，而且通胀越高，茅台涨价越快，因此就有了抗通胀的性质。二是可以储存，储存时间长了，还能增值。这样一来，茅台就有了金融的属性。需求巨大、供给有限、不可替代、抗通胀、可储存增值等属性加在一起，使得茅台不仅是护城河很宽的消费品，还是安全性很高的金融资产，具有消费和金融双重属性。

说到这里，我问一个问题：有没有另一种资产，和茅台很像？

这样的资产还是有的，就是大城市的房子。大城市的房子也是供应有限、需求很大、很难替代、抗通胀、能投资。所以，茅台的逻辑和大城市的房子是一样的。就连“学习小组”的批评文章用的“酒是用来喝的，不是用来炒的”这样的话，也很容易让人联想到“房住不炒”。也许，以后“酒喝不炒、房住不炒”这两句话会并列，成为妇孺皆知的国民谚语。

既然茅台的逻辑和房子很像，房价一直涨，茅台股价涨也就不奇怪了，背后的逻辑是一样的，都是安全金融资产的定价问题。

说到这里，其实我要做一个自我检讨。关于茅台股票和房子定价的逻辑是一样的这一点，我几年前琢磨房子的时候就想明白了。那时候看着茅台的股价噌噌涨，稍微想了一下，就发现二者的逻辑是一样的。唯一的不一样是房子限购，茅台股票不限购，所以不买房子可以买茅台股票。但是，这几年我从来没有买过茅台股票，不能不说这是一大失误，没有做到知行合一。究其原因，还是对底层的逻辑理解不深，潜意识里觉得茅台是一瓶酒，怎么能和房子比。其实亿万家庭的刚需，大到房子，小到一瓶酒，定价逻辑都是一样的。

那么，后市走势如何呢？这个问题很难回答，股市的短期波动是很难判断的。我在之前的课程里反复讲，投资是看清趋势，做时间的朋友，不要想着一夜暴富。那么现在趋势是怎样的，趋势有没有反转？我的判断是没有。

今年下半年到明年，经济还是向好，政策还是保持宽松，而且政策部门发展直接融资，用资本市场孕育高科技企业的思路也不会变，在可预见的将来都不会变。如果看当天新上市的中芯国际，收盘还是大涨了200%，虽然比开盘的246%有回调，还是很大的涨幅。高科技板块的情绪，依然较高。这样看起来，这次的大跌，就是一次正常的回调。因为前期涨太多，所以跌的也多，大起大落，可能是以后的常态。参与股票市场的同学，对于这样的大起大落，要有心理准备。

这里可以多加一句话：政策面似乎在尝试对资本市场进行精准调控，对资金的板块流向进行引导。比如说，政策面对于低估值的金融板块和高估值的医药、科技板块，从来没有负面的表态。政策面担心的，是涨速太快、不可持续。至于政策的这个引导会不会奏效，还需要进一步观察。

本章通过分析一天股市的涨跌，分享了一点分析股市的方法。市场短期走势很难判断，涉及对很多不确定因素的分析，严格意义上讲不是学术研究的对象。但是参与市场的人，又不得不做这样的判断。本章的分析只是提供一个案例，结论并不重要，希望其中的思路能对你有所启发。

本章要点：

1. 2020 年 7 月 16 日股市大幅回调，原因是前期涨幅太大，涨速太快，市场恐高情绪严重。

2. 本次回调的导火索，是官媒发文反腐，强调“酒是用来喝的，不是用来炒的，更不是用来腐的”。“酒喝不炒”很快和“房住不炒”并列，得到广泛传播。虽然文章讲的是茅台酒，一语双关之下，很快被嫁接到茅台股价上。

3. 茅台股票的定价逻辑和大城市房产是一样的，都是供给有限、需求无限、很难替代，而且可以抗通胀、可以投资。简言之，二者都既是高端消费品，也是安全性较好的金融资产。

第三章

科创板ETF，现在是买入时机吗？[①]

2020年11月16日星期一，科创板首批ETF上市，一共4只基金一起上市，引起市场很大的关注（见表3–1）。我自己在当天也接到几个电话，问我能不能买一点。

表3–1　科创板首批ETF基金（2020年11月16日上市）

代码	证券简称	单位净值（元）	收盘价（元）	溢价率	规模（亿元）
588000	华夏上证科创板50ETF	1.4495	1.465	1.07%	52.84
588050	工银上证科创板50ETF	1.4488	1.449	0.01%	54.26
588090	华泰柏瑞上证科创板50ETF	1.4518	1.452	0.01%	57.03
588080	易方达上证科创板50ETF	1.4490	1.449	0.00%	53.13

注：单位净值是基金的净值，数据截至2020年11月16日收盘，溢价率是收盘价对单位净值的溢价。

为什么科创板ETF引起这么大的关注呢？这背后的原因是科创板风险大、收益也大，很多人不知道怎么选个股，于是买ETF，既分散风险，也分享科创板成长的收益。这个思路对不对

① 本章写于2020年11月18日。

呢？我分两层回答这个问题。

第一层，这个思路不能算错。用ETF组合投资，分享一个板块长期增长的好处，是普通投资者比较稳妥的投资方式，甚至可以说是大部分普通投资者应该主要采取的投资方式，在大方向上不能算错。

第二层，本文在上述简单道理的基础上，提出更高的要求，增加投资回报。以前也有很多人问我买卖的时机，我们就来讨论一下这个问题，目的是介绍一种简单的择时方法，提高投资收益。但在当时，我并不建议投资者购买科创板ETF。

为什么呢？为了回答这个问题，我们还是以史为鉴，从历史数据中寻找启发。从1990年沪、深股市开市以来，我国不是第一次设立偏向中小型、创新型企业的板块，而是三次了。我们先来看看之前设立的板块怎么样了，投资回报高不高、买卖时机怎么把握。

第一次是2004年6月在深交所设立中小板，是为当时的中小企业开了个口子，便利这些企业上市融资。截至2020年11月16日，中小板已经有16年历史，有984只股票，股票数量大约占A股总股数的1/4。中小板总市值大约为13.6万亿元，大约占A股总市值的1/6（截至2020年11月16日，A股总股票数4077只，A股总市值81.34万亿元）。也就是说，中小板的体量其实已经很不小了，六分天下有其一。

第二次是2009年10月开设创业板，依然是在深交所下面设立，是为一些创新型、成长型的企业开一个口子，便于这些企业上市融资。截至2020年11月，创业板已经有874只股票，总市值10.5万亿元，比中小板的总规模小一点，但差不太多。而且，创业板有很多非常优质的企业，比如宁德时代、迈瑞医疗、东方财富等，这些企业已经在创业板上成长为千亿元级别的企业。

这里我要说一句话，当初创业板设立的时候，很多人觉得创业板公司资质很差，其股票很多都是垃圾股。可是10多年间，创业板已经是A股的重要组成部分，有很多优质的上市公司。所以从这个角度看，我们不应该忽视资本市场孕育企业的力量。虽然现在科创板的很多上市公司也给人资质很一般的感觉，可是很难说中间没有好公司，以后长不出参天大树来。用市场来孕育企业，这条路看起来没有错。

第三次，就是2019年设立科创板，这一次是在上交所下面设立，目的也是为高科技创新企业提供融资平台，同时进行注册制的试点。科创板开始上市交易是在2019年7月22日，到本文成文之际已是1年零4个月的时间，已经有193家上市公司，总市值3.3万亿元。应该说，这个发展速度还是很快的。16个月的时间上市了193家公司，相当于每个月有12家公司上市，每个星期就有3家，真的是很快。

所以，截至 2020 年 11 月已经三次设立偏向中小企业、创新企业的股票板块了。那么前两次设立的板块表现如何呢？总体上看，可以说是非常靓丽（见表 3–2）。我们用中小板指数和创业板指数来衡量这两个板块的表现，发现中小板的年化涨幅达到 15.9%，创业板的年化涨幅达到 10.3%，都非常不错。后设立的科创板，指数是从 2019 年底编制的，截至 2020 年 11 月中旬，大半年的时间已经上涨了 45% 左右，也是非常靓丽。

表 3–2　A 股的三次扩板

	开市日期	股票数	总市值	指数	发布日期	基期	累计涨幅	年化涨幅
中小板	2004–06–25	984	13.6	中小板指	2006–01–24	2005–06–07	815.0%	15.9%
创业板	2009–10–30	874	10.5	创业板指	2010–06–01	2010–05–31	171.2%	10.3%
科创板	2019–07–22	193	3.3	科创 50	2020–07–23	2019–12–31	44.7%	54.9%

注：开市日期是首批股票开始上市交易的日期，股票数和总市值是 2020 年 11 月 16 日的股票总数量（只）和总市值（单位：万亿元），累计涨幅和年化涨幅是从指数基期到 2020 年 11 月 16 日的涨幅和年化增速。

不过，靓丽归靓丽，靓丽和赚钱是两码事。我们通过分析发现，A 股波段的现象很明显，一个上涨或者下跌的波段，常常持续两年左右。如果波段没做对，或者做反了，不仅不赚钱，还可能赔钱。关于这一点，你可以阅读《徐远的投资课》[①] 第十讲“A 股到底赚不赚钱？”。所以本章我们讨论的主题不是科创板 ETF

① 《徐远的投资课》已由中信出版集团出版。——编者注

长期能不能赚钱，而是在什么时间点买能更好地赚钱。

怎么回答这个问题呢？还是先看数据。图 3–1 是中小板指数的历史表现和估值水平。中小板从 2004 年开市到 2007 年底，在 3 年多的时间里一直是趋势性上涨的。科创板从 2019 年 7 月开市到 2020 年 11 月中旬，1 年多一点的时间内趋势也是上涨的。如果简单推算，短时间内科创板应该还会涨。

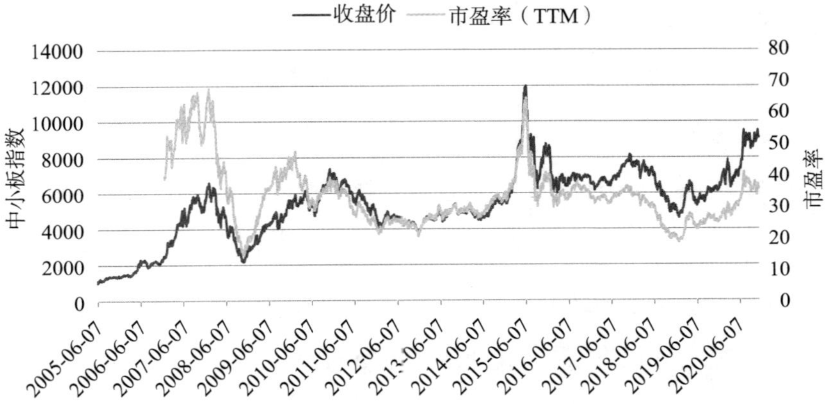

图 3–1 中小板指数的历史表现和估值水平

注：市盈率是总体市盈率，即市盈率=成分股当日总市值总计/成分股净利润（TTM）总计。

不过，如果我们看估值的话，就没有那么乐观。中小板的估值有两个高点，一次是 2007 年底，另一次是 2015 年夏天，高位在 60 多倍，最高的时候在 67 倍左右，不到 70 倍［本章说的指数的市盈率，除非另行指出，都是指总体法市盈率（TTM）］。而且，这两次估值高点，都有明显的泡沫嫌疑，之后都发生了大规模的回调。回调的跌幅都在50%以上，也就是从高点跌了一半以上。如果在这两个高点买中小板指数，后面都面临着损失一半以上的本金，要经过漫长的等待才能回本，然后才能赚钱。

那2020年11月中旬的时候科创板的估值是多少呢？说出来令人吃惊，是79倍，接近80倍，比中小板估值最高的时候还要高。虽然科创板和中小板不完全可比，但是79倍的市盈率很高，这一点应该是没有争议的。从这个角度看，2020年11月中旬入手科创板ETF，不是绝对不可以，但是从估值角度看确实比较高，要再考虑一下。

下面，我们再来看看创业板。创业板是2009年开市的，开市不久就遇到了A股的大熊市，因此早期涨幅并不大。到了2013年，创业板才开始发力上涨，而且一下子涨了很多。涨了多少呢？2012年底，创业板只有600点左右，到了2015年夏天，最高涨到了4000点左右，两年半的时间涨了将近7倍，涨幅非常惊人（见图3–2）。

不过，本章要讲的重点不是创业板的一飞冲天，而是一飞冲天之后的估值泡沫。在4000点的时候，创业板估值达到了130多倍，明显是有泡沫的。而且，泡沫很快破灭，创业板进入了长达3年半的熊市。从2015年夏天到2018年底，创业板从4000点的高位跌到不到1200点，跌幅达到2/3，直到2019年初才开始反转。

图 3–2　创业板指数历史走势及估值（市盈率，总体法）

注：市盈率是总体市盈率，即市盈率=成分股当日总市值总计/成分股净利润（TTM）总计。

这里的教训是，一个股票板块在估值很高的情况下，往往是有泡沫的，而泡沫是会破灭的。2020 年 11 月中旬科创板的估值在 79 倍左右，而创业板的历史平均估值在 53 倍。从估值的角度看，科创板明显是偏高了。即便你愿意给科创板一个更高的估值，比如 60 倍，甚至 70 倍，2020 年 11 月时科创板还是偏高。如果买的话，有比较大的回调风险。除非你认为科创板 79 倍的估值很合理，长期看估值还会更高，那么你就可以买入。

那么在 2020 年 11 月 16 日科创板首批 ETF 上市的节点该怎么办呢？其实有个很简单的办法，就是等，等到估值合理的时候再买入。我曾经说过，投资择时是个很困难的问题，很难做对。那么有没有简单、易操作的办法？还是有的。一个办法就是看估值，估值偏低的时候买入，估值偏高的时候卖出。低买高卖，永远是投资的王道。

那么什么时候估值偏低，什么时候估值偏高呢？还是看历史数据。在2020年11月中旬科创板只有1年多的数据，历史数据太少，参考价值太小，我们用中小板和创业板来做参考。其中创业板和科创板更接近，我们主要参考创业板的数据。表3–3给出了这两个板块指数估值的历史分布，包括均值、标准差和一些分位数，包括10%、25%、75%、90%分位数以及中位数，也就是50%分位数。

表3–3 中小板、创业板的历史估值分布（市盈率，总体法）

	均值	标准差	10%	25%	中位数	75%	90%
创业板	52.5	15.7	35.8	40.9	51.5	60.3	70.0
中小板	33.5	9.8	23.7	26.6	32.1	36.7	46.6

注：市盈率是总体市盈率，即市盈率=成分股当日总市值总计/成分股净利润（TTM）总计。

有的读者可能不太熟悉分位数是怎么回事，我稍微解释一下。比如说创业板10%的分位数是35.8，意思是只有10%的时间，创业板的市盈率是低于35.8倍的，其余90%的时间，创业板的市盈率都是高于35.8倍的。也就是说，如果你在35.8倍估值的时候买创业板指数，那么有90%的概率创业板是上涨的，只有10%的概率是下跌的。

再比如创业板90%分位数是70，意思是90%的时间，创业板估值是低于70倍的，只有10%的时间高于70倍。换句话说，如果你在70倍估值的时候买创业板指数，那么只有10%的概率是上涨的，有90%的概率是下跌的。因此，在低估值的时候买入，高估值的时候卖出，就是增加了赚钱的概率。

那么，选哪个分位数合适呢？各人的选择会有不同。比如说，你可以在90%分位数的时候卖出，等待回调，在10%分位数的时候再买入。以创业板为例，按照这个规则，你会在70倍估值的时候卖出，35倍估值的时候买回来。如果这样，你在2020年8月的时候就会卖出创业板股票，避免了后面的回调。

当然，这样做也有坏处，就是赚不到股市疯涨时的利润。比如2015年3月，创业板2000多点的时候，你就卖了，后面翻番的利润，你就赚不到了。不过，后面从高点跌落的损失也就避开了。这样做的好处是安全、省心，坏处是牺牲了部分收益，总之是一个权衡。在贪婪和风险之间，你总要先权衡一下：若是贪婪，就要承担风险；若是恐惧，就要放弃一部分利润。

刚才是用创业板举例，那么对于科创板，应该多高估值的时候卖出，多低估值的时候买入呢？我的判断是，2020年11月的科创板，大致就相当于以前的创业板，基本可以以创业板作为参考，70倍左右估值卖出，35倍左右估值买回来。如果你愿意，可以稍微调高一点，比如80倍估值的时候卖出，40倍估值的时候买回来。即便如此，2020 年 11 月 79 倍估值也不是要买入的点，而是要考虑卖出的点。

当然，如果你特别看好科创板，担心波动之后继续上涨，怕踏空了，就想立刻买，也不是完全不可以。这种情况下，心态要放平，对可能到来的回调要做好心理准备，要做好长期持有的准备。

本章的最后，我再加两句话。第一句是老生常谈，我的分析和观点仅供参考，不作为投资建议。第二句是为了启发你进一步思考，我准备了一张表（见本章附表），是截至 2020 年 11 月 16 日科创板 50 指数的成分股清单，里面包含了股票名称、行业和估值情况。你可以看看这些成分股，看看估值，琢磨一下是不是已经很高、再涨会不会有难度，再和这些成分股后来的走势做比较。通过这样的琢磨，你的判断会更清楚一点。

本章要点：

1. 2020 年 11 月 16 日首批科创板ETF上市，共有 4 只基金，为投资者参与科创板提供了便利。

2. 从长期看，科创板ETF有投资价值，完全不想择时的投资者可以买入，并长期持有。

3. 从短期看，2020 年 11 月时科创板的估值在 79 倍左右，明显偏高，可能面临回调风险，这一时点不是买入的最好时机，建议估值在 35 倍或者 40 倍左右的时候再买入。

4. 坚定看好科创板、担心踏空的投资者，也可以在估值较高的时候买，但是对可能发生的回调要做好准备，要做好长期持有的准备。

附表：科创板 50 成分股（数据截至 2020 年 11 月 16 日）

序号	证券代码	证券简称	总市值（亿元）	市盈率	市净率	所属行业
1	688111	金山办公	1381	174.5	21.2	计算机软件
2	688036	传音控股	1118	45.7	11.5	消费电子
3	688008	澜起科技	873	81.8	11.0	半导体
4	688012	中微公司	807	244.0	19.7	半导体
5	688363	华熙生物	806	132.8	16.7	生物医药
6	688009	中国通号	652	17.8	1.7	运输设备
7	688002	睿创微纳	374	66.1	13.4	半导体
8	688099	晶晨股份	297	2370.9	10.7	半导体
9	688029	南微医学	293	102.6	11.5	其他医药医疗
10	688188	柏楚电子	291	87.6	12.2	计算机设备
11	688088	虹软科技	283	101.5	10.6	计算机软件
12	688139	海尔生物	257	80.1	9.6	其他医药医疗
13	688158	优刻得	237	–140.7	7.0	云服务
14	688122	西部超导	224	70.3	8.3	稀有金属
15	688266	泽璟制药	219	–75.1	12.9	化学制药
16	688166	博瑞医药	218	128.8	15.7	化学制药
17	688006	杭可科技	214	68.2	8.6	专用机械
18	688366	昊海生科	211	90.7	3.9	其他医药医疗
19	688001	华兴源创	195	88.8	7.0	仪器仪表
20	688321	微芯生物	186	503.7	12.5	化学制药
21	688023	安恒信息	185	184.5	12.4	计算机软件
22	688278	特宝生物	181	183.7	18.8	生物医药

（续表）

序号	证券代码	证券简称	总市值（亿元）	市盈率	市净率	所属行业
23	688016	心脉医疗	176	92.0	14.9	其他医药医疗
24	688019	安集科技	167	125.2	16.7	其他化学制品
25	688005	容百科技	148	355.2	3.4	新能源动力系统
26	688100	威胜信息	146	55.5	6.4	计算机设备
27	688388	嘉元科技	143	80.4	5.6	其他电子零组件
28	688018	乐鑫科技	134	93.2	8.2	计算机设备
29	688368	晶丰明源	103	194.3	8.6	半导体
30	688116	天奈科技	102	105.9	6.2	其他化学制品
31	688007	光峰科技	94	88.3	4.7	光学光电
32	688389	普门科技	87	68.3	8.0	其他医药医疗
33	688098	申联生物	82	59.1	5.8	畜牧业
34	688033	天宜上佳	79	64.5	3.4	运输设备
35	688138	清溢光电	77	99.5	6.6	半导体
36	688015	交控科技	76	36.6	6.5	运输设备
37	688020	方邦股份	75	63.4	4.8	元器件
38	688101	三达膜	72	33.4	2.2	环保及公用事业
39	688003	天准科技	71	83.4	4.9	仪器仪表
40	688066	航天宏图	70	60.7	5.7	计算机软件
41	688196	卓越新能	69	29.3	3.2	其他化学制品
42	688299	长阳科技	67	37.2	3.9	光学光电
43	688030	山石网科	63	276.7	4.8	计算机软件
44	688010	福光股份	56	74.9	3.1	光学光电
45	688369	致远互联	54	44.4	4.3	计算机软件

（续表）

序号	证券代码	证券简称	总市值（亿元）	市盈率	市净率	所属行业
46	688199	久日新材	51	39.1	1.9	其他化学制品
47	688058	宝兰德	42	102.7	4.6	计算机软件
48	688168	安博通	42	69.6	4.2	计算机设备
49	688022	瀚川智能	39	64.6	4.4	专用机械
50	688028	沃尔德	37	66.0	4.5	通用设备
简单均值				154	8.4	
总体法均值				78.9	7.4	

注：简单均值是50只成分股的简单算术平均，扣除了市盈率为负的股票，总体法市盈率=成分股当日总市值总计/成分股净利润（TTM）总计，总体法市净率和市盈率计算类似。

/ 第二篇 /

特斯拉现象

从2019年四季度开始，特斯拉股价大涨十几倍，已经位列全球十大股票。然而，特斯拉的产销和盈利都依然微不足道。依赖炒作的高价股很多，但是能炒成全球十大股票之一却仅此一家。特斯拉是代表了美好的未来，还是一个巨大的泡沫？这是一个问题，值得深究。

行业和企业是两个概念。新能源汽车是行业趋势，但行业趋势与单个企业成功是两个概念。具体到特斯拉，电池和自动驾驶两大核心技术都还不成熟：电池技术领先优势并不大，自动驾驶技术甚至不是行业领先，市场优势也在萎缩。从用户体验的角度，特斯拉还不是成熟产品，更不是高端产品，更像是研发中的产品。

特斯拉总裁埃隆·马斯克是一位勇敢的企业家，也是一位一流的叙事者。马斯克的炒作能力，为特斯拉带来巨大的光环。产品质量能否跟上这些光环，决定了特斯拉股价是否具有可持续性。

目前看，特斯拉的估值明显过高，炒作迹象明显，而且行业竞争者已经纷纷入场，并且正在赶超。长期看，特斯拉的竞争优势存疑。短期看，特斯拉的股价存在很大回调空间。如果市场发生大幅回调，特斯拉股价很容易大跌。

波普尔说：科学的本质是可证伪。我也会在本篇对特斯拉给出自己的预测。

第四章

特斯拉三部曲：叙事，泡沫，破灭[①]

特斯拉成为一种现象

2019年四季度以来，特斯拉的股价大幅上涨，已经成为一种现象。一方面，股价上涨超过10倍，总市值达到6100多亿美元（见图4–1），位列全球第9，俨然是世界级，甚至是现象级的企业了。另一方面，特斯拉的产销只有40万辆左右，在汽车行业依然是很小的玩家。作为对比，汽车产销龙头丰田、大众，年产销在1000多万辆，大约是特斯拉的30倍。然而，比较市值的话，特斯拉反而大很多，相当于3个丰田、10个大众。特斯拉的产销和市值之间，存在惊人的倒挂。

特斯拉的巨大市值，来自天价估值。特斯拉的市盈率达到1100多倍，而丰田和大众的市盈率都只有11倍左右，相差大约100倍。其他传统大车企，也大都是十几倍的估值，比如国内的上汽集团，估值在13倍左右。

---

① 本章写于2020年12月29日。

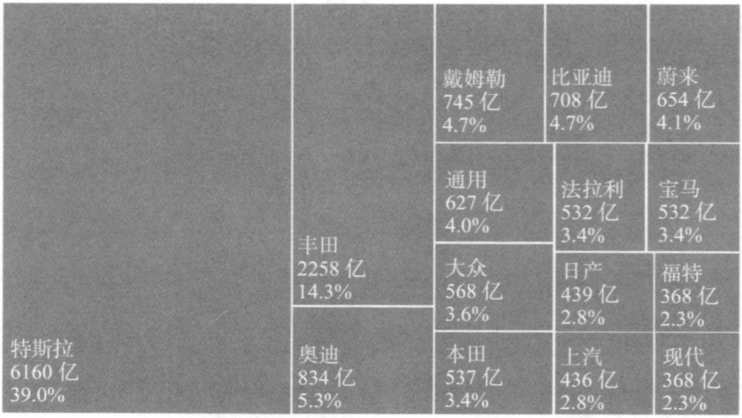

图 4–1 全球主要车企市值（美元）及占比

注：只统计 2019 年底市值 200 亿美元以上公司，市值为 2019 年 12 月 8 日数据。数据来源：Wind。

特斯拉的估值和产销反差很大，市场观点反差也很大。看多特斯拉的人认为，特斯拉代表了全新的未来，不应该用汽车股的逻辑估值，而应该用科技股的逻辑估值，目前估值尽管很高，但是高有高的道理。看空特斯拉的人认为，特斯拉尽管符合新能源汽车的发展趋势，但是制造的依然是汽车，依然适用汽车股的逻辑，汽车的利润很薄，特斯拉的利润也很薄，特斯拉一点也不特殊。

多方、空方僵持不下，特斯拉股价依然高位震荡。不管是从投资，还是从理解未来的角度，特斯拉都是个很有意思的现象，值得仔细分析。其实，抽丝剥茧之后，事实已经告诉我们未来的方向。本章从三个方面展开分析，寻找现象背后的真相。

第一，特斯拉的市场优势有多大？答案是，其实并不大。在欧美市场上，特斯拉的销售已经开始滑坡，而其他品牌的电动汽车销量则在大幅增长。

第二，特斯拉的产品优势有多大？答案是，其实也不大。电动汽车的电池技术还没有完全成熟，自动驾驶技术也不成熟，未来还有各种变数，特斯拉的自动驾驶技术甚至不是行业领先。此外，特斯拉的产品也不成熟，驾驶感很一般，依然存在自燃等安全隐患。

第三，特斯拉的高股价来自哪里？答案是，炒作的迹象很明显。在这一点上，马斯克讲故事、吸引人们眼球的能力功不可没。马斯克主动挑起和股神巴菲特的争论，炒作迹象更是明显，有失大家风范。

综合起来看，特斯拉的基本面不稳健，产品也不过硬，股价明显虚高。马斯克不集中主业，多线作战，分心炒作，不利于特斯拉保持竞争力，这可能是他商业上的考虑。当炒作退潮，商业的硬逻辑浮出水面，特斯拉将面对很大的困难。

特斯拉的市场优势：正在萎缩

商业世界最坚硬的逻辑，就是有好的产品，并得到市场认可。特斯拉得到的市场认可度，一直是比较高的。在电动汽车市场，特斯拉一直是神一样的存在。这不是说马斯克“硅谷钢铁侠”的形象，而是说作为一种全新的产品，特斯拉的销售其实很不错。比如说，2019 年全球新能源汽车总销量为 221 万辆，其中特斯拉销量为 36.8 万辆，刚好占到市场总份额的 1/6（见图 4–2）。

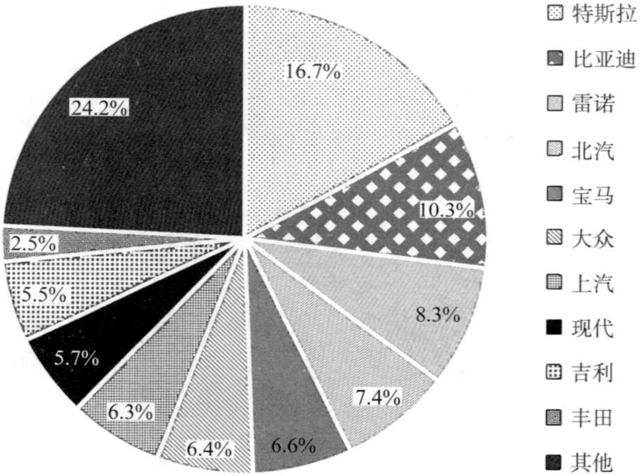

图 4–2　2019 年全球新能源汽车市场份额

特斯拉的市场认可度，来自两方面的原因。一是市场先入，二是产品质量。特斯拉成立于 2003 年，由马丁 · 艾伯哈德和马克 · 塔彭宁共同创立，创始人将公司命名为“特斯拉汽车”，是为了纪念物理学家尼古拉 · 特斯拉。

由于马斯克的巨大光环，很多人以为特斯拉是马斯克创立的，其实马斯克 2004 年才进入公司，领导了 A 轮融资，并开始担任公司董事长。由于开始较早，特斯拉的技术有一定的优势，成为很多后来企业的学习对象。

不过，仔细分析的话，2020 年特斯拉的市场优势有明显的萎缩迹象。虽然看总量的话，特斯拉的市场占有率依然是第一。2020 年前三季度，全球新能源汽车总销量约为 180 万辆，其中特斯拉销量约为 32 万辆，约占市场总份额的 18%，比 2019 年还略有提高；然而，在主流的美国、欧洲市场，虽然电动汽车市场销量总体上是大幅上涨的，但是特斯拉的销量却是逆市下跌的。销量在两个主要的市场上逆市下跌，是非常危险的信号。

我们先来看美国市场，这是特斯拉的大本营（见图 4–3）。2018 年，特斯拉在美国的销量大涨 266%，达到 18.3 万辆。2019 年，特斯拉在美国的销量继续上涨 5%，达到 19.2 万辆，

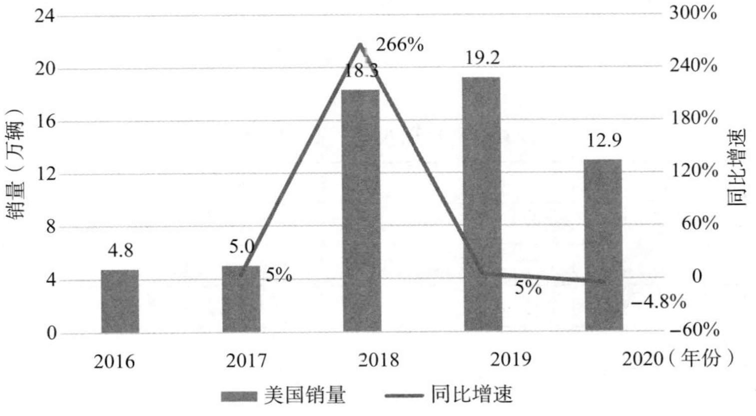

图 4–3　特斯拉美国销量

注：2020 年为前三季度数据。数据来源：CarSalesBase。

超过特斯拉全部销量（36.8 万辆）的一半。然而，到了 2020 年，特斯拉在美国前三季度的销量却下降了 4.8%。

对于这个下降，有不同的解读。有人认为是新冠肺炎疫情导致，但是同期美国电动汽车的总销量却上升了 3.6%。市场总体是上涨的，特斯拉同期是下降的，看起来这个锅新冠肺炎疫情不能背。

那真正的原因是什么呢？有一个细节是特斯拉的补贴。根据美国有关监管规定，一家电动汽车厂商在销量满 20 万辆之后，政府将逐步取消补贴。在此之前，补贴是很可观的。特斯拉销量在 2018 年达到了 20 万辆，2019 年逐步取消补贴。2019 年之前，对特斯拉每辆电动汽车的补贴达到 7500 美元，2019 年上半年和下半年也分别有 3750 美元和 1875 美元。到了 2020 年，这个补贴就没有了，销售就开始滑坡（见表 4–1）。

表 4–1　特斯拉得到的政府补贴

时间区间	补贴金额
2019 年之前	7500 美元/辆
2019 年 1 月	3750 美元/辆
2019 年 7 月	1875 美元/辆
2020 年 1 月	0

注：根据美国联邦政府对于电动汽车消费补贴的规定，每家汽车公司拥有 20 万辆的补贴额度，每辆车可获得最高 7500 美元的补贴。当一家车企电动汽车累计销量达到 20 万辆后，政府将逐渐缩减乃至取消补贴。销量达到 20 万辆后的 0~6 个月内，每辆车最高补贴缩减至 3750 美元；7~12 个月内，每辆车最高补贴缩减至 1875 美元；之后不再享有补贴。目前，特斯拉和通用汽车销量达到了 20 万辆。

从这个滑坡中，我们可以看出两点重要信息。第一，消费者对于价格还是很敏感的，没有因为喜欢特斯拉，就不在乎几千美元的补贴。市场总体上涨而特斯拉下降，是很说明问题的。第二，考虑到特斯拉每辆电动汽车的售价在 5 万美元左右，利润率在 1%左右，其每辆车的利润其实只有 500 美元，去掉补贴之后都是大幅亏损的。因此，特斯拉并没有盈利，有限的盈利其实都来自政府补贴。从这个角度看，特斯拉的商业模式是不可持续的。国内很多电动汽车企业靠吃补贴过活，没有了补贴就一地鸡毛，不排除特斯拉也是这样的结局。

此外，还有一点，就是通用汽车的电动汽车销量也已经达到了 20 万辆，将被逐步取消补贴。这里面的信息是，通用汽车的电动车销量也不低了。传统的车企在电动汽车的赛道上也在奋起直追中。在欧洲电动汽车市场上，我们也可以看到传统车企在奋起直追。

下面，我们就来看欧洲市场。2020 年前三季度，特斯拉的销量跌了 11%。我们都知道，欧洲很在意环境保护，是新能源汽车的一个主战场。可是在这样一个很大的市场上，特斯拉 2020 年前三季度销量下跌了 11%。你可能会猜测所有电动汽车销量 2020 年在欧洲市场都是下跌的，其实不是这样子，2020 年欧洲纯电动汽车的销量大幅增长了 77%。整个欧洲市场大幅增长 77%，而特斯拉下跌了 11%，这是一个非常清楚、非常危险的信号了。加上前面说的美国市场上特斯拉也是逆市下跌，说明特斯拉的市场优势并不明显，正在被蚕食中。

我们再来看一下图 4–4，雷诺、标致、大众、宝马等传统的欧洲车企，还有现代、起亚这两家韩国车企，都已经奋起直追了，前三季度销量都大幅增长，达到了好几万辆的规模。对于汽车这个行业而言，几百、几千的销量都没有达到规模收益的需求，无法覆盖巨大的固定成本，都是赔钱的。但销量一旦到了几万辆，竞争力就已经明显了。比如雷诺销量达到了 63000 多辆，大众的两款车型加起来达到了 40000 多辆，而这只是三个季度的销量，全年销量会多很多。所以说，传统车企在电动汽车的赛道上，正在奋起直追，特斯拉的市场份额并不稳固，已经受到了明显的威胁。

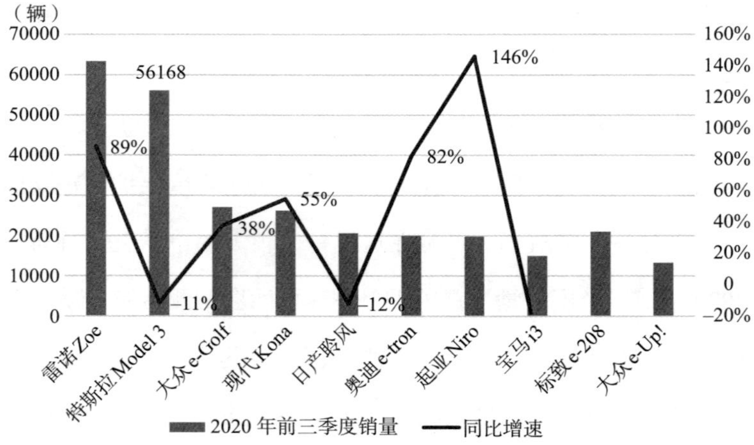

图 4–4　欧洲电动车市场销量（2020 年前三季度）

这里要说明一点，就是媒体印象和实际销量之间有巨大差距。你如果看媒体关于电动汽车的讨论，几乎看不到其他车企，满眼都是特斯拉，再有就是理想、蔚来、小鹏这些造车新势力，看不见国外的其他车企。这就让我们形成一种错觉，似乎国外电动汽车市场就是特斯拉的天下。实际情况完全不是这样，很多车企都在发力，总销量也并没有比特斯拉落后很多。这种印象的形成，和特斯拉的先行优势有关，也和媒体炒作有关。关于这一点，后文还会进一步展开。

你可能好奇这些车企销量大幅增长的原因是什么。原因肯定是多方面的，其中两点需要强调一下。第一，如果电动汽车是未来，那么这些传统车企就不会放弃，一定会全力以赴。这些车企都有雄厚的实力，追赶起来还是很快的。而且，不需要每一家传统车企都追赶成功，只需要几家追赶发力，就会对特斯拉形成威胁。

第二，在产业政策上，欧洲政府也会有所倾斜。比如，法国从 2020 年 6 月 1 日开始对售价 4.5 万欧元以下的电动汽车提供一次性 6000 欧元的补贴，德国从 2020 年 7 月 1 日开始对总价 4 万欧元以下电动汽车也给予 6000 欧元的补贴，而特斯拉恰好不在补贴范围内。从欧洲的角度看，政策有所倾斜，重点扶持欧洲的企业，这非常正常。

所以，特斯拉在欧洲、美国市场上的销量都是滑坡的。不过，由于在其他市场上表现较好，特斯拉 2020 年的总销量很可能是上涨的。其实在这一点上，中国市场的贡献功不可没。2020 年前三季度，特斯拉总销量在 32 万辆左右，平均每个季度 10 万辆。简单推算的话，全年销量在 40 万辆左右，超过 2019 年的 36.8 万辆。其中的原因是虽然美国、欧洲市场下滑，但是中国市场大幅增长。2020 年前三季度，中国市场销量同比翻倍，从 4 万辆上升到 8 万辆，中国超过欧洲成为特斯拉最大的海外市场，仅次于美国本土市场（见图 4–5）。中国市场的靓丽表现，成为支撑特斯拉销量的主要因素。

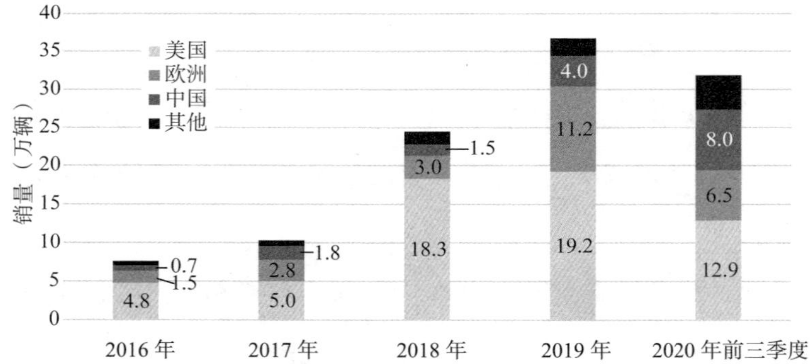

图 4–5　特斯拉在不同市场的销量

数据来源：CleanTechnica、CarSalesBase、乘联会。

其实，综合现有销量和成长性，中国已经成为特斯拉全球最重要的市场。虽然特斯拉在美国市场的销量依然最大，但是已经在滑坡了。2021 年中国很可能超过美国，成为特斯拉全球最大的市场。换句话说，中国市场的增长与成败，将决定特斯拉的生死。

作为这部分的结尾，我们来看一张中国以外市场电动汽车销售情况图，时间跨度是2020年前10个月（见图4–6）。从总销量看，特斯拉10个月销售达到23.6万辆，再加上中国市场的8万多辆，依然坐在世界电动汽车市场的头把交椅上。不过，这张图中有两点重要信息，告诉我们特斯拉的市场优势正在萎缩。

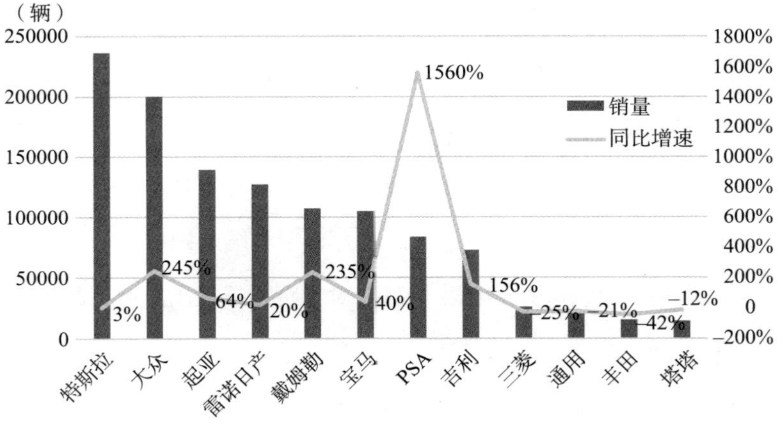

图4–6　全球其他市场电动汽车销量（2020年1月—2020年10月）

第一，与其他品牌电动汽车的销量差距并不大，大众、起亚、雷诺、奔驰、宝马的销量都已经突破10万辆。换句话说，电动汽车市场并不是特斯拉一家独大的局面，而是“群雄并起，逐鹿中原”的局面。

第二，特斯拉的销量增速只有3%，而其他品牌的增速则要快很多，比如大众达到245%，奔驰达到235%，俨然是大爆发的态势，起亚的增速达到64%，宝马的增速达到40%，雷诺的增速达到20%，都远远快于特斯拉的3%。此消彼长之下，特斯拉的市场优势其实已经很危险了。

特斯拉的产品优势并不明显

特斯拉的市场优势在萎缩，有三个主要原因。

第一，特斯拉在美国的补贴没了，在欧洲也恰好不在补贴范围内。作为比较，我国对售价30万元以内的新能源汽车提供补贴，特斯拉Model 3标准续航版售价为269700元，可以享受19800元的补贴。另外，特斯拉所有车型均纳入国内免征车辆购置税名单。这些补贴和税收优惠，对于特斯拉在国内市场的快速增长，功不可没。大致匡算，每辆车补贴19800元，车辆购置税税率为10%，还能再省26970元左右，总共省了46770元，相当于车价的17.3%，超过1/6，这个补贴幅度还是很大的。可以设想一下，如果这个补贴和税收优惠没有了，特斯拉在国内的销售也受到很大的影响。

第二，其他车企在奋起直追，进军电动汽车这个前途远大的市场。正如巴菲特所说，虽然汽车市场的利润很薄，但是只要有利润，车企就不会放弃，以后的竞争会很激烈。从数据上看，其他车企显然没有放弃这个市场，也不可能放弃这个市场。

第三，也是最核心的一点，特斯拉的产品优势并不明显。关于这一点，我们进一步展开分析。

说到电动汽车，有两个技术很重要，一是电池技术，二是自动驾驶技术。特斯拉的股价高企，其实也和这两大卖点有关。不过，仔细分析的话，特斯拉的领先优势并不明显，甚至并没有领先优势。

先来看电池技术。简单说，电动汽车无非是用电池能源替代传统的化石能源。因为环保的原因，这一点受到很多人追捧。但是这种追捧是有代价的，就是电池技术还不成熟，而且很贵，目前占电动汽车成本的35%~40%，超过1/3。所以，电池技术的比拼是电动汽车技术的核心。

总体上说，电动汽车电池技术现在还不是很成熟。比如说，目前很多车企公布的电动汽车可行驶里程都很高，有500~700公里，但实际上往往都要打很多折扣，缩水15%~30%很正常，其实也就300~500公里。而且，电池续航能力和气候有很大的关系。到了冬天，靠南的地方续航能力还不错，但是偏北的地方电池消耗就很快。考虑到北方的人口密度大，而且一个家庭买一部车是要满足全天候的需求，这其实是个很大的问题。

此外，还有两个因素让电动汽车使用起来其实不是很方便。一个是充电时间比较长，另一个是充电桩还不是很普及。综合起来看，电动汽车依然只能满足市内和短途的交通，开长途风险是很大的。

那么，特斯拉的电池技术比其他车企有优势吗？其实优势并不明显。

特斯拉作为行业先行者，在技术上多少有点优势，但是也要付出先行探索的代价。目前的电池技术，努力在能量密度、安全性、低成本之间寻找平衡，市场上的电池技术都还不能令人完全满意，各家企业都还在研发性能更好、成本更低的电池。未来的技术路线是三元电池，还是四元电池，或者是其他技术路线，目前还不能确定。即便是现有的电池，特斯拉的技术优势比宁德时代、比亚迪等厂商，也并不明显。而且，特斯拉自己并不生产电池，而是依赖松下、LG、宁德时代供应电池，这种依赖供货商的模式也不利于进一步控制成本。

总体上说，从电池以及配套设施的角度来看，电动汽车的电池技术在 2020 年还没有完全成熟。看研究报告的话，大家通常认为还需要两年到三年，甚至更长的时间。再加上配套设施等还需要一些公共政策的配合，可能会拖得更久一点。而在这几年的时间里，可以发生很多事情，特斯拉的领先优势可能会被蚕食殆尽。

特斯拉的第二个卖点，是自动驾驶技术。因为自动驾驶可以把人从驾驶中解放出来，所以这里的想象空间很大，甚至比电动汽车还大。电动只是改变了汽车的能量来源，而自动驾驶则是改变出行方式，把人从疲劳的驾驶中解放出来。可是，想象归想象，特斯拉在自动驾驶领域的想象空间，其实很小，原因有三条。

第一，自动驾驶技术目前并不成熟。

自动驾驶分为 5 级，到 5 级才是真正的可以脱离人的自动驾驶，其他的都是辅助自动驾驶。目前很多自动驾驶还处于辅助自动驾驶阶段，比如说可以帮你变道，在你监控它的状况下可以帮你驾驶，其实还没有脱离人。

我自己 2020 年 6 月去试驾的时候，也没有觉得特斯拉到了可以放心自动驾驶的程度。目前来说，特斯拉处于第二级到第三级阶段的自动驾驶，其本质还是辅助自动驾驶，要提升的空间还很大。

第二，自动驾驶不仅是技术问题，还是法律问题。

不要小看这一点，这是自动驾驶的核心问题。设想一下，未来路上有人开的车，有自动驾驶的车，如果二者相撞，这个事故如何归责？理论上讲，自动驾驶的车和出租车是一样的，因此车企负责或者对方负责，驾驶员只是乘客，不用负责的。可是这样的话，自动驾驶的车就有太大的优势，导致这样的法律反而很难通过。

因此，自动驾驶不仅是技术问题，还是法律问题，甚至是社会生活习惯的问题，和人的行为、社会的规则有关。一旦涉及人的行为和社会规则，就不像研发那样可以预期。我的理解是，自动驾驶还有很长的路要走。特别是发生事故以后，要经过很多的辩论才能形成新的规则。

第三，具体到特斯拉，其实特斯拉在自动驾驶领域并不处于领先地位。

根据一个技术测评机构（Navigant Research，简称NR）的排名，特斯拉在自动驾驶领域并不处于领先的地位，谷歌、福特、通用、百度的排名都比较靠前，英特尔的排名也很靠前（见图 4–7）。

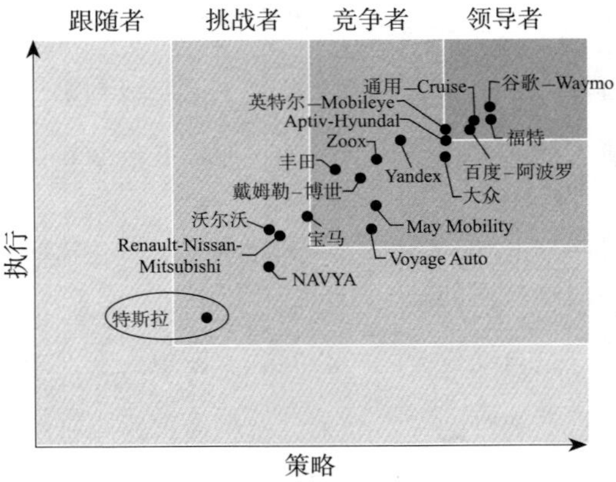

排名	公司
1	谷歌 –Waymo
2	福特
3	通用 –Cruise
4	百度 – 阿波罗
5	英特尔 –Mobileye
6	大众
7	现代
8	Yandex（俄企）
9	Zoox
10	戴姆勒 – 博世

图 4–7　NR测评的自动驾驶领域排名

注：NR 2020 版自动驾驶技术评测，与 2019 年变化不大。

当然，一家机构的测评并不说明所有问题，也不一定完全准确，但是至少告诉我们，在自动驾驶这个领域，特斯拉面临很多竞争者，而且竞争者很强。既然这样，特斯拉的自动驾驶技术，就不会带来很大的估值提升，更无法成为 1000 多倍的天价估值的理由。

最后，我再加一句，就是依据我个人的驾驶体验，特斯拉并不是一款成熟的产品。2012 年特斯拉刚出来没多久，我刚好在美国出差，就抽空去试驾了一次，当时感觉驾驶感一般。说到这里，我补充一句，我拿驾照的时间比较早，2001 年就拿了，所以有很多年的驾龄，而且比较喜欢车，所以算是一个资深用户，对车还是有一点感觉的。

后来，在 2015 年左右，特斯拉在国内刚开始火，有位朋友买了一辆，我又试驾过一次，当时的感觉还是很一般。到了 2020 年 6 月，因为特斯拉特别火，我家附近就有一家体验店，我又去试驾过一次，感觉有改进，但是驾驶感还是很一般，不是一款高端成熟的车的感觉，更像一款普通的车。所以从我一个资深驾驶员的角度看，特斯拉还不能算是一款很成熟的产品，更不是一款很高端的汽车，而更多是研发中的产品。特斯拉的光环，更多是炒作的结果。

这里还有一张表（见表 4–2），列举了近年有关特斯拉公开报道的一些问题，包括自燃、自动驾驶撞车、螺栓问题、触摸屏问题、前悬挂安全问题。可以看到，特斯拉的问题还是比较多的，它还不是一个成熟的产品。既然不成熟，也就算不上高端。

表 4-2　近年特斯拉有关问题报道

时间	事故/隐患	涉及车型	调查情况
2020.12	失控撞墙事故	Model X	韩国首尔一辆Model X 失控撞墙，造成 1 人死亡、2 人受伤。韩国警方启动调查
2020.11	前悬挂安全问题，触摸屏故障	Model S/X	美国国家公路交通安全管理局（NHTSA）收到 43 起针对特斯拉左/右悬挂断裂的故障投诉，对约 11.5 万辆特斯拉展开调查，升级针对特斯拉的安全调查
2020.11	螺栓问题	Model Y/X	螺栓松动导致部分车顶饰板在行驶中被掀飞。官方对 9000 余辆Model Y和Model X 车辆进行召回
2019.4	自燃	Model S	上海某小区地库内，Model S 自燃
2018.3	自动驾驶撞车	Model X	加州山景城Model X在自动驾驶模式下与白色货车相撞

特斯拉的天价估值：投机明显

现在我们来讨论，特斯拉的天价估值是怎么来的。看其股价上涨轨迹的话，本轮上涨是从 2019 年 10 月开始，直到 2020 年 12 月依然没有结束。2019 年 9 月底，特斯拉股价为 48 美元，到了年底，已经涨到 83 美元；到了 2020 年 6 月，进一步涨到 216 美元，12 月在 640 美元左右。

从时间上看，特斯拉的股价上涨，可能与上海工厂的建成投产有关。特斯拉上海工厂 2019 年 1 月开工，6 月进行调试，7 月开始招聘工人，9 月开始投产，年底就开始交付新车，速度飞快。

特斯拉上海工厂投产的时间，正好是特斯拉股价开始上涨的时间。由于特斯拉之前的交付一直受限于产能，因此随着产能的放大，市场憧憬销售大涨，股价随之起飞。

刚才的这个推断，从时间上看有合理性，不过只能提供一个股价上涨的背景，无法帮助我们看清其现在的估值是否合理，以及未来会怎么样。所以我们需要进一步看其股价上涨的直接诱因。

图 4–8 显示，特斯拉股票的换手率很高，是其他科技股的好几倍。2020 年初的时候，每天换手率平均超过 10%。作为对比，其他的很多明星科技股，像苹果、亚马逊、脸书股票，日换手率都在 1% 左右，通用汽车股票的换手率也在 1% 左右，谷歌股票的换手率仅在 0.5% 左右。所以，特斯拉股票的换手率异常高，比其他股票高出一个数量级。

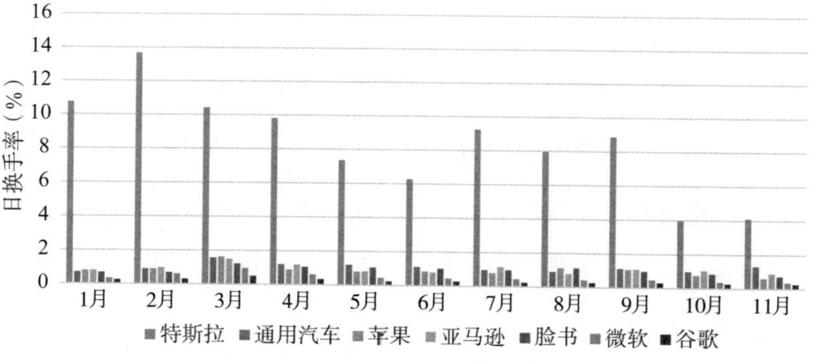

图 4–8　主要科技股股票（日换手率，每月均值）

这么高的换手率是什么意思呢？就是买进来的人很快就卖出去了。换手率10%，就是投资者平均持有10天，就把股票卖出去了。这种交易行为和看好长期价值、买入等待价值实现的逻辑是很不一致的。价值投资者是不会这样频繁地交易的。投资者为什么这么快卖出去呢？还是因为不敢长期持有，有了利润就尽快落袋为安。

在金融学研究中，有一个共识很高的结论，就是过高的换手率是投机行为的证据，代表的是投机，而不是投资。过度的投机推高股价，吹起泡沫。那么泡沫什么时候破灭呢？这个问题也简单，就是换手率下降的时候。换手率下降，意味着入场接盘的人少了。等到接盘的人少于卖出的人，股价泡沫就破灭了。从图4–8看，2020年10月和11月，特斯拉股票换手率已经下降到4%左右，降了一半还要多，但依然是其他股票的好几倍。如果换手率进一步下降，特斯拉股价的泡沫离破灭就不远了。

特斯拉的高股价可能还与马斯克的个人魅力有关。马斯克经常语不惊人死不休，炒作能力是一流的。而且脑机接口、太空飞船、星链计划等不仅具有话题性，而且符合人们崇尚科技进步的价值观，满足了人们“仰望星空”的需求，因此赢得了大批粉丝，有助于特斯拉的炒作。

限于篇幅，本文只对特斯拉电动汽车这款产品进行分析，对这些话题不做评价。只想说一句，商人最大的情怀就是把产品做好，其他的，小赌怡情就好，太多了伤身。

可证否预测：股价腰斩

本章的最后，我给一个可证否的预测。波普尔说，科学的本质是可证伪。做了这么多分析，如果没有一个可证伪的预测，那么也很难说分析对不对。

在预测之前，我再加一个理由，说明为什么特斯拉的股价是泡沫，不可持续。简单说，就是即便特斯拉的产销持续增长，也无法支撑目前的股价。根据现有数据，特斯拉 2020 年的产销是 40 万辆出头，比 2019 年增加 4 万辆，大约增长 10%。假定特斯拉销量每年增加 30%，三年后翻番。考虑到特斯拉销量在欧美市场已经滑坡，这已经是个乐观的预测。特斯拉目前的利润率在 1%左右，假定三年后也翻番，达到 2%。考虑到汽车市场的竞争激烈，以及电池技术还有待成熟，这样的估计已经是很乐观了。即便如此，特斯拉的利润也只增长 4 倍，而估值依然有 250 多倍，仍是天文数字。当市场意识到乐观的增长也不能支撑天价估值时，投机者将退去，股价将下跌。

目前，特斯拉的产能已经达到 84 万辆，产能已经不是瓶颈了。上文说过，特斯拉在欧洲、美国市场已经不再增长，其他车企已经奋起直追，特斯拉的增长其实取决于中国市场的增长。随着特斯拉问题的暴露，以及铁粉已经陆续购买，相信特斯拉在中国市场的增长也会慢慢放缓。

当市场明白产能不是问题，需求才是问题的时候，特斯拉泡沫就会破灭。

什么时候破灭呢？因为中国人口基数大，高收入人口也多，加上美国、欧洲、中国以外其他市场还有增长，还不能贸然预判这个时间会很快到来。特斯拉的增长有可能还会持续 1~2 年。不过，其他车企在 1~2 年内会有较好表现，会进一步削弱特斯拉的光环，让市场回归理性。

保守起见，判断特斯拉股价崩盘的时间在三年之内。光环褪去之后，100 倍出头已经是很高的估值，特斯拉的估值会从 250 倍左右下跌一半或以上。综上，形成以下预判：

三年之内，特斯拉股价至少腰斩。

本预测首次给出的时间是 2020 年 12 月 13 日晚上，当时的场景是“徐远的投资课”的线上毕业典礼。当天是星期天，前一个交易日（2020 年 12 月 11 日，星期五）特斯拉的收盘价为 609.99 美元。也就是说，2023 年 12 月 13 日或之前，特斯拉的股价将跌到 305 美元或以下。如果特斯拉出现分红或者拆股，价格做相应除权处理。

等待时间的检验。

本章要点：

1. 特斯拉股价大涨，其股票位列全球十大市值股票之一，主要不是业绩好，而是估值高，达到1000多倍。

2. 电动汽车行业有广阔的未来，但是特斯拉的竞争优势，包括市场优势和技术优势，都并不明显。

3. 特斯拉的电池技术优势并不大，自动驾驶技术优势也不大。而且，自动驾驶既是技术问题，更是法律问题，成熟落地还需要时间。

4. 电动汽车行业竞争很激烈，传统车企和新兴势力都不会轻易放弃，最后的利润率不会太高。

5. 特斯拉的股价投机成分很大，预判三年内特斯拉股价腰斩，等待时间的检验。

第五章

看多特斯拉的理由，为什么经不起推敲？①

前文指出，特斯拉的天价估值由叙事而起，吹起了泡沫，但因为产品跟不上叙事，而且竞争激烈，泡沫终将幻灭。本章继续写一些思考，估计这些思考会解释一些疑问。

本章想重点说的是，看多特斯拉的理由其实很不严谨，连“叙事”层级的严谨性都有点勉强，更不满足“商业”层级的严谨性。什么叫“叙事”层级的严谨性？就是听起来要有道理。这个层级的严谨性不足，就是故事经不起仔细推敲，逻辑链条是断裂的。

什么是“商业”层级的严谨性？就是不仅叙事逻辑是严谨的，还需要考虑很多其他因素，比如成本、竞争、政策冲击、现金流可持续等，留出足够的“商业安全边际”。目前看，特斯拉的商业安全边际很小，几乎是在走钢丝。在激烈的竞争格局下，很容易“看对了方向，输掉了竞争”。

市场上看多特斯拉的观点，可以简单用三个字母概括，叫

---

① 本章写于 2020 年 12 月 31 日。

作SEA。这三个字母，分别是三个英文单词的首字母，代表了看多特斯拉、看空传统车企的三个主要原因，分别是share、electronic、auto-driving。它主要说的是，特斯拉和传统车企在不同的赛道上，是完全不同的物种，不能用看待传统车企的观点来看待。很多人喜欢说这个观点，但其实其中想象的成分居多，实际的成分没有那么多。我们一个一个来看。

第一个单词是share，意思是特斯拉在共享汽车领域有很大空间，这个观点值得商榷。

首先，共享汽车的概念是经不起推敲的。人们买车是为了共享吗？共享汽车和汽车租赁是什么关系？传统汽车就不能共享吗？这世界上有共享汽车成功的先例吗？这些问题的答案，都不是很利于特斯拉。

分析商业上的事情，还是要基于经验。对于没有经验基础的事情，要非常谨慎。到现在为止，全球范围内没看到大规模的共享汽车成功的案例，只看到大规模汽车租赁成功的案例，但是汽车租赁与特斯拉没有什么关系，所有汽车都可以租赁。

说起共享汽车，我们很容易联想起共享单车。共享单车前几年很火，很多人都看好，但是我一直不看好，因为之前没有看到成功的先例。而且，共享单车的实际成本、管理成本很高，占用公共空间资源的成本也很高，存在明显的商业逻辑硬伤。

目前看，事实站在我这一边，我对共享单车的悲观看法不幸成真。这不是怀疑共享单车的美好愿景，比如解决出行最后一公里的问题。但不管多美好的愿景，如果实际成本太高，就不可持续，商业逻辑不可违背。同样，共享汽车也有很高的管理成本，而且共享意味着汽车内的空间资源也要共享，用车的实际功能和便利性降低，汽车的价值要打很大的折扣。

其次，退一万步而言，共享与电动是两码事。电动汽车可以共享，燃油车也可以共享，甚至电动汽车可以智能驾驶，传统燃油车也可以智能驾驶。把特斯拉与共享绑定，这个逻辑是不严密的，甚至是跳跃的。

第二个单词是electronic，即电动，意思是电动汽车代表未来，燃油车会被淘汰。我们先假设新能源汽车的大方向是对的，再假定电动汽车是新能源汽车的主流技术路线。那么，这就一定意味着燃油车会被淘汰吗？多长时间淘汰？

其实，即便电动汽车代表了未来，也不意味着燃油车就一定要全部淘汰。我们知道化石能源有很多缺点，比如造成空气污染和温室气体排放，但是化石能源也有很多优点，比如便利性、稳定性、能源密度高等。现在燃油车其实挺好，是人们的重要出行工具，远不是一无是处。

有很多优点的东西，为什么要完全替代呢？比如把现在全球的燃油车减少一半，是不是已经足以解决问题了？完全替代有没有必要？有没有论证过？我们的空气有个自我循环的过程，只要污染没那么重，排放没那么多，其实是可以自我循环、自我净化的。到底有没有必要把燃油车全部替换掉，我觉得从技术角度看是一个可以探讨的问题。

举个例子。这几年北京的空气质量显著改善，但是北京的汽车依然在跑，北京附近的工厂也没有全部迁走。这就告诉我们，大气污染是一个度的问题，不是一定要把石化能源清零的问题。

我们退一步，假定以后水电、风电、核电完全够用，只需要很少的化石能源，化石能源几乎被完全替代。即便如此，还有一个多长时间替代的问题。目前看至少是10年后，可是在10年的时间里，很多事情可以发生，竞争对手会迎头赶上，特斯拉的现金流会面临严峻的考验。几年之内只要出个风吹草动，特斯拉股价都可能大幅回调。

第三个单词是auto-driving，即自动驾驶。前文我们说过，自动驾驶不仅是个技术问题，还是一个法律问题、一个社会习俗的问题。以后路上有人驾驶的车，还有自动驾驶的车，出了交通事故怎么处理？很多法律问题是蛮复杂的。而且，现在自动驾驶技术还不成熟，还很难有商业应用价值。更重要的是，在自动驾驶领域，特斯拉并不是领先者，自动驾驶要加分，也是给谷歌、通用、英特尔这些行业领先者加分，不是给特斯拉加分。

看多特斯拉的人，还有一个类似于苹果手机的增长逻辑，说自动驾驶会形成一种生态，会吸引大量的流量，围绕电动汽车、自动驾驶会形成一个像苹果商店一样的生态系统，人们会在里面花很多时间，会产生很多消费。对这个观点，我持很大的怀疑态度。

什么叫生态？这几年我花了很多时间观察新经济，特别是平台经济，发现人们对于“做平台、做生态”有点过于迷恋了，不是什么平台都能挣钱的，不是什么东西都能做出生态的。最后你会发现很多“平台上空空如也”，没有产品，没有内容，没有流量。

我们拿的智能手机，上面装着很多App（应用程序）可以运用，比如微信等，我们对它有黏度，愿意在上面花时间。可是电动汽车是个汽车，你愿意在车里面待很长时间吗？你在闲暇娱乐时间，是愿意待在家里，还是待在车里？除了在出行路上它占用你的时间以外，其他时候它不占用你的时间。人们是要减少在路上的时间，而不是增加在路上的时间。

一开始的时候，我对所有这些想法都持开放的态度，愿意去想这里面可能有机会。但是想了很久，现在看这些机会是说不清的，还处于想象阶段。从资产定价的角度说，想象阶段还是要谨慎，要打很大的折扣。

还有一个看多特斯拉的理由，就是作为一个新兴车企，特斯拉没有历史包袱。作为比较，传统车企有很多历史包袱，比如机构臃肿、债务繁重、工会力量强大等。这一条是有一些道理的。我们知道很多传统车企，像丰田、大众、奔驰、宝马这些，有很深厚的汽车工业的积累，也有各种各样的历史包袱，导致船大难掉头。

这里面需要思考的问题是当电动汽车这个市场越来越成熟，这些车企会退出这个竞争，还是会迎头赶上？目前看，很多传统车企都在电动汽车领域做了很多准备，等到市场成熟就会发力。2020 年在欧洲、美国市场上，传统车企的销量大幅上涨，特斯拉则是逆市下降的，这已经充分说明了问题。

未来的电动汽车市场，竞争一定很激烈，因为大家都不会放弃这么大的蛋糕。既然竞争激烈，就要拼谁的命长、谁的现金流充足稳定。

最后，我们用华尔街知名卖空者吉姆·查诺斯的话来结尾：特斯拉是一家汽车公司，是一家高端汽车公司，但仍然是一家汽车公司，其利润率与其他汽车制造商一样低。

这句话得到了特斯拉总裁马斯克的间接确认，他在 2020 年 12 月 1 日致员工的信中这样说：

> 如果看一下我们的实际利润率，过去一年是非常低的，只有 1% 左右。投资者对于我们未来的盈利给予了很大的期待，但是如果在任何时刻，他们突然觉得这根本不可能实现，

那么我们的股价就会立刻被砸——就像铁锤砸向蛋奶酥那样。

行文至此，我要再强调一下：看多或者看空特斯拉的股价，应该是基于冷冰冰的商业分析，要和个人的喜好分开。喜欢不喜欢马斯克，都不应该影响你的判断。

本章要点：

1. 看多特斯拉的理由有三，分别是共享汽车、电动汽车和自动驾驶。然而，这三个理由都不够严谨，不能支持特斯拉的天价估值。

2. 共享汽车是商业模式不是技术路线，共享不一定非要电动汽车，也不一定有利于特斯拉。从共享汽车到特斯拉的逻辑链条，存在很大跳跃。

3. 电动汽车是未来，但是燃油车不一定全部被替代。很多车企都会进军电动车市场，特斯拉的市场份额不一定能支撑天价估值。

4. 自动驾驶不仅是技术问题，更是法律问题。即便自动驾驶技术成熟了，人们通勤之外也不愿意待在车里，不一定能形成生态。

5. 电动车市场竞争很激烈，利润率不会太高，不支撑天价的估值。

第六章

特斯拉的股价里，有多少马斯克？[①]

前文讲道，特斯拉的股价很高，风险很大。本章要探讨的问题是，特斯拉的股价飙涨，马斯克的IP（知识产权）做了多少贡献？这个问题很难量化，但是马斯克是推特红人，是当今世界最大的IP之一。他身上的巨大光环，难免会影响人们对特斯拉汽车、对特斯拉股价的判断。

马斯克有很多惊人之举，比如发射火箭、移民火星、脑机接口、星链计划、超级高铁等等。因为这些都超出商业公司的常见领域，有突破科技前沿的意思，所以很多人喜欢马斯克身上那种“仰望星空”“推进人类进步”的色彩，马斯克也获得了一个“硅谷钢铁侠”的美称。

坦白说，我自己也有一点喜欢马斯克，不过不是因为他做的这些事情，而是因为他做事的方式。每一件事情都可以具体分析，掰开了揉碎了分析，优点缺点展开分析，不需要谈喜欢不喜欢。对事情谈喜欢不喜欢，其实有点放弃分析的意思。

我喜欢马斯克，是因为他过的那种生活，不按常理出牌，想

---

① 本章写于 2020 年 12 月 31 日。

别人不敢想，做别人不敢做。喜欢他，是因为自己做不到，做不到那样的天马行空、无所顾忌。生活在别处，我们总是向往一些自己做不到的事情，幻想能过另外一种人生。

尽管如此，不得不说，马斯克的很多言论和行为，中短期的商业价值很有限，炒作色彩比较浓重。比如说移民火星，发飞行器到火星上去探测。这件事情，我觉得作为探险和科研都无可厚非，但是它的商业价值很低，在可预见的将来几乎为0。我们小时候都学过，火星并不适合人类居住，昼夜温差大、大气含氧量低、有毒气体含量高等等。火星探索的科研价值当然很高，但是火星的居住价值是看不到的。

我自己因为研究过很多年的城市问题、土地问题，知道地球其实是不缺土地，不缺水的。地球资源的紧张，其实是管理水平、技术进步的问题。随着技术的进步，很多问题都可以解决。比如很多人担心的能源问题，其实很快就解决了。

有了这个背景知识，我们就知道移民火星这个事情，从人口居住的角度来说，不但没有可能性，也没有必要。它有探险的价值、科研的价值，但是也仅此而已。有人担心小行星撞地球，说探索火星给地球留一个备胎。对于这样的说法、这样的小概率事件，我只能笑笑。等到那一天，你怎么知道小行星只撞地球，不撞火星？马斯克谈的移民火星的事情，离炒作太近，离商业太远。

下面重点说一下马斯克和巴菲特的交锋。两位世界级的商业领袖，在推特上或者采访中，有好几个来回的交锋，不乏火药味。我专门梳理了这个过程，做了一张表（见表 6–1），看看到底是怎么回事。梳理完了之后，有两点是比较清楚的。第一，是马斯克发起了这场论战，巴菲特有迎战的意思，也有避让的意思。第二，巴菲特的言论没有失分寸，比较体面，但马斯克的攻击性比较强，到后来甚至有人身攻击的嫌疑。

表 6–1　马斯克与巴菲特论战过程

日期	场景	言论
2018 年 5 月 3 日	特斯拉财报会议	马斯克：巴菲特的护城河理论是“非常愚蠢的概念”“退化的思维方式”
2018 年 5 月 5 日	巴菲特股东会议	巴菲特：科技领域的发展的确使一些公司的护城河变得脆弱，但冲击并不发生在每个行业，回应马斯克“在糖果这样的传统行业，马斯克应该不是我们的对手”
2018 年 5 月 6 日	CNBC（美国消费者新闻与商业频道）的采访	巴菲特赞赏了马斯克作为革新者的勇气和行动力，然后回应“商品不能仅仅因为品牌做得好而提高价格，你需要的是护城河”，并表示进入汽车行业是一门“很坏的生意”
2019 年 4 月 12 日	雅虎财经采访	巴菲特被问及如何看待马斯克“推特红人”的作风，直言“没必要这么频繁地发推特”，并评价特斯拉CEO（首席执行官）“卓越，但也还有提升空间”
2019 年 4 月 13 日	推特	马斯克回应：“请不要毁掉冰雪皇后，拜托了。”（冰雪皇后是巴菲特旗下公司）

（续表）

日期	场景	言论
2020 年 5 月 7 日	电台节目采访	马斯克称自己“算不上巴菲特的忠实粉丝”，表示巴菲特的工作虽然也很重要，但是“非常无聊”，并提到投身制造业的精英太少，而太多的聪明人选择金融和法律行业
2020 年 7 月 26 日	《纽约时报》访谈	马斯克：虽然巴菲特努力将自己塑造为一位睿智长者，但他的真实表现很可能配不上自己的名誉，“成功建立了一个和蔼的老祖父形象，但这很可能过于夸张了”

这句话有点重，所以我们来看一下这个过程。2018 年 5 月 3 日，马斯克在特斯拉的财报会议上说，巴菲特的护城河理论是非常愚蠢的概念，是退化的思维方式。言下之意，像特斯拉这样的高科技公司，护城河理论是不适用的。我们都知道电动汽车领域竞争激烈，特斯拉并没有很宽的护城河，马斯克这样说，大概是一种辩护。

时间有点巧，两天之后就是巴菲特的年度股东大会，巴菲特不得不做一点回应。巴菲特回应的时候，还是很客气的。巴菲特说，科技领域的发展的确使一些公司的护城河变得脆弱，但冲击并不发生在每一个行业，比如“在糖果这样的传统行业，马斯克应该不是我们的对手”。巴菲特的意思是说，科技行业不太一样，传统的护城河理论不能直接套用，但是对于传统行业，以前的理论还是适用的。巴菲特的回应，其实是把问题大而化小，不想正面冲突，是一种退让的姿态。

这里我加一点评论。我个人的观点是，护城河理论依然是适用的，但是对于护城河的理解可以有所变化。传统企业的护城河，可以是企业品牌，可以是用户黏度，可以是专利保护，等等。对于科技前沿的企业而言，最好的护城河是技术上的优势和别人追赶你的难度。我自己的看法是，特斯拉的技术优势不明显，护城河很浅，但是不能因此否认护城河的作用。

在之后的采访中，巴菲特也一直称赞马斯克是“革新者”“卓越的企业家，但是还有提升的空间”，在被问如何看待马斯克“推特红人”的作风时，巴菲特直言“没有必要这么频繁地发推特”。

可能是这个委婉的批评，引发了马斯克进一步的回应。在之后的采访中，马斯克说巴菲特的工作虽然很重要，但是“非常无聊”，说太多的聪明人选择金融和法律专业，投身制造业的精英太少。这句话听起来很容易引起共鸣，也会吸引一些粉丝。但是坦白说，我并不同意。

首先，投身制造业的精英其实很多，只不过制造业不吸引眼球而已。马斯克作为制造业精英吸引眼球，反而是异类。美国、欧洲的科技很发达，制造业也很发达，高端制造业尤其发达，有很多核心技术，并不是浪得虚名。制造业往往需要很多技术积累，从事制造业的精英往往默默耕耘很多年，然后还要继续耕耘，保持竞争优势。这些精英不像马斯克一样风光无限，其实也是制造业的特点决定的。

其次，职业并没有高低贵贱，还是要尊重个人的自由和选择，才会有持久的进步和繁荣。美国是个高度自由的社会，如果抱怨从事制造业的人太少，难道要进行计划经济？美国对于基础研究、科技行业、制造业，已经有很多扶持。实际上，美国受益于强大的金融业、法律专业，马斯克本人也是受益者。

后来，马斯克进一步批评巴菲特把自己塑造成一位睿智长者，但是实际上配不上这份荣誉。他说："巴菲特成功建立了一个和蔼的老祖父形象，但这很可能过于夸张了。"

从旁观者的角度，我觉得巴菲特始终很克制，马斯克的话有点过头了。巴菲特捍卫自己的护城河理论无可厚非，同时也多方面称赞了马斯克，只是委婉地说没必要发那么多推特。但是马斯克方面，已经有明显的人身攻击的嫌疑了。一个是做投资的，一个是做企业的，没有高低贵贱，没必要怼人家。

这让我联想到一种炒作的办法。假如你刚出道，名气不大，急着出名怎么办？很简单，去怼一个名气很大的人。比如一个年轻的"经济学家"很想出名，怎么办呢？一个办法是勤勤恳恳做学问，很多年以后学有所成，名气慢慢就起来了。可是很多人坐不了冷板凳，不想花功夫，怎么办呢？那就炒作，说一些出格的话，迎合大众情绪。炒作中还有一个办法特别有效，就是去怼著名的经济学家，比如去怼林毅夫、张维迎这些特别有名的人。怼来怼去，就出名了。其实这样的炒作没多少意义，只不过骗取流量而已。潮水退去，会发现沙滩上什么也没有，不过是一场虚空。

然而，马斯克还不太一样，他本来就很出名，不需要炒作。我理解马斯克的言论，有两层意思。第一，他本来就是这么想的，也就这么说了，他不是很在意别人怎么看。纵观马斯克的经历，他本来就是一个闯劲十足、特立独行的人。

第二，他的言论客观上吸引了很多关注，创造了很多争论。只要有争论，就会有不同的意见，对特斯拉的关注就会更大。对于一个企业而言，这相当于一个巨大的，而且是免费的广告，比花重金请大明星代言强多了，而且不花一分钱。这世界上比巴菲特、马斯克更大的“明星”，其实也不多了。

其实，马斯克和巴菲特的差异，可以用职业的不同来解释。巴菲特是投资家，走价值投资的路线，稳健是第一位的，当然要分析商业稳健性，不会像马斯克那样去冒险。马斯克是企业家，在一个高度创新的行业里打拼，冒险是分内的事情，无法追求稳健。

行文至此，我觉得更喜欢马斯克了。一来他的炒作很聪明，也并不伤害谁。作为公众人物，巴菲特和马斯克来来往往的过招，本来就是公众人物生活的一部分，不然吃瓜群众看什么呢？二来马斯克可能真的很真实，真的不在意别人怎么想。就像张国荣的《我》里的一句歌词说的：我就是我，是颜色不一样的烟火。

很巧的是，这首歌的下一句歌词是：天空海阔，要做最坚强的泡沫。

文章的最后要澄清一下，我说了一些批评马斯克的话，而且明确看空特斯拉的股价，与个人喜好完全无关。

首先，我看空特斯拉股价，是基于冷冰冰的商业逻辑。喜欢不喜欢马斯克与特斯拉的股价，是两件事，要截然分开。作为投资者，我们的目标很单纯，只有赚钱，其他的都要切割开。

其次，我并不看空电动汽车行业。实际上，我看多这个行业。但是行业与单个企业是两回事，我不看好特斯拉的竞争优势，因此也不看好特斯拉的天价估值。

最后，我批评马斯克，说他讲话有时有些过头，只是就事论事，并不针对这个人。上文说过，生活在别处，我有点喜欢马斯克这样特立独行的人，因为自己做不到。无论如何，马斯克已经是一个非常成功的企业家，拥有精彩的人生。这一点，无须我来评价。

而且，马斯克是一个有趣的人。这世界需要有趣的人，不是吗？

金庸说，人生就是“大闹一场，悄然离去”。

至于特斯拉，不管前景如何，都已经改变了电动汽车行业的格局，是一个了不起的企业。

很多人说特斯拉是电动汽车行业的鲇鱼，搅动了电动汽车行业的江湖。

这世界需要更多的马斯克和特斯拉，不停地折腾，改变商业和世界的边界。

本章要点：

1. 马斯克不仅是勇敢的企业家，也是天才的叙事者，是当今世界最大的IP之一，对特斯拉有很大的广告效果。

2. 马斯克的一些相关事业，比如移民火星，有科研和广告价值，但是商业价值有限。

3. 马斯克挑起和巴菲特的争辩，言辞有不够得体之处，符合他特立独行的性格，客观上有商业广告的效果。

4. 我看空特斯拉的股价，是基于冷冰冰的商业逻辑。我自己并不讨厌马斯克，反而有一点点羡慕他的天马行空。

/ 第三篇 /

大势研判

在股市上，永远不要和趋势作对，看清趋势至关重要。本篇四章，尝试分析2020—2021年A股趋势，摸索分析趋势的方法。

2020年的股市上涨，不是短期的财政刺激或者货币放水造成的，因为这两个“犯罪嫌疑人”根本不在现场。真正的原因，是市场情绪的改善。

这种情绪的改善，不是捕风捉影，而是有可分析的基础，包括中美关系、疫情防控、经济基本面、政策基本面。

不过，大涨之后，A股的估值已经比较高，特别是消费、医药、科技等热门板块。A股要进一步上涨，需要低估值板块的启动，特别是权重较大的银行板块的启动。银行股有三大好处，一是平均收益可观，二是下跌风险小，三是上涨空间大。总体上说，银行股进可攻、退可守。

站在2020年底看2021年，市场明显高估了2021年的经济增速。2021年经济增速有限、政策空间受限，加上股市估值偏高，将是动荡的一年。动荡背景下，安全资产将受到青睐。

等待时间的检验。

第七章

A股是反弹，还是反转？[①]

2020年7月A股火热，主要指数快速拉升。本章的目的，是回答一个核心问题：现在A股已经涨很多了，还能不能参与？是机会大于风险，还是风险大于机会？

A股已经形成反转趋势

为了回答这些问题，我们先回顾一下市场的走势。关注A股的读者都知道，2020年A股的走势，可谓是跌宕起伏、大起大落，非常精彩。疫情暴发以后先是大跌，然后迅速反弹，然后又是下跌，然后又是反弹，让人眼花缭乱。不过，3月底、4月初以来，A股似乎稳住了阵脚，走出了一轮像样的上涨行情。

进入7月，A股更是迎来大爆发，加速上涨，而且涨法不太一样。从4月到6月，主要是创业板、中小板在涨。从7月开始，大股票、中股票、小股票一起上涨，而且涨幅惊人。比如7月6日

① 本章写于2020年7月8日。

星期一，市场情绪全面爆发，上证综指一天之内居然上涨了5.7%，沪深300指数也上涨了5.7%，而代表巨无霸股票的上证50指数，居然一天之内涨了6.8%。放在平时，这相当于一年的涨幅。

图7–1显示了2020年4月1日到7月7日三个月多几天的时间里，几个主要指数的涨幅，可以看到主要指数涨幅都不俗。代表大盘股的上证50指数和沪深300指数，分别上涨了25.7%和27.9%，代表中小盘股的中证500指数和创业板指数，则分别上涨了26.9%和39.3%。[①]

比如说创业板指数，一路突破2000点、2200点、2400点、2600点这些2019年想都不敢想的高位。2020年以来的行情，可以说是没有最高，只有更高，很多赚了钱的人，都在“恐高”中度过。这可以理解，创业板现在已经创了过去五年来的新高。上次创业板在2500点以上，还要回溯到2016年第一周，具体说是1月4日星期一，也就是2016年开盘第一个交易日。那年新年第一天创业板暴跌8.2%，收在2491点，此后就一直在2500点以下。

不仅创业板，现在上证50指数和沪深300指数，也都创过

---

① 这四个指数不是独立的，而是有重叠。（1）上证50成分股都是沪市的大蓝筹，同时也都是沪深300的成分股（2020年7月5日查证，以后随着成分股调整可能会有变化）。（2）沪深300和中证500是完全没有重叠的，这800只股票基本代表了A股大盘股和中盘股的走势。（3）创业板指数成分股，因为很多股票涨幅很大，变成了大股票，所以同时也是沪深300或中证500的成分股，比如爱尔眼科、东方财富、智飞生物、温氏股份等同时是沪深300的成分股，特锐德、机器人、蓝色光标等同时也是中证500的成分股。

去五年的新高，上一次的高点还要在 2015 年夏天寻找。

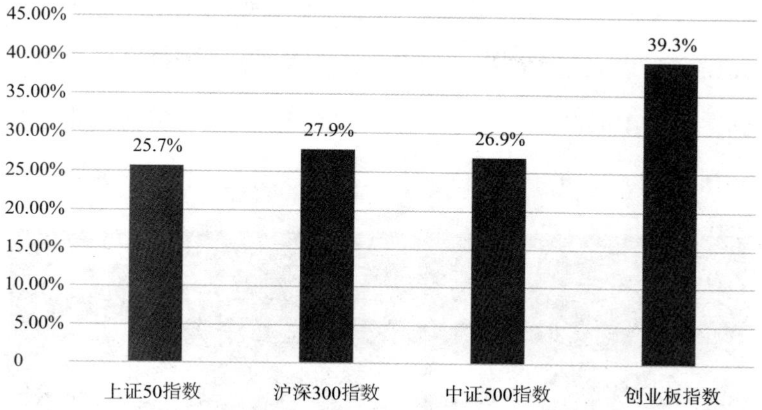

图 7–1　主要指数涨幅（2020 年 4 月 1 日—2020 年 7 月 7 日）

数据来源：Wind 数据库（数据更新到 2020 年 7 月 7 日收盘价）。

综合看起来，2020 年 4 月以来的股市上涨是很可观的，相当于平时三年的涨幅。考虑到这仅仅是三个月多几天的涨幅，就更加可观。这三个月，相当于完成了三年的涨幅。

那么，下一个问题是，这三个多月的上涨，是一次反弹，还是一次反转？这里我强调一下，反弹与反转一字之差，不是咬文嚼字，而是意味着我们对后市的判断和决策是很不一样的。

如果是反弹，那么后市可能还会有很大的反复，风险很大，加上现在价位已经很高了，至少比三个月前高了很多，不参与也罢，已经参与的要考虑减仓或考清仓。如果是反转，那么可能意味着后市的趋势还是向上，可以适当参与。所以说，一字之差，对于投资操作的意义是完全不同的，甚至是相反的。

为了回答这个问题，我们先来看一张图。图 7–2 显示了 2016 年初以来创业板指数的走势。从图 7–2 中你可以清楚地看到，历时 4 年半，创业板走出了一个漫长的反转行情，底部在 2018 年底、2019 年初的位置。

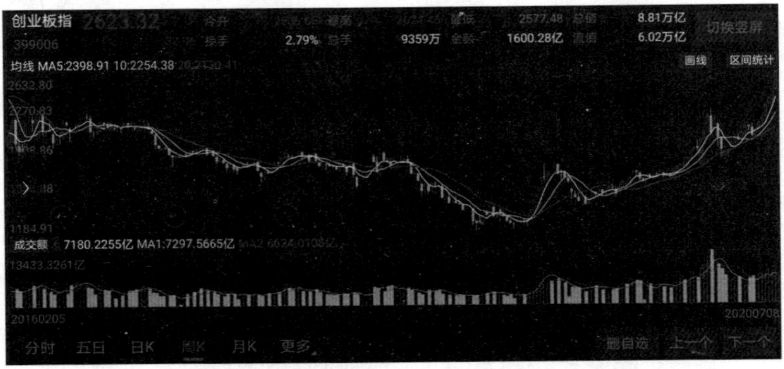

图 7–2　创业板的漫长反转（2016 年 1 月 1 日—2020 年 7 月 7 日）

2016 年初，创业板指数在 2200 多点的位置，然后一路下行，最低的时候在 2018 年底，只有 1200 点左右，跌了将近一半，然后开始上升；到 2020 年 7 月初，已经达到 2500 点以上，接近 2600 点。一年半之内，创业板指数翻了一番还要多。

股市上有一句话，叫作“不要和趋势作对”。从图 7–2 上看，创业板指数已经走出了一轮长达一年半的上涨，已经形成一个趋势了。看起来本轮行情不是昙花一现的反弹，而是之前反转的延续。或者说，经过本轮上涨之后，反转行情已经持续了一年半，更加清楚了。

看完了图 7–2，我加两个注释，也是回答两个问题。

第一个问题，为什么从 2016 年开始看？这是因为 2015 年夏天经历了股市的大幅震荡，震荡之后还需要一个平稳期，因此从 2016 年开始看。2016 年初的股市也有一次大跌，但完全不影响刚才的结论。如果我们把日期提前，从 2015 年开始看，也完全不影响刚才的结论，只是 2015 年的大起大落，让图形很不清楚，不容易看清趋势。如果从 2015 年开始看，还需要进行简单的滤波操作，也就是过滤掉 2015 年的大幅波动。与其如此，还不如直接从 2016 年开始看。

第二个问题，前文讲的是创业板指数，如果看其他指数，会怎么样？结论是一样的，反转的趋势依然成立。如果看中证 500 指数，走势和创业板指数大致一样，区别在于从 2016 年到 2018 年，中证 500 指数下跌晚一些、跌幅小一点。相应地，其从 2018 年底以来的涨幅也小一点。不过，二者的触底时间是一样的，都是 2018 年底、2019 年初。

如果我们看代表大盘的沪深 300 指数，会有一点不太一样，区别在于 2016—2017 年两年，沪深 300 指数是上涨的，并没下跌，直到 2018 年 2 月才开始下跌，到 2018 年底又开始上涨。所以，看沪深 300 指数，股市从 2018 年底反转的结论依然是成立的。换句话说，虽然下跌的时候不太一样，但反转的时候还是一样的，开始反转的时间也是一样的。另外，还有一点也是一样的，就是沪深 300 指数也创了 2016 年以来的新高。2020 年 7 月 7 日沪深 300 指数大约在 4700 点（当日收盘于 4698 点，盘中高点为 4798 点）。上一次沪深 300 指数在 4600 点以上，要追溯到 2015 年夏天。

几个指数的共性都是形成了明显的反转。这么说，不是抹杀它们的区别。代表大盘股的沪深 300 指数和代表中小创的中证 500 指数，以及以科技创新企业为代表的创业板指数，还是有很大区别的。主要区别在于，2016—2017 年两年间，代表大盘股的沪深 300 指数是上涨的，而中证 500 指数和创业板指数是下跌的（见图 7–3）。

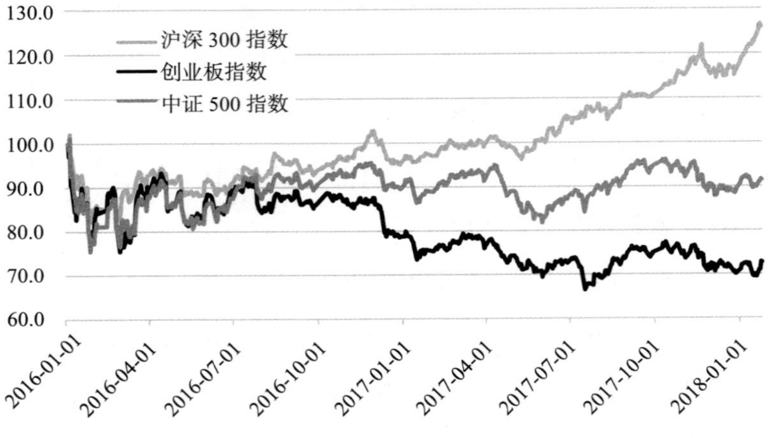

图 7–3　沪深 300 指数、中证 500 指数、创业板指数三大指数分叉（2016 年 1 月 1 日—2018 年 1 月 25 日）

在同一个市场上，两个指数在长达两年的时间里发生明显的、大幅度的背离，是很罕见的事情。一般来说，一个市场的不同指数总是同涨同跌的，只是幅度不同而已。这样长时间、大幅度背离的情况很少发生，之前也发生过一次，是 2013 年 2 月 18 日到 2014 年 3 月 11 日，在一年多一点的时间里，创业板指数大涨大约 70%，而沪深 300 指数跌了大约 25%（见图 7–4）。

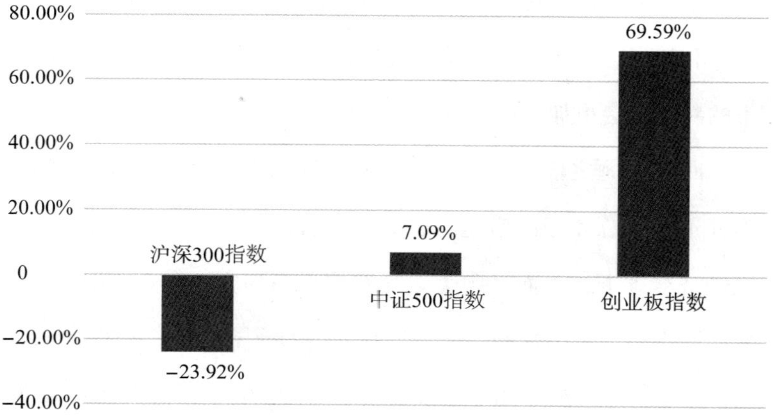

图 7–4　三大指数之前的一次分叉
（2013 年 2 月 18 日—2014 年 3 月 11 日）

这里加一句解释。我国创业板是 2009 年 10 月 30 日正式开市交易，创业板指数是 2010 年 6 月 1 日开始编制，到 2020 年 6 月 1 日恰好 10 年。在这 10 年多一点的时间里，这样明显的、大幅的背离只发生过两次，就是前文提到的这两次。篇幅所限，这种背离的原因，我们以后再仔细分析。在这里我们只需要指出，不管看哪个指数，从 2018 年底股市开始反转，这个结论是成立的。

A股反转的真正原因

做出股市反转的判断后，我们需要回答的下一个问题是：什么因素导致这轮反转？如果我们能理解背后的逻辑，而不是只看图形和数据，那么对这次反转的判断，信心会更足一些，对于后市的判断也会更加准确一些。

回答问题之前，先说一点背景。2016 年以来，中国经济表现并不好，总体经济增速的趋势是下行的。特别是 2019 年，不仅经济继续下行，而且中美贸易摩擦也在加剧。但是 2019 年全年，股市表现是很好的，完全没有低迷的样子。最常说的上证综指涨了 22.3%，沪深 300 指数涨了 36.1%，创业板指数更是大涨了 43.8%（见图 7–5）。平常年份的涨幅有这个的三分之一，就已经很不错了。基本面看起来各种不好的 2019 年，股市反而是非常好的，而且不是小好、中好，是大好。

所以，A 股这次反转的原因是很扑朔迷离的。我曾在自己的课程和直播里讲过股市分析的基本框架就是“基本面+情绪面”，本章中我直接分享分析的结论。

首先排除一些似是而非的原因，我重点说两个，一个是货币

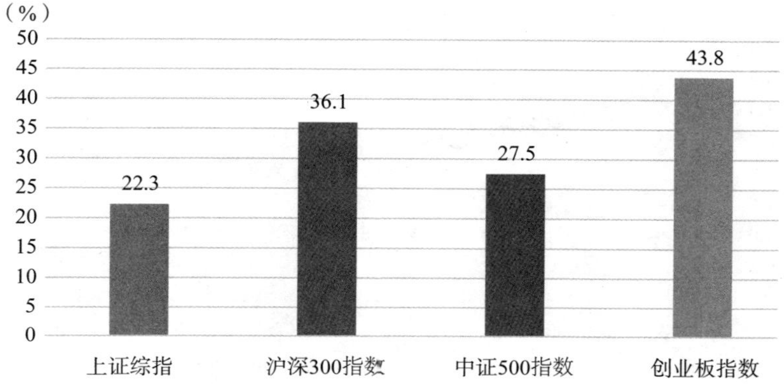

图 7–5　股市 2019 年全年涨幅

放水，另一个是财政刺激。简单说，货币放水和财政刺激这两个导致股市反转的原因，近期根本就不在“犯罪现场”。

先说货币政策。前文我们讲了 2020 年 4 月以来股市大幅上涨，可是 4 月以来的货币政策并没有放松，银行间 7 日同业拆借利率 4 月以来并没有下降，5 月开始还有一点点上升。代表安全资产收益率的 10 年期国债回报率也是大致相同的走势，从 2.5% 左右涨到了 2.8% 左右（见图 7–6）。所以，这几个月的货币政策不但没有放松，还略微收紧了。作为刺激股市的“犯罪嫌疑人”，货币放水不但不在现场，根本就“查无此人”。而且，和美国、日本、欧洲利率水平比，中国利率水平高很多。从这个角度讲，中国货币政策是很紧的，并没有很松。

这里我多讲一点，在中国的财经讨论中，货币超发是经常被

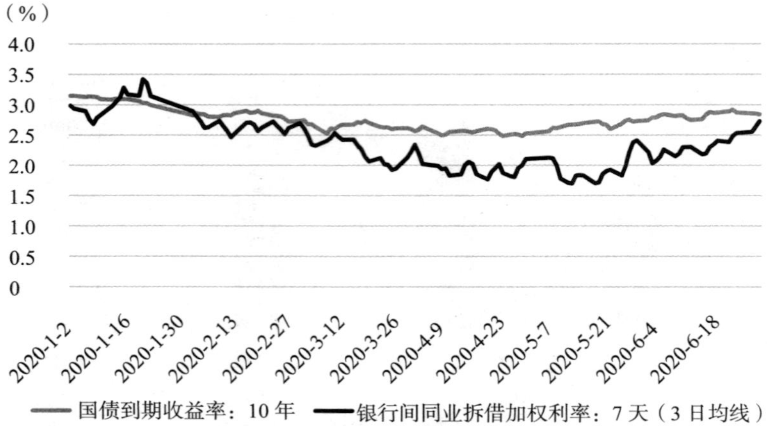

图 7–6　货币政策 2020 年 4 月以来有所收紧

指责的一个“犯罪嫌疑人”，什么事情都怪到货币超发上，房价高是货币超发，股市涨是货币超发。说货币超发，简直成了一种“政治正确”。只要开口讲货币超发，就已经像很懂了，而且可以占领道德制高点。之前我在很多地方讲过，看过去 20 年的数据，从 2000 年以来，也就是自 21 世纪以来，中国根本就没有货币超发。我知道自己的观点是少数派，持这种观点的人很少很少。但是我相信，再过几年这种观点会变成一种常识。货币超发作为中国财经讨论中的集体误区，终将被澄清。

说完了货币政策，再来说财政政策。市场上有很多关于财政刺激的讨论，比如财政赤字增加 1 万亿元，抗疫专项债 1 万亿元，还有地方政府专项债增加 1.6 万亿元，总共 3.6 万亿元的新增资金，等等。可是，2020 年的财政政策是扩张的吗？多大幅度的扩张？其实，不管是已经发布实际数据的 1—5 月，还是已经发布预算数据的全年，财政扩张的证据都严重不足。

根据已经公布的数据，1—5 月财政支出总规模 12.2 万亿元，比 2019 年同期增长 1%。怎么看这 1% 的增长？一般来说，要想有一个较大规模的财政刺激，这个数字至少应该比 GDP 潜在增速要大。比如说，2019 年的财政支出增速为 9.5%，略高于 2019 年的名义 GDP 增速 7.8%（2019 年实际 GDP 增速为 6.1%），高了 1.7 个百分点。所以，从前 5 个月的数据看，财政根本没有刺激。

你可能会说，这是前 5 个月，其中 2 月和 3 月的时候疫情比较严重，钱还没有花出去。好吧，我们来看看全年的预算数据。根据财政部公布的全年预算数据，2020 年全年财政支出增速为 12.6%。这 12.6% 是什么概念？是快还是慢呢？和前两年比一下就行了。2018 年和 2019 年，这个数字分别为 15.6% 和 11.8%（见图 7–7）。[①] 换句话说，2020 年的财政支出预算增速比 2018 年下降了 3 个百分点，比 2019 年略微增加了 0.8 个百分点。

在 2020 年疫情对经济造成很大冲击的情况下，用 0.8 个百分点的增速说财政政策大规模刺激，显然是说不过去的。我们至少可以说，财政刺激的证据是严重不足的。和欧美国家比起来，

① 根据历年财政决算和预算数据计算，财政支出包括一般公共预算支出、政府性基金预算支出、国有资本经营支出和社会保险支出，增速为当年预算数与上年决算数之间的增速，数据来自财政部网站。

中国的财政刺激规模就更加微不足道。所以，财政刺激作为刺激股市的“犯罪嫌疑人”，也是查无此人，更不要说在“犯罪现场”了。我们最多可以说的是，2020 年疫情冲击之下，财政尽量发力，防止经济增速下滑过快。

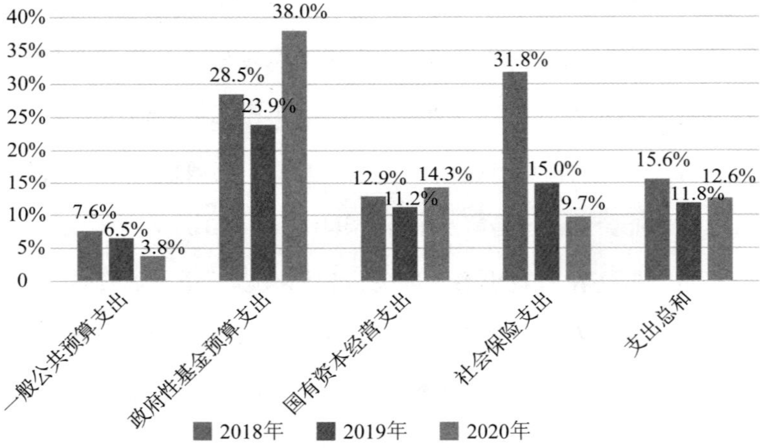

图 7–7 财政支出预算增速（2018—2020 年）

排除了这些似是而非的原因，我们来说真正的原因。一句话概括，A 股反转的真正原因，是市场情绪的改善。

这句话说出来，你可能觉得突兀，都没有一点铺垫，其实理解起来并不难。我们以前讲过，影响股票的要么是基本面，要么是情绪面，现在基本面肯定没有明显改善，疫情之下经济受冲击很大，2020 年一季度经济负增长 6.8%，二季度有望转正，但是上半年肯定是负的。在这种情况下，大中小股票一起上涨，肯定不是基本面改善的缘故。既然不是基本面，就只能是情绪面。所以，你仔细想会发现，这个判断并不突兀，而是必然如此，只能如此。

那么怎么理解情绪面？市场情绪是很难捉摸的，但还是有迹可循。如果你仔细观察，不难找到蛛丝马迹。比如，目前笼罩在A股上空最大的乌云，无疑是中美贸易摩擦。2018年的A股大跌，直接原因就是中美爆发贸易摩擦。可是如果你看中美贸易摩擦对于A股的冲击，这个冲击在2019年已经逐步消退，到现在几乎没有什么影响了。①

为了说明这一点，我们来比较三次比较大的冲击，看看A股反应的变化。这三次冲击分别是2019年五一长假、2019年8月初和2020年五一长假。这三段时间，中美关系都发生了明显的波折，冲突明显加剧，是中美贸易摩擦中三个重要的节点。2019年五一长假期间，美国总统特朗普发推特，中断了中美贸易谈判。2019年8月初，美国对中国进一步增加关税，并且把中国列为汇率操纵国，是冲突加剧的一个重要节点。2020年五一长假期间，中美摩擦再一次加剧。所以这三个月，中美冲突都是加剧的。可是你看A股的反应，已经大不一样。

2019年五一长假，市场开盘以后就大跌，上证指数一天跌

① 本文定稿于2020年7月8日，数据截至2020年7月7日。

了 5.6%。不仅如此，整个 5 月，市场都在低位徘徊、下跌，没有形成像样的反弹。冲击之后的 20 个交易日，也就是到了 5 月底，沪深 300 指数下跌了约 7.2%，根本没有反弹。冲击之后的 30 个交易日，也就是到了 6 月中旬，沪深 300 指数还下跌约 6.7%，依然没有明显反弹（见图 7–8）。所以，2019 年 5 月的时候，中美贸易摩擦对市场影响是很明显的。当时市场情绪很差，受到冲击之后根本形不成反弹。

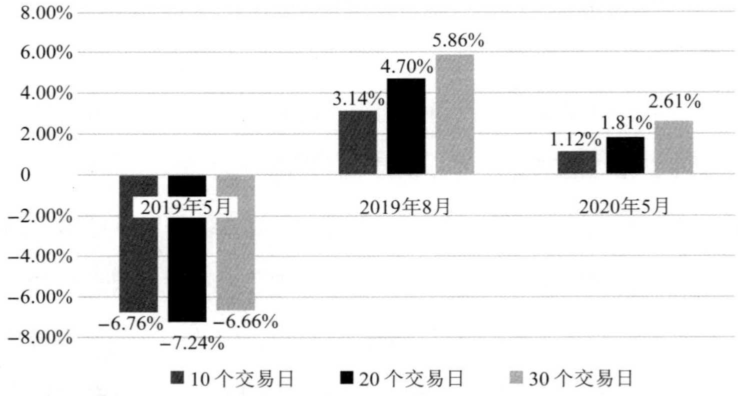

图 7–8　三次冲击之下 A 股的不同表现（沪深 300 指数）

可是到了 2019 年 8 月，情况就很不一样了。8 月 2 日，美国对中国 3000 亿美元的商品增加关税，是中美贸易摩擦以来最大的一次加税。8 月 5 日，美国把中国列为汇率操纵国，标志着中美贸易摩擦在短短 3 天内再度升级。可是，你看 A 股的反应，和 5 月那次已经大不一样。2 日加税，A 股下跌，可是单日跌幅已经不到2个点，算不上崩盘了。等到美国把中国列为汇率操纵国，第二天的跌幅就只有1个点了。市场对于中美摩擦加剧的恐惧情绪，已经明显缓和了。更有趣的是，市场在经历连续两次冲击下跌之后，很快就开始反弹，8月6日受冲击下跌了1个点，到了8月8日就开始反弹，而且反弹持续大约一个月，到了9月10日左右，不仅完全收复了失地，还上涨了大约6%。从8月这次冲击反应来看，市场情绪已经明显改善了。

2020年5月的这次冲击，就更加有意思，是个很好的观察市场情绪变化的机会。五一小长假期间，美国方面挑起了多种激化中美关系的事端，包括把新冠疫情甩锅中国，使用带有明显污名化的“中国病毒”“武汉病毒”等词。其实，所有的病毒专家都知道，包括美国自己的病毒专家也公开宣称，目前所有证据加总起来都不可能推断出病毒来自哪里，更没有证据说明新冠病毒来自实验室，是人工合成的产物。在这种情况下，美国总统公然宣称“中国病毒”“武汉病毒”“功夫病毒”，挑衅的意思非常明显。我们国内的媒体也从隐忍变成针锋相对，中美摩擦升级的态势非常明显。

还记得五一小长假期间，有人开玩笑说，五一期间持股是危险的，因为中美摩擦总是在小长假期间升级，2019年是这样，2020年又是这样。而且五一长假期间，外围市场普遍下跌，在新加坡交易的A50指数期货累计下跌了3.5%左右。在这个大背景下，市场普遍预期5月6日开盘会大跌，少跌一点就很不错了。

结果出乎很多人的预料，甚至让很多人大吃一惊。5月6日一开盘，沪深300指数是下跌的，但是只有1个百分点左右，算是很温和的跌幅；然后，就震荡上涨，到了收盘，反而上涨了0.6个百分点。那一天的行情特别有启发意义，说明在阴云笼罩之下，A股的情绪确实已经改善了。

A股情绪改善的原因很复杂，涉及如何理解中美贸易摩擦、如何理解新冠疫情、如何理解中国的结构改革、如何看待中国经济的未来等一系列重要问题。我曾在之前的文章和直播中深入讨论过这些问题，本章就不进一步展开了。今天我们能够做出的判断是，A股情绪确实已经改善了。这次A股的反转，根本原因就是情绪面的改善，基本面近期根本就没有改善。

A股上涨有没有过头?

本章要回答的最后一个问题，是A股已经涨了很多，有没有涨过头？甚至，是不是已经有泡沫了？

要回答这个问题，我们还是先来看数据。图7–9展示的是三个主要指数的估值水平，我们用指数成分股的平均市盈率来衡量（剔除盈利为负的股票）。可以看到，在显著上涨以后，三个指数的估值依然不算高。沪深300指数的估值目前在14倍左右，中证 500 指数的估值目前在 26 倍左右，创业板指数的估值目前大约是 56 倍。

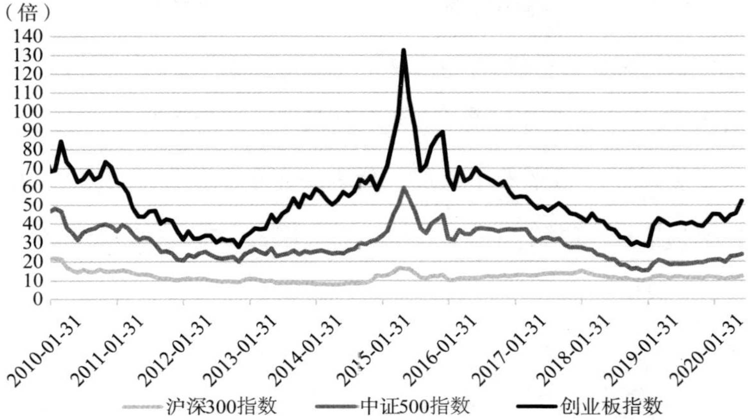

图 7–9　A股估值水平（市盈率）

那么，如何判断这些估值到底是否合理，是不是偏高呢？有两个办法。第一个办法是和历史平均水平比。从 2010 年以来，沪深 300 指数的平均估值是 12 倍，中证 500 指数的平均估值是 29 倍，创业板指数的平均估值是 53 倍。从这个角度看，当前的估值并不过分，沪深 300 指数的 14 倍和 2010 年均值差不多，略高一点。创业板指数的 56 倍也和 2010 年均值差不多，略高一点。中证 500 指数的估值目前是 26 倍，比 2010 年均值要低一些。综合起来看，A 股估值大约处于 2010 年均值的水平，并不算高。

第二个办法是和美国股市估值比。目前全球适合和中国比的，也只有美国，其他国家的经济总量太小，可比性很低。日本经济体量不小，但是经济增速太低，可比性较差，所以我们还是和美国比。

先来看大盘股，目前道琼斯工业指数的估值大约在22倍，标普500指数的估值大约在27倍，纳斯达克100指数的估值大约在31倍。综合看起来，美股的估值是A股的2倍左右，可能还要多一点。再来看小盘股，代表中小股票的罗素2000指数，目前估值在59倍。作为比较，中证500指数的估值只有26倍，不到美股的一半。

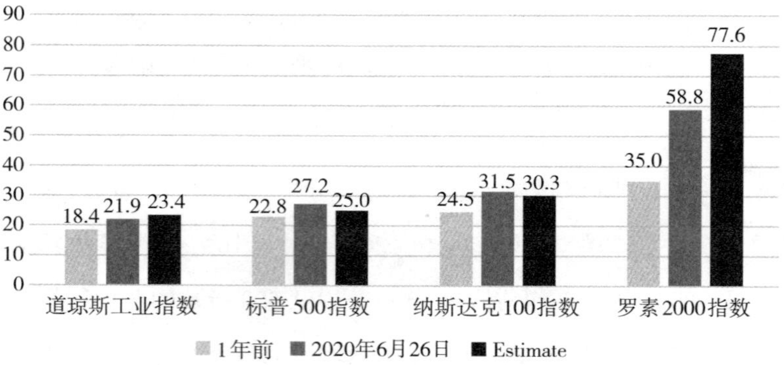

图7–10　美股估值水平

注：1年前为2019年6月26日估值，用TTM静态市盈率衡量，2020年6月26日估值也是TTM静态市盈率，Estimate为目前价格水平与估计的未来12个月盈利水平的比值，即预期动态市盈率。数据来源：Birinyi Associates; Dow Jones Market Data。

总体上看，A股的估值只有美股的一半左右。这种情况下，我们是没有理由说A股已经很贵的。涨了这么多还很便宜，只能说以前的估值确实是太低了。这也从侧面说明，之前A股的情绪确实很悲观。2019年以来的大幅上涨，只不过是过度悲观之后的修复。既然A股并没有涨过头，目前市场情绪又比较正面，后市依然是机遇大于风险。

本章要点：

1. 2020 年 4 月以来的股市大幅上涨，不是反弹而是反转，是 2018 年底以来反转行情的延续。

2. 本轮股市反转的原因，不是短期的财政政策或者货币政策刺激，而是市场情绪的大幅改善。

3. 虽然股市已经涨了很多，但是目前估值在历史均值附近，估值水平只有美国的一半左右，A 股还没有涨过头，后市依然是机遇大于风险。

第八章

本轮股市上涨的基础、诱因和前景[①]

从2020年7月1日开始，A股快速上涨，涨幅惊人，上涨的能量似乎是一下子从地底下冒了出来。对此，很多人都很疑惑，这个上涨是怎么发生的，有没有坚实的基础，前景怎么样？现在参与，还来得及吗？

7月中旬以来，股市发生了明显的回调，出现了两次大幅的下跌，沪深300指数单日跌幅都超过了4%，分别跌了4.8%和4.4%。大幅下跌之后，前景就更加不清楚，很多人在疑惑：牛市是不是刚刚开始，就已经结束？

这些都是实实在在的问题，关系到要不要参与股市，以及股市里面的人要不要离场，容不得半点马虎。

本章尝试提供一个分析框架。具体而言，我们尝试通过回答三个问题，提供一个分析的思路：

1. 本轮股市上涨的基础是什么？这个基础是否可靠？

2. 本轮上涨的导火索是什么？这个导火索为什么能一下子点

---

① 本章写于2020年7月14日。

燃股市？

3. 本轮上涨的前景如何？我们应该如何应对？

显然，这些都是参与股市时必须思考的问题，是实际投资操作中不可回避的问题，有很强的实操含义。本章的分析和观点，仅供参考，不作为投资建议。投资不仅有风险，现在风险还挺多，入市更需要谨慎。说完这句话，我就可以安心表达自己的观点了。

股市上涨的基础

首先我们来看第一个问题，本轮股市上涨的基础是什么？在前一章我们分析过，这次股市上涨是 2018 年底以来股市反转的延续，已经持续了 1 年半，是持续的反转，而不是昙花一现的反弹。反转的原因，是市场情绪的大幅改善。

那么，市场情绪改善的基础是什么呢？概括起来，有三个方面都很重要，涉及中美贸易摩擦、中国疫情防控和中国经济基本面。

（1）市场情绪改善的第一个基础是，中美贸易摩擦已经持续两年多，市场已经接受了中美长期竞争摩擦的格局，不再奢望能够回到之前的友好状态。换句话讲，市场已经调整了预期，接受了新常态，也就不再害怕了。

市场的这种情绪调整，有三个原因。第一，美国的“常规武器”已经用得差不多了，像增加关税、指责中国操纵汇率、对华为等高科技企业进行制裁等，都已经使出来了。美国肯定还有其他招数，但是“常规武器”已经不多了，更厉害的“常规武器”更是不多了。至于两败俱伤的“非常规武器”，美国也不敢轻易用。

第二，市场对中美贸易摩擦的认知已经大幅进步了。一开始的时候，市场在评判是非、编排道理，希望短期内找到解法，希望贸易摩擦能快点结束，大家继续过美好的生活。慢慢地，市场认识到中美竞争源于底层的竞争关系，竞争摩擦的格局会长期存在，短期内不会过去的。放弃幻想之后，市场反而心平气和了。

第三，中美摩擦的时间已经两年多了，已经足够长了，恐慌情绪已经消散了。而且，时任美国总统特朗普对中国极限施压，吃相很难看，也帮助市场更快看清了中美关系的实质和未来。

从这三方面看，中美贸易摩擦带来的巨大恐慌情绪已经消散了。这是市场情绪改善的第一个基础。

（2）市场情绪改善的第二个基础，是关于新冠疫情的防控。新冠疫情在中国实际上已经过去了，疫情带来的恐慌和不确定性也基本结束了。

新冠疫情虽然在中国较早暴发，但是目前已经控制住了，虽然其间暴发了零星的疫情，但是都被迅速控制住了，这说明我们已经形成了控制疫情的有效机制。在这个意义上，疫情在中国已经过去了。这不是说疫情不会再发生，而是说在全社会的常态化防控之下，再发生的概率不大，即便再发生，也能很好地控制住，不会出现大规模暴发，发生类似于美国或者印度那样的情况。因此，新冠疫情导致的恐惧也已经基本消散了。

这里，我还要再讲两点。第一，国外疫情的全面暴发对于国内的市场情绪，也有相对正面的影响。一直以来，在困难重重之下，国内的市场情绪是很低落的。但是就疫情防控这件事而言，和国外相比，国内的疫情控制是非常好的，这使得很多人更加全面地看待国内的各种困难。

疫情防控是各国共同面临的艰难任务，这个任务中国完成得不错。既然如此，我们就不能说凡事都必须听国外的。月亮也是美国的圆这样的心态，就慢慢得到纠正。这样一来，对国内各种困难的悲观情绪也在缓解。毋庸讳言，国内改革进入深水区，困难越来越大，悲观情绪越来越重。因此，疫情防控成绩带来的悲观情绪的缓解，还是很重要的。

第二，对于疫情的防控，还有一个以时间换空间的问题。随着时间的推移，研制出较为有效的药品或者疫苗的概率在增加，病毒变异得较为普通、危害性降低的概率也在增加，这也有助于减少对于疫情的恐惧情绪。

（3）市场情绪改善的第三个基础，是关于经济基本面的。简单说，中国经济损失虽然很大，但是已经触底反弹了，而且政策面会保持宽松。

很显然，疫情带来了很大的经济损失，2020 年一季度的 GDP 负增长 6.8%，是改革开放以来最低的增速，经济低迷带来的显性和隐性的失业也很严重，这些都是毋庸讳言的。

但是尽管如此，最困难的时候已经过去了。一方面，疫情已经平稳，二季度经济数据已经反弹。实际上，国内经济尽管损失惨重，和其他国家比还是相对较好的，全年经济有望实现正增长。作为比较，其他主要大国的经济，2020 年都会是显著的负增长。一正一负，2020 年中国经济相对来说还是不错的。

另一方面，在经济遭受很大损失的背景下，短期的周期性经济政策已经表明了宽松的态势，而且会在一定时间内保持宽松，这也有利于经济的复苏和市场情绪的改善。这里还可以加一句话，就是这次的政策宽松没有像 2008—2009 年那样大水漫灌，而是对操作细节有了更多的掌控。周期性政策的设计和执行水平，显著提高了。市场学习很快，市场里明眼人越来越多，很多人都是看在眼里的。

所以这次市场情绪的改善不是空中楼阁，而是有坚实的基础，包括中美摩擦的常态化、疫情防控的相对成功、中国经济的相对较好表现，以及短期经济政策的宽松基调。

在这里，我解释一下针对“市场情绪”这个概念的一些误解。我发现有不少人认为，市场情绪和人的情绪一样，是飘忽不定、变来变去的，不足以作为理解市场的重要因素，也不足以作为判断市场趋势的依据。这种观点，来自对市场情绪这个概念的误解。市场情绪是一个成形的学术概念（英文是marketsentiment），指的是市场平均的参与者对于市场前景的预期，以及由这个预期决定的市场热度。

这个预期不是平白无故产生的，而是综合了经济增长、经济周期、政策预期等重要的基本面因素。因此，市场情绪并不是飘忽不定的，而是有规律可循的。通过研究基本面、政策面等因素，是可以对市场情绪的变化做出判断的。比如说，我们前文就是从中美关系、疫情防控、经济触底、政策宽松几个方面，得出市场情绪已经改善的结论。

股市快速上涨的导火索

股市上涨的基本面基础导致了市场情绪慢慢改善，股市也会慢慢上涨。实际上，2018 年底以来，A 股是慢慢上涨的，几大指数都有很不错的表现。即便 2020 年暴发了新冠疫情，导致市场大起大落，但是总体上还是波动上涨的。

问题是，为什么 7 月以来，股市迎来大爆发？比如说，从 7 月 1 日到 13 日，短短 9 个交易日，沪深 300 指数上涨了 16.6%，中证 500 指数上涨了 17.7%，创业板指数增长了 18.5%（见图

8–1）。这已经超过了平时一年的涨幅了，所以当时整个市场都在严重的恐高情绪中，担心回调，然后回调就果然发生了，7 月 16 日和 24 日两天，都发生了大幅的回调。这些都说明股市 2020 年 7 月以来的爆发很突然，很多人都摸不着头脑，连很多赚了钱的人都不明所以，心里很不踏实。

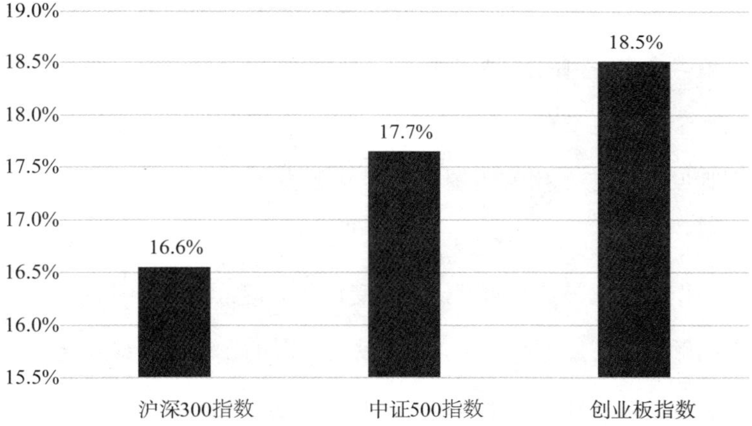

图 8–1　2020 年 7 月 1 日—13 日股市主要指数涨幅

所以，需要认真探究的是，究竟是什么原因导致了这样的大爆发？沿着时间线进行梳理，我们发现，2020 年 6 月 18 日—19 日在上海召开的陆家嘴论坛，很可能是这次股市爆发的导火索。为什么这么讲呢？我来当一回福尔摩斯，一层一层给你剥开这颗洋葱。

第一层，导致这次股市大爆发的不可能是基本面因素，只能是情绪面因素。更准确地说，是情绪面在之前的基础上，发生了进一步的、显著的、大幅的改善。

这里先解释一下为什么不可能是基本面因素，只能是情绪面因素。我们前文讲了，股市的反转是有基本面基础的。但是这些基本面的因素，在这次股市爆发时没有发生显著变化。重大的事情，不管是中美摩擦，还是疫情防控，抑或经济触底反弹、政策面的宽松，在这一时期都是按部就班，都是预期内的，甚至都没有值得拿出来讲的重要信息。不仅股市爆发之前没有，爆发之后的大半个月也没有。如果有，也是一些负面的因素，比如中美摩擦加剧、双方互相关闭领事馆等。这些会导致回调，不会导致上涨。

作为对比，基本面没什么大变化，情绪面是可以因为重大事件的触发，而发生剧烈变化的。我们要做的，就是寻找到这个重大事件，并且理解为何市场情绪因此发生了重大的变化。

排除基本面因素，第二层我们来聚焦制度面因素。在中国，在基本面没有发生显著变化的情况下，能够引起市场情绪大幅变化的，很可能是制度面因素。这是因为中国经济的一个基本特征，是处于持续不断的制度变迁当中。所谓改革开放，就是不断进行制度变迁，并且在这个过程中释放能量，解放生产力。

喜欢经济学的读者，可能知道制度学派。这一派的学说，就是从制度变迁的角度理解经济繁荣和社会变迁。制度学派的理论对于中国改革开放以来的成就，有很大的解释力。虽然本章我们不过多讲述制度学派的理论，但制度面的因素对于中国的事情非常重要。具体到资本市场，当资本市场的制度建设取得重大进展并且得到市场认可时，市场的情绪就可能会发生大幅改善。

那么，是什么制度变化导致了这次情绪改善呢？沿着时间线往前找，从 7 月 1 日往前找，找到的第一个重要事件是 6 月 18—19 日在上海召开的陆家嘴论坛。初步判断，这次论坛传达的信息促使资本市场对于中国的金融改革有了新的认识，改变了过去的一些悲观的看法，因此市场情绪发生了大幅的改善。

为什么说这次论坛很重要呢？这要看论坛上发生了什么、传达了什么信息。陆家嘴论坛从 2008 年开始办，到 2020 年是第十二届，一直是专家、名流、政要云集，上海打造金融大都市的一个窗口。2020 年的论坛更是规模惊人，主管金融的国务院副总理刘鹤（同时也是国务院金融稳定发展委员会的主任）向论坛发来了书面致辞，然后一行两会、外管局的领导悉数登场，发表了重磅改革言论。说实话，我在看这个论坛的新闻稿的时候，是有点触目惊心的。几年前觉得遥遥无期的改革，在这次论坛上都被讲到了。

这里有一个小问题，陆家嘴论坛是 6 月 18 日—19 日开的，股市爆发是从 7 月 1 日开始的，这个反应是不是慢了半拍？其实没有。一般来说，资本市场从解读政策到采取行动，总要有好几天的时间。你想想看，那些大机构的高管，即便嗅觉灵敏，第一时间感受到了重要信号，但是从感受到信号到高层做出决策，到制订实施方案，再到落实实施，总要几天时间。

所以，从6月18日到7月1日，12天的延迟，并不算长。何况中间有一个端午节假期，从6月25日星期四开始休市，直到6月29日星期一才重新开市。所以这期间一共只有6个交易日，从这个角度看，股票市场对于陆家嘴论坛的反应还是很快的，一点儿也不慢。

那么在2020年6月18日的陆家嘴论坛上，刘鹤副总理等领导说了什么呢？我们来仔细看看。

刘鹤副总理的致辞其实不长，我在本章划一下致辞的重点，一共就两句话、22个字。

第一句：关于发展资本市场，刘鹤副总理在致辞中说了9个字“建制度、不干预、零容忍”。这9个字，反映了政策当局多年的思考，概括了资本市场的未来发展思路。应该说，这9个字的概括还是很凝练的，也很有针对性，因此才会得到市场的正面解读。

“建制度、不干预”，就是以制度建设为基础，不搞相机抉择，不干预市场。只有这样，才有可能谋求资本市场的长远发展。经过多年的摸索以后，当政者早已经明白了，只有规则才是资本市场发展的基础，各种市场干预，也许出发点是好的，但是最后都会一地鸡毛。比如2015年的时候，股市大起大落，监管部门甚至对点位的高低进行表态，并且进行了大规模的救市，想起来也是用心良苦。可是结果却惨不忍睹。市场终究是投资者拿钱投票的场所，在有序规则的基础上进行投票，是资本市场健康发展的唯一基础。鲁迅先生曾把人类血战前行的历史比作煤的形成，我们这里借用一下这个比喻，资本市场的发展也正如煤的形成，需要慢慢建立复杂、细致、公平、有效的规则，最后才能慢慢成熟完善，而政府干预是不在其中的。

客观而言，这段时间资本市场的制度建设取得了很大的进展，比如《证券法》的修订，比如注册制的实施，等等。关于注册制，其实以前讨论很多，讨论中各方也都一直持支持的意见，但是 10 多年了，一直没有推动。这次借着科创板的推出，居然一下子就落地了，而且还要推广到创业板。不能不说，这段时间资本市场的改革推进力度还真是很大。

资本市场的制度建设是非常复杂的，涉及很多细节规则的制定。留意资本市场的人都知道这两年资本市场上改革动作很多，可以说制度建设推进很快。比如上证指数的修订，以前有很多讨论说上证指数失真，可是一直没有动作。这一次，上交所很快就拿出了方案，在 6 月 22 日公布方案之后，7 月 22 日就完成了修订。这虽然是个小事情，但是前后一比较，就会发现现在推动改革的决心显然大很多、效率高很多。

而且，从证监会主席易会满最近和当天的讲话中可以看出，更多的制度建设正在酝酿中。可以说，这些改革并不新，都是几年前讨论过的。不同的是，以前推不动，看起来这次能推动。希望这样的制度建设能够稳打稳扎，不要操之过急，免得再走回头路。这么说的原因是有些酝酿中的制度其实有点激进了，不一定要很快推出来。

比如，易会满当天甚至提到，要引入做市商制度。这一点一方面说明了改革的决心和力度，另一方面也说明步子可能偏大了。做市商制度是针对市场流动性的。中国股市从不缺流动性，缺的是长期投资者和稳健的投资。所以，这种看起来先进的制度其实并不一定很需要，不着急推的，稳扎稳打才是正经。当然，市场对于这样的积极改革态度，还是做了正面的解读。

“建制度、不干预”后面还有三个字，是“零容忍”，“零容忍”就是对资本市场上违规违法的行为严格查处，不包容姑息，是对“建制度、不干预”的保障。

参与中国股市的人都知道，中国股市上有很多违规行为，比如财务造假、内幕交易、老鼠仓等等。可是惩罚措施往往是高高举起，轻轻放下，罚款几十万元，有时就是警告了事，和违规行为获得的动辄几千万元、上亿元的收益根本不匹配。正因为违法成本很低，所以违法行为屡禁不止。对于资本的贪婪，千万不能低估。

新修改的《证券法》明确要提高违法成本，比如罚款，最高罚款从 60 万元提升到 2000 万元，这是没有发行证券的情况，如果已经发行证券，则罚款金额是募资额的 10% 以上，1 倍以下。也就是说，如果募资 1 亿元，则罚款金额的上限是 1 亿元，如果募资 10 亿元，则罚款的上限是 10 亿元。这个处罚力度和以前是不可同日而语的。

这种背景下，主管金融的副总理说“零容忍”，并且和“建制度、不干预”并列，显然是制度建设的一部分。

从这个角度看，最近资本市场上的多起违规处罚事件，也就不难理解了。比如 2020 年 6 月 24 日对獐子岛、健康元两个案件的处理，其实都是“零容忍”的体现。这两个案子本身都很有意思。其中獐子岛事件大家都很熟悉，这几年反复出现扇贝大幅减产，甚至绝收的事情，令股民损失惨重，旁观者拍案惊奇。股市上有一句话，说“股民苦獐子岛久矣”，可以说非常形象。这次证监会走访渔政监督、水产科研等部门，并且使用北斗卫星对捕捞船只进行定位，经第三方专业机构测算，最后才判定财务数据造假。看起来，证监会已经开始使用先进手段，使用大数据进行监管。不过，因为这是 2019 年就报的案子，处罚依据的是 2005 年的旧版《证券法》，最后对獐子岛公司处罚 60 万元，并且对相关责任人处罚 3 万~30 万元，对 4 名主要责任人进行 5 年至终身市场禁入的处罚。在旧版《证券法》下，这已经是顶格的处罚了。这也说明以前的处罚标准确实太低了，远不足以遏制资本的贪婪。

作为比较，同一天公布的“健康元”股票案，处罚力度大很多，罚没款合计 36 亿元。这样的处罚力度，以前想都不敢想。

这些对违规行为的处置，并不是打压资本市场，而是资本市场制度建设的一部分。如果让我解读的话，我会把这些打击违规的事情都解释成利好，而不是利空。

上面花了很大的篇幅，解释刘鹤副总理的第一句话，“建制度、不干预、零容忍”。

刘鹤副总理关于资本市场的第二句话是关于风险防控的，他说了 13 个字：“风险应对要走在市场曲线前面。”这句话很有意思，是说要提前应对可能的风险，不能放任风险发展，最后不可收拾。这句话，让人很容易就想到了 2015 年的疯狂牛市。那次牛市很多人都还记忆犹新，只持续了半年时间就夭折了，很多半山腰入场的人被割了韭菜。这句话的意思是要事先防范风险，防止类似于 2015 年的情况再次发生。

结合这句话，最近政策部分的一些风险防范行为，就不难理解了。比如说 2020 年 7 月 8 日，也就是股市爆发刚刚一周以后，证监会就曝光了 258 家非法配资机构的名单，防止股市上涨速度过快，其实就是执行“风险应对要走在市场曲线前面”。不然，就会像 2015 年那样，等到疯牛已经起来、市场配资已经很严重，再去治理的话，就只能引发流动性危机，导致市场大起大落。

简单总结就是，主管金融的副总理在陆家嘴论坛上的致辞，可以说显示了监管当局对于未来金融市场发展，已经有了比较成熟的考虑。致辞中关于资本市场的这 22 个字非常凝练，而且很全面，很有针对性。因此，资本市场进行了正面的解读。这是 2020 年 7 月以来股市爆发的直接导火索。

A股市场的前景

下面我们来回答本章的第三个问题，现在A股已经爆发了，也已经明显回调了，前景会怎么样？牛市是已经结束了，还是才刚刚开始？对于这个问题，市场观点差异很大，从非常乐观到非常悲观的都有，我们应该怎么看呢？

要回答这个问题，我们还是要回到刚才的分析。本轮A股的爆发是在基本面改善的基础上，市场对于中国资本市场的制度建设进行了正面的解读，使市场情绪大幅改善。所以，如果上面提到的基本面不恶化，制度建设继续稳妥推进，情绪面也就不会恶化，我们可以期望A股持续之前的反转，继续上涨。

尤其是在全球资产荒、流动性泛滥的背景下，A股目前的估值还比较低，只有美股估值的一半左右。如果A股的制度建设能够上一个台阶，那么估值水平将大幅度提升。从这个角度出发，我们对未来A股的基本趋势，维持“波动上涨”的基本判断。

这里我强调一下，是“波动上涨”，“上涨”前面有“波动”

两个字。之所以强调“波动”，是因为目前风险因素特别多，其中有一些重要的风险可能会导致A股发生较大幅度的回调，本章我讲述重要的三点。

第一点，中国经济的基本面依然面临很大的困难。

关于这一点，争议不大，但还是要强调一下。虽然经济已经触底反弹了，但是损失已经发生了，而且很大，很多企业，特别是中小企业，面临很大困难，失业问题也很严重，这些都是不容忽视的事实。再加上全球疫情依然在蔓延，对于经济基本面的风险，不能不保持警惕。在各种困难和压力之下，改革能否稳步推进、动作会不会走形、会不会冒进，都是不容忽视的风险。总之，多事之秋，不能盲目乐观，只能祈祷多难兴邦。

第二点，金融市场的制度建设，可能会出现波折。

金融市场的制度建设是很复杂的事情，不排除发生波折的可能性。我们前文说了，资本市场的制度建设有可能会操之过急，把一些不太合理的制度也推出来。另外，即便是合理的制度，也有很多细节设计的问题，以及出台时机的问题。总体上看，这是摸着石头过河，尤其是进入深水区之后，踩空的概率是很大的。

第三点，中美摩擦会长期存在，不排除局部升级的可能性。

比如说，中美互相关闭领事馆的事件、美国在南海的军事演习事件，都说明中美摩擦在形式上有所升级，美方用各种方式制造摩擦，中方也不得不应战，一味退缩是没有用的。虽然这些摩擦的性质依然是“丢小纸团”，主要是政客在表演，不构成实质性的升级，但是这些事件对市场情绪还是会有影响，造成市场的大幅波动。比如2020年7月24日星期五的大跌，就和南海军演、关闭领事馆事件有关。

因此作为投资者，即便趋势上看多A股，还是要谨慎操作，留足安全边际。更何况，前期市场涨速太快，获利盘很多，一旦有风吹草动，就会有很多人想着落袋为安，因此市场波动会很大。所以，操作上要非常谨慎，尤其不建议加杠杆操作。

本章要点：

1. 2020年7月以后的A股的波动上涨，源于市场情绪的改善。市场情绪改善的基础是中美摩擦常态化、中国疫情防控较好，以及中国经济触底反弹、政策面宽松。

2. 本轮A股爆发的直接导火索是在2020年6月18日的陆家嘴论坛上，主管的高层领导对资本市场的长远发展做了制度性的、有针对性的规划，资本市场进行了正面的解读。这一规划可以用22个字概括："建制度、不干预、零容忍"，"风险应对要走在市场曲线前面"。

3. 如果制度建设能稳妥推进、不冒进，A股估值存在较大上升空间，甚至可能有一轮较长的牛市。不过，这对政策部门的要求很高。

4. 在经济复苏、制度建设的过程中，在复杂的国际国内环境下，预计A股波动风险依然很大，参与者要注意控制风险。

第九章

上证突破3500点的正确姿势[①]

本章分析A股2020年四季度的大盘走势，特别是进一步上涨的可能性和突破口。分析的背景是A股已经盘整一段时间，大体上是一个震荡的态势，方向不是很明确，市场参与者有些迷茫。

分析之前，先做一个回顾。2020年1月9日，新冠疫情还没有暴发，我在年度预测中说股市会“继续上涨，大概率触及3500点”。到了2020年7月3日，国内新冠疫情已经基本尘埃落定，我对年度预测进行了一次修订。在修订中，这句话依然是一字不改：“继续上涨，大概率触及3500点。”

这里我加一句题外话，也是对这次修订的一个补充说明。我之前做过很多次预测，这是第一次修订，此前从来没有对预测进行过修订。为什么这次要修订呢？因为疫情是重大突发事件，之前预测时没办法计算在内，否则我是不会修订预测的。如果没有理由就修订，或者因为新的经济数据就修订，其实就是说自己之前的预测考虑不周全，对可能的变化没有充分考虑，是跟着数据走的后知后觉，这在严格意义上不能称为预测。这时候，自己应

① 本章写于2020年12月3日。

该先退出江湖，到“思过崖”修炼 10 年，再考虑重出江湖。

回到本章的主题。之前预测A股“继续上涨，大概率触及3500 点”。目前看，“继续上涨”这几个字没有疑问，2019 年A股表现出色，2020 年的表现依然靓丽。截至 2020 年 11 月底，几个指数的涨幅都在 10% 以上，其中上证指数受到大盘股，特别是大银行、能源股票的拖累，只涨了 11.2%，沪深 300 指数和中证 500 指数涨幅都在 20% 以上，创业板指数更是涨了约 46%。所以，A股“继续上涨”这句话，是没有问题的。对这个判断还有疑问的读者，可以看看图 9–1，看看连续两年几个主要指数高高的涨幅，这个疑问就没有了。

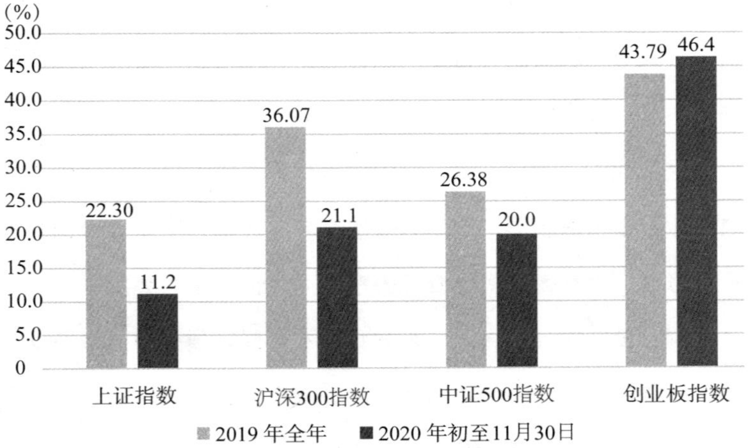

图 9–1　A股主要指数涨幅

这个预测的后半句，“大概率触及 3500 点”，目前还有一点疑问，很多读者替我担心，也主要是担心这后半句。回顾一下，2020年7月13日，上证指数摸到了3458点的高点，离3500点只有一步之遥，看起来是胜利在望了。不过，此后股市进入回调，最低回调到3200点左右，然后围绕着3300点震荡，到现在已经4个半月还要多了，一直没有突破3500点。看起来，突破3500点真的有点难。

那么，为什么3500点这么难突破？看起来这是个总量问题，但是很多时候，总量问题往往在结构中可以找到答案。我们先来看看市场的结构，看看下一步可能上涨的是哪些板块、哪些股票。怎么看呢？我们来分几步。

首先，我们看看今年以来各行业的涨幅，以及各个行业的估值，看看哪些行业涨得多、哪些行业涨得少，哪些行业还有上涨的空间。

然后，我们来看看市场风格是怎么样的，是偏向大盘股还是小盘股，是偏向传统行业还是科技行业。

最后，我们聚焦潜力最大的银行股，看看银行股有没有机会。

我先预告一下结论，在梳理完数据以后，我们会发现市场的结构其实很清楚。在2020年7月13日以后，市场风格发生了一次切换，之前涨幅高的医药、科技、传媒等行业，已经开始回调，而汽车、家电、能源、有色金属等周期性股票，已经接过上涨的大旗。进一步看估值的话，发现很多股票的估值都不低，估值最低的是银行股和地产股。如果银行股、地产股有所表现，那么大盘很容易突破3500点，后续甚至还有很大的涨幅。

下面，我们按照上面的顺序展开分析。首先，我们来看看各行业的涨幅和估值。图9–2显示了2020年各行业的涨幅，数据截至2020年11月30日。总体上，图9–2中的信息和我们日常观察的直觉很接近，食品股、饮料股的涨幅最高，这一点我们只需要回忆一下白酒股的涨幅就清楚了。比如说贵州茅台，已经成为A股市值最大的股票，超过“宇宙行”工商银行，贵州茅台是A股市场上一个现象级的存在。市场上有个笑话，就是不管发生什么事，最后都利好茅台，这侧面反映了茅台股价的一路上涨。

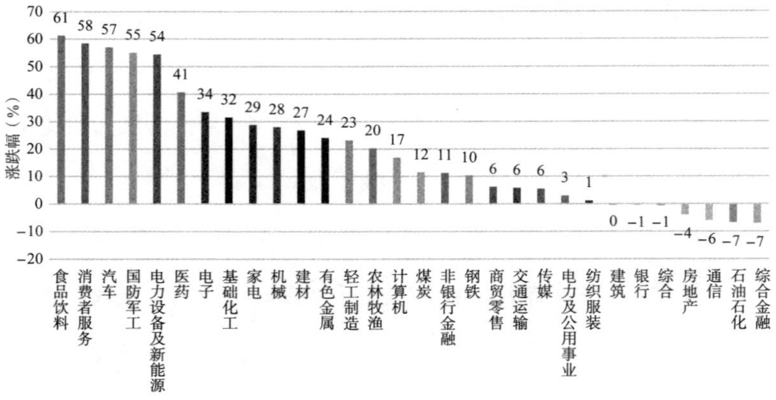

图9–2　各行业股票2020年涨幅

注：总市值加权平均，数据截至2020年11月30日。

消费者服务股的涨幅其次，排在行业涨幅榜的第二位。这主要是中国中免，也就是最大的免税店在自贸区概念的刺激下涨幅很高。此外受疫情影响，在线教育股的涨幅也很大，贡献了消费者服务板块的涨幅。值得注意的是，汽车板块的涨幅已经达到57%，在行业中排名第三。这主要是受两个因素的影响：一个是市场对新能源汽车很看好，给了很高的估值；另一个是夏天以来汽车销售回暖，刺激了市场的乐观情绪。排名第四的行业是国防军工。对于这个板块，投机的成分很大，我向来是不碰的，也不多讨论。

涨幅低的行业，包括银行、地产、能源、综合金融这些。这些行业的主体是一些大块头的国企，而且大多数在上交所上市，所以拖累了上证指数的涨幅。不过好消息是，我们看图9–3的话，会发现银行股、地产股、建筑股的估值都很低，都不到10倍。从宏观数据上看，2020年基建投资、地产投资都是增长的，和出口一起拉动了经济的复苏。从基本面上看，银行、地产、建筑的基本面不会太差。证据之一是工程机械股的涨幅就很高，工程机械中的龙头股，三一重工2020年的股价接近翻倍。所以，银行、地产、建筑板块的低估值，并不是基本面不好，而是政策面因素。如果政策面改善、情绪面改善，这些行业还是有机会的。

我们接着看图9–3，会发现很多行业的估值其实很不低。比如排名第一的是消费者服务股，达到84倍，仔细看个股就是免税店、在线教育这些。免税店受自贸区概念的影响，涨幅已经充分，甚至过头。实际上，中国中免自2020年7月中旬以来，股价已经回调20%以上。

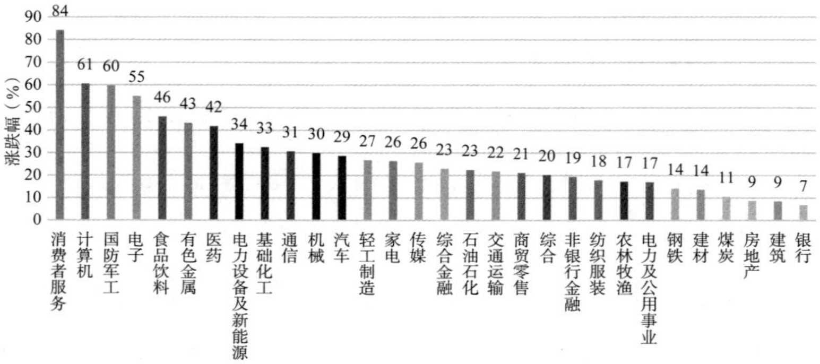

图9–3 各行业市盈率

注：采用整体法，剔除负值，根据2020年11月30日价格计算。

估值较高的还有计算机、国防军工、电子、食品饮料等行业。计算机、电子板块虽然成长性较好，但是估值确实不低，平均在60倍左右，绩优股的估值经常在80倍。食品饮料板块的估值也不低，平均在46倍，目前贵州茅台的估值是49倍，虽然是绩优股，但是确实不低。同样业绩不错，但是估值很高的还有医药股，平均估值在42倍，很多龙头股票，比如恒瑞医药、迈瑞医疗，估值都在70倍、80倍这个水平。2020年受疫情影响，医药股涨幅很大，但是目前的估值确实不低，最近医药类股票已经开始集体回调了。因为很多医药股在创业板，拖累创业板指数最近回调比较明显。

图 9–3 中还可以看到，最近涨幅较大的汽车、家电行业，估值也不低了，分别在 29 倍和 26 倍。考虑到经济已经减速，这几年汽车销售的增速已经是个位数，甚至负增长，很多日常家电的保有量已经很大，高速增长的阶段已经过去了。在这种情况下，汽车股 29 倍的估值、家电股 26 倍的估值，都不低了。其合理的水平应该不会超过 25 倍。

那么，还有哪些行业估值较低呢？现在估值低的就只有银行、建筑、地产、煤炭这几个行业了，估值都还在 12 倍以下。连钢铁、建材这两个强周期行业，因为最近一段时间的上涨，也都达到了 14 倍的估值，虽然不算高，但也不能说很低。

总体上说，A 股只有银行、建筑、地产几个行业估值比较低了。不过，银行 2020 年被明确要求让利，公告的利润增速大多是负数。而且，在经济增速下行的背景下，市场普遍担心银行利润的可持续性，以及坏账问题。看起来，银行股便宜，有便宜的道理。至于地产股便宜，就更有道理了。在“房住不炒”的总基调下，房地产调控这几年一直很严，压制了地产板块的估值。我这里不是说地产板块没有机会，而是不确定性比较大，这里就不展开分析了。

那么，是不是这些低估值的板块就一定没有机会呢？也不是。事实上，2020 年 7 月中旬以来，A 股的风格已经发生了切换。我们仔细看图 9–4，可以发现前期涨幅较大的科创板指数已经回调了 20%左右。前期涨幅较大的创业板指数也回调了 7%。倒是前期涨幅较小的沪深 300 指数，不仅没有回调，还创了 7 月以来的新高，到 11 月底涨了 2.2%。看起来，股市的风格已经从小盘股切换成大盘股，从医药股、科技股切换成周期股。

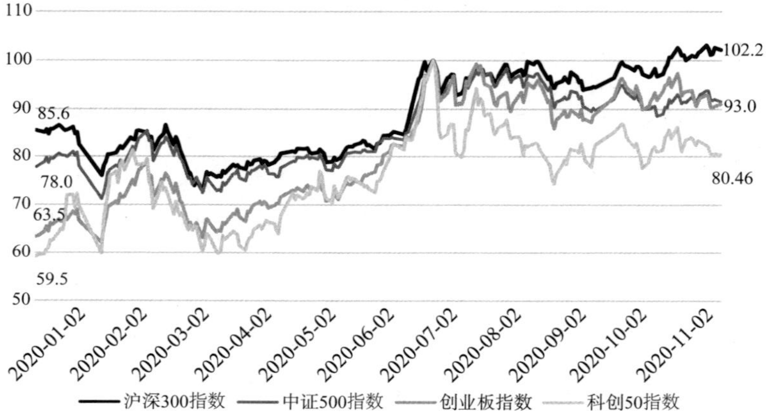

图 9–4　A 股风格的切换

注：2020 年 7 月 13 日的股指为 100。

仔细看图 9–4，会发现 2020 年 7 月以来的 4 个半月，其实可以分为两个阶段，第一个阶段是回调的阶段，到 9 月底结束。也就是从 7 月中旬到 9 月底，回调了两个半月。第二个阶段从 10 月开始，A 股开始了另一轮上涨。虽然涨幅不是很大，但是仔细看，上涨的趋势还是很明显，已经持续了两个月。我们来具体看看在这新一轮的上涨中，哪些行业涨幅大一些。

图 9–5 显示了各个行业 2020 年 10—11 月这两个月的涨幅，仔细看一下会发现规律很清楚。我们把 30 个行业分为三个梯队，来进行分析。

第一梯队是涨幅超过 10% 的行业，这些行业全部是周期性行业，包括汽车、有色金属、煤炭、家电、钢铁、石化、银行等。尤其需要关注的是，银行板块已经启动了，两个月涨了 11.1%。考虑到全年银行板块还基本没长，以及银行股的估值还只有 7 倍，银行板块的上涨空间还很大。

第二梯队是涨幅在 0 和 10% 之间的行业。这一组行业比较多，一共 14 个。有的是之前已经上涨、继续小幅上涨的，比如食品饮料、机械、电子、轻工制造、电力设备与新能源等。有的是之前没有上涨，现在微微启动的，比如建筑、地产。结合之前讨论过的估值，目前能看到的是建筑和地产板块估值还很低，而且还没有真正启动，其中地产板块这两个月也几乎没涨。

第三梯队是之前涨幅较大的一些行业，已经开始回调，以医药、传媒、计算机、消费者服务为代表。考虑到这些行业直接或者间接受益于疫情，现在疫情已经平稳，疫苗可能很快就出来了，这几个行业短期可能还是有压力。

综合起来看，市场已经给我们指出了方向，短期内机会比较大的是周期性行业，特别是估值比较低的银行、地产、建筑板块。

地产和建筑行业主要是受制于房地产调控，市场不敢下注。

比如说2020年前10个月，基建投资增长3%，房地产投资增长6.3%，都是不错的增速。相比之下，制造业投资下降了5.3%。这个对比说明，建筑行业、地产行业的基本面其实没有那么差。但是在目前“房住不炒”的总基调下，市场担心长期的可持续性，这些板块的估值受到了压制。

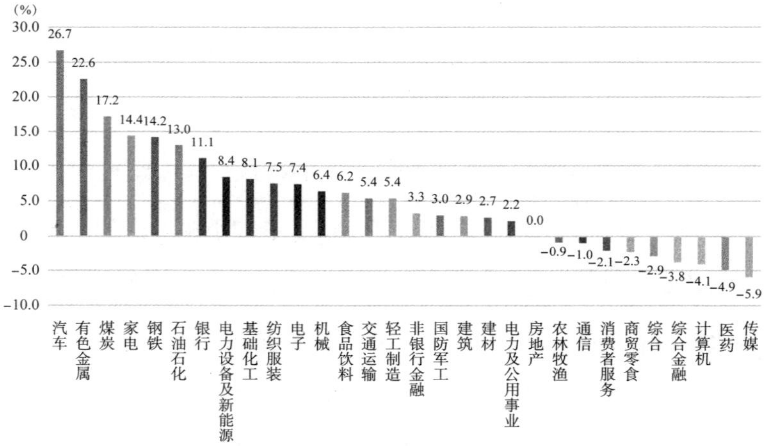

图9–5　各行业2020年10—11月涨幅（总市值加权平均）

那么总结一下就是，目前虽然是周期股当道，但是很多周期行业估值都不低，比如汽车、有色金属、家电。下一步大盘要继续上攻，可能要依赖低估值的板块，比如银行、建筑、煤炭、钢铁。目前看钢铁、煤炭、银行板块都已经启动了，地产、建筑板块还在犹豫中。所以，2020年内上证指数要触及3500点，大概率要靠银行、钢铁、煤炭这些板块。截至2020年12

月 3 日，上证指数已经在 3442 点，只需要涨约 60 点，也就是不到 2 个百分点，就可以触及 3500 点。目前看，这个概率还是很大的。①

那么，如果要参与周期股的上涨，应该买哪些股票呢？安全起见，还是买那些长期看业绩比较好的股票，这样即便短期股价不涨，长期的回报也还是能兑现。我们以银行股为例说明。银行股目前估值很低，而且前期涨幅很小，后期空间还是很不错的。银行利润总体没有问题，目前银行股估值低，主要看风险因素，银行风险主要看贷款不良率和不良贷款的拨备覆盖率。

图 9–6 展示了 31 家上市银行的贷款不良率和不良贷款的拨备覆盖率。我们仔细看的话，会发现一个很有意思的现象，不良率很低的银行拨备率反而很高。比如宁波银行、常熟银行、杭州银行，不良率都很低，都在 1.1% 以下，其中宁波银行最低，只有 0.8%，但是它的拨备覆盖率很高，达到 516%。也就是说，风险越低的银行拨备率越高。你不要小看这个拨备率，其实是很影响银行的估值的。

我们以宁波银行为例来说明。根据宁波银行 2020 年第三季度的财报，宁波银行贷款总额 6500 多亿元，不良贷款余额 51.8 亿元，不良率为 0.79，在所有上市银行中是最低的。尽管如此，

---

① 最后的结果是，2020 年上证指数没有到 3500 点，2021 年元旦之后的第一个交易日中午才到，比预测晚了半天。

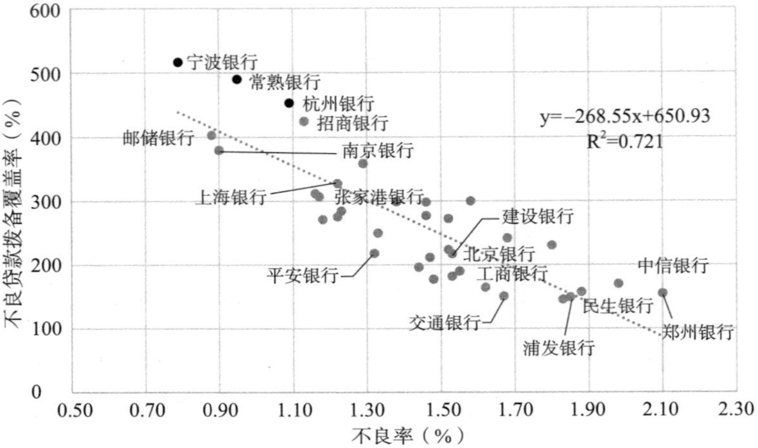

图 9–6　银行贷款不良率与不良贷款拨备覆盖率

注：数据截至 2020 年第三季度财报。

宁波银行的拨备覆盖率达到 516.4%，是所有上市银行中最高的。作为比较，现在 A 股有 31 家上市银行，平均的不良贷款拨备覆盖率是 269%，是宁波银行的一半左右。其实 269% 的拨备覆盖率不低，每 1 元的不良贷款有 2.69 元的拨备在背后支撑。这里的重点是，宁波银行的拨备覆盖率真的很高，而且这个拨备覆盖率直接导致报告的利润被大大低估了一半以上。为什么这么讲？我们来简单算算，测算的过程在表 9–1 中有详细展示。

简单说，2020 年前三季度宁波银行报告的利润是 112.7 亿元，不良拨备是 267.6 亿元。如果按照平均的不良拨备率，也就是 269% 的拨备率计算，宁波银行只需要拨备 139.3 亿元，而不是实际的 267.6 亿元。也就是说，宁波银行超额拨备了 128.3 亿元，

表 9–1 不良贷款拨备覆盖率对利润的影响（以宁波银行为例）

	指标	数值
贷款和不良	贷款总额（亿元）	6552.8
	不良贷款余额（亿元）	51.8
	不良贷款比率	0.79%
拨备	不良贷款拨备额（亿元）	267.6
	不良拨备覆盖率	516.4%
利润测算	正常拨备（269%，亿元）	139.3
	超额拨备（超出 269%，亿元）	128.3
	报告利润（亿元）	112.7
	测算利润（亿元）	241.0
	测算利润/报告利润	214%

比实际报告的利润还要多。考虑到宁波银行的资产质量，真不需要这么多的拨备，其实超额的拨备都是利润。如果把超额拨备加到利润里，就导致实际利润增加到报告利润的 214%，翻了一番还要多。目前宁波银行的市盈率是 15.5 倍，其实并不高，而且这是按照报告利润得到的市盈率。如果按照测算的利润，目前宁波银行的实际市盈率只有 7.3 倍，这就非常低了，和国有大银行的估值水平差不多。

刚才的测算只是冰山的一角，我们单独看一个具体的例子。宁波银行是上市银行中很优秀的一个，说服力可能不足。如果我们看银行业总体，表现怎么样呢？其实也不差。看银行业整体，我们没法在国内比，只能和国际上的银行比。因为美国经济体量最大，经济基本面比日本、欧洲都好，所以我们和美国的银行比。为了多看几年的数据，我们从2016年看起。2016年的时候，中国有16家上市银行，美国有12家。从2016年到2020年10月，中国的银行股年化回报率是5.2%，美国的银行股年化回报率是4.4%，可以说差别不大，中国的银行股略胜一筹。银行股一般都有稳定的分红，中国的银行股分红率在2.9%，美国有3.1%，分红上美国银行股强一点。如果比净资产回报率，中国的银行是13%，美国的银行是9.8%，中国的银行也是略胜一筹。银行业的基本面由经济的基本面确定，现在中国的基本面比美国强一些，因此银行的总体盈利也比美国强一点。

但是，如果看估值的话，中国的银行就明显处于下风了。中国的银行平均估值是7倍，美国是16.1倍，美国银行的平均估值是中国银行的两倍以上。中国估值最高、风险最低的宁波银行，估值也不到美国银行的平均水平。这里面有一个明显的矛盾，就是中国经济的基本面比美国好，中国银行股的回报率比美国略高，但是估值却比美国银行低一倍不止。看起来，市场对于中国经济、对于中国的银行股，可能有点过于悲观了。

在目前这种情况下，买银行股的可能好处有三个：（1）获得长期稳健的收益，过去5年银行股年化回报率在5%左右，和债券的平均收益差不多；（2）因为银行股估值很低，如果大盘回调，银行股的下跌空间有限；（3）如果银行股发力，上涨的空间可观。

在目前这种情况下，银行股可以说是进可攻、退可守，不失为一个比较好的选择。

表 9–2　中美银行比较（2016—2020 年）

	样本数	市盈率（TTM）	年化回报率	年化股息	ROE
中国	16	7	5.2%	2.9%	13.0%
美国	12	16.1	4.4%	3.1%	9.8%

注：2020 年数据截至 10 月，市盈率用最新的股价计算，年化回报率是 2016 年 1 月到 2020 年 10 月的几何平均回报率。

那么要买银行股的话，应该怎么选呢？我仔细看了 31 只银行股，发现银行股内部的差异也很大，比如国有银行股有 6 只，内部差异就很大。2020 年建设银行涨了 6%，交通银行跌了 10%，回报率相差了 16 个百分点。再比如上市的股份制银行有 9 家，2020 年涨幅最大的是招商银行，达到 26.7%，涨幅最小的是浦发银行，不仅没涨，还跌了 12%。一里一外，差距达到了 38.7%。此外 A 股上市的还有 14 家城商行、8 家农商行，其股票内部差异也很大。

怎么选择呢？我给你两个很简单的办法。第一个办法，就是不挑选，买一个银行的 ETF 基金。当一个板块起来的时候，往往是一起涨，很难判断哪个涨得多，哪个涨得少，所以买只 ETF 基金就好，既避免了艰难的选择，还分散了风险。表 9–3 中，我整理了几只规模比较大的银行 ETF 基金，供你参考。

表 9–3　规模较大的银行 ETF 基金

基金代码	基金名称	规模（亿元）	成立年限	管理人
512800.	华宝中证银行ETF	68.65	3.38	华宝基金
001594	天弘中证银行A	23.36	5.41	天弘基金
001595	天弘中证银行C	62.58	5.41	天弘基金
512700	南方中证银行ETF	11.54	3.44	南方基金

注：表中基金规模都在 10 亿元以上，跟踪的标的是中证银行指数。

第二个办法，如果你要挑，可以在当年表现较好的银行股里面挑。2020 年的 A 股氛围，总体上不利于银行股。在这种情况下依然显著上涨的，资质应该不错，可以长期持有。表 9–4 给出了进入 2020 年以来涨幅最高的 10 只银行股，涨幅最高的是杭州银行，涨幅超过 70%，其次是宁波银行，达到 33%。其他的还有成都银行、平安银行、招商银行，等等。

总体上看，把这 10 家银行分两类：一类是较好的股份制银行，包括平安银行、招商银行、兴业银行、光大银行；另一类是较好的城市商业银行或者农村商业银行，包括杭州银行、宁波银行、成都银行、无锡银行、常山银行、张家港银行。这些城商行和农商行有一个共同特征，就是都在经济比较发达的地区。稍微想一下，其实这不奇怪。银行的业绩取决于当地企业的业绩。发达地区经济好，企业利润好，银行也会好一点。

表 9–4　2020 年涨幅前十的银行股

	证券简称	涨幅（%）	总市值（亿元）	市盈率（TTM）	不良率（%）	拨备覆盖率（%）
600926	杭州银行	71.5	901	13.1	1.1	453.2
002142	宁波银行	33.2	2217	15.5	0.8	516.4
601838	成都银行	31.3	411	7.2	1.4	298.9
000001	平安银行	22.1	3 831	14.2	1.3	218.3
600036	招商银行	21.3	11029	12.1	1.1	424.8
600908	无锡银行	12.0	111	8.6	1.2	307.3
601577	长沙银行	11.2	333	6.4	1.2	284.7
601166	兴业银行	11.0	4367	6.9	1.5	211.7
002839	张家港银行	10.3	115	11.7	1.2	311.9
601818	光大银行	4.2	2120	6.6	1.5	182.1

注：涨幅是截至 2020 年 11 月 30 日的涨幅，总市值是 2020 年 11 月 30 日的总市值，市盈率、市净率以该天的价格计算，贷款不良率、不良贷款的拨备覆盖率来自 2020 年第三季度财报。

最后，我再强调两点。第一点是老生常谈，我的分析和观点仅供参考，不作为投资建议。特别是本章讨论中提到了很多个股，只是为了说明观点，没有说这些股票一定好或者不好的意思。个股短期涨跌受很多因素的影响，很难在宏观和行业意义上做出判断。

第二点，本章分析的切入点是大盘的走势，是短期的涨跌，但是分析的落脚点依然是长期的资产配置。比如我们最后对银行股的分析，提到了“进可攻、退可守”，其实依然是长期的考虑。股价短期的涨跌是没法预测的。过于迷恋短期的预测，即便偶尔对，也逃不脱错的命运。

本章要点：

1. 2020年A股在2019年基础上继续上涨，涨幅很大，年内触及3500点的概率依然很大。

2. 前期涨幅较大的股票，估值也已经比较高，进一步上涨有难度，医药、科技、消费者服务类股票，已经开始回调。

3. 2020年7月中旬以来，A股发生了一次风格切换，最近涨幅较好的股票集中在周期类股票上，包括汽车、家电、有色金属、钢铁、煤炭、银行等行业。

4. 目前势头不错，而且估值比较低的板块是银行板块。

5. 买银行股有三大好处，一是平均收益可观，二是下跌风险小，三是上涨空间大。总体上说，银行股进可攻、退可守。

第十章

市场严重误判2021年经济增速[①]

本章分析预判2021年的经济形势，写于2021年1月7日，酝酿于2021年元旦假期期间。

先强调一下，2021年的分析预测特别难，也特别重要。经济的分析预测总是很难，但是2021年特别难。因为2020年暴发新冠疫情，经济结构产生了很大变化，这是结构性的变化，没有先例好循，所以特别难分析。

那为什么特别重要？因为市场对2021年经济形势的预判存在严重的、系统性的偏差。我梳理了市场上已经发布的对GDP增速的预测，发现普遍都很乐观，预测值几乎全部超过8%，很多甚至超过9%，预测均值高达8.8%。

经过仔细的测算，我的判断是2021年的GDP增速在7%~8%，最多达到8%，超过8%的概率可以忽略不计。也就是说，市场严重误判了2021年的经济增速，基于这个误判而形成的对经济政策的判断、对资产价格走势的判断，很可能会“谬以千里”。

① 本章写于2021年1月7日。

表 10–1 国内和国际机构对 2021 年中国 GDP 增速的预测

国内机构预测情况			
预测者		预测时间	预测值
中金公司	刘鎏、张文朗、彭文生	2020/12/27	9
国金证券	段小乐	2020/12/27	9
中银证券	叶丙南	2020/12/15	8.3
国泰君安	花长春、罗志恒、魏凤	2020/12/14	9
银河证券	许冬石、周世一	2020/12/14	7.6
西部证券	雒雅梅	2020/12/13	9.2
光大证券	高瑞东	2020/12/12	8.4
东兴证券	康明怡、杨城弟	2020/12/10	8.8~9.0
东吴证券	陶川、王丹、赵艺原	2020/12/10	9
平安证券	钟正生、张璐	2020/12/08	9
浙商证券	李超、孙欧、张迪	2020/12/07	8.9
国盛证券	熊园、何宁	2020/12/06	9.2
农银国际	陈宋恩、姚少华、欧宇恒	2020/12/04	8
国开证券	杜征征	2020/12/04	9.1
招商银行	丁安华、谭海鸣、谭卓	2020/12/01	8.8
瑞银证券	汪涛、钟挥、罗嘉庚	2020/12/01	8.2
华创证券	张瑜、陆银波	2020/11/23	9.3~9.6
国信证券	董德志、徐亮	2020/11/20	9
中信证券	诸建芳、程强、刘博阳	2020/11/17	8.9
中信建投	黄文涛、王泽选、郑凌怡	2020/11/17	9.5
华泰证券	易峘	2020/11/16	9.5
申万宏源	秦泰	2020/11/14	9.2
国际机构预测情况			
	国际机构预测均值		8.8
	国际货币基金组织	2020/10/07	8.2
	世界银行	2020/12/23	7.9
	经济合作与发展组织	2020/12/01	8

注：本表收集 2020 年 11 月中旬以来的券商预测及国际机构预测，其中券商预测名单只保留前三位预测人，预测均值为国内机构的预测均值，制表时间为 2021 年 1 月 1 日。

前文我做出了一个和市场截然不同的判断。既然如此，就要仔细讲一下原因。在展开分析之前，先讲一个短期预测中非常重要的方法，这个方法可以用一句话概括："长期看供给，短期看需求。"

对于短期的经济预测，我们主要看需求侧，而不是供给侧。或者更直白地说，供给侧基本可以忽略不计。为什么这样说呢？因为供给侧是慢变量。一个经济体的供给能力在短期内是生产要素、技术水平、组织效率决定的，很难改变，可以看作给定的。

这一点和供给侧改革完全不矛盾。我国从 2015 年开始推供给侧改革，是为了推动技术进步和产业发展，为长期的经济增长孕育潜力。具体到一年以内的时间，还是可以把技术水平、产业现状作为给定变量，假定不变。即便有大的技术突破，还需要通过大量投资、增加消费，才能在GDP上体现，而投资和消费是在需求侧已经考虑过的。因此，年度或者更短时间的经济预测，主要就是看总需求的变化，不需要太关注供给侧的变化。

那么明年的总需求怎么样？看明年的情况要基于今年的情况，通过今年的数据推断明年的情况。截至目前，2020 年的数据已经发布了前 11 个月的，只剩 12 月的数据没有发布，一个月对全年影响不大，我们来看看已经有的数据（见表 10–2）。

表 10–2　2020 年主要经济数据（前 11 个月）

	经济指标	2020年11月	2020年10月	2019年
产出	GDP 同比		4.9% （第三季度）	6.0%
	规模以上工业值同比	7.0%	6.9%	
	规模以上工业值累计同比	2.3%	1.8%	5.7%
货币	社会融资规模存量（万亿元）	283.25	281.25	251.31
	社会融资规模存量同比增速	13.6%	13.7%	10.7%
	银行间同业拆借月加权平均利率	1.98%	2.13%	2.09%
价格	消费者物价指数（CPI）	–0.5	0.5	4.50
	核心 CPI	0.5	0.5	1.40
	生产价格指数（PPI）	–1.5	–2.1	–0.5
投资	固定投资完成额（累计同比）	2.60%	1.80%	5.4%
	基础设施投资	3.32%	3.01%	3.3%
	房地产投资	6.80%	6.30%	9.9%
	制造业投资	–3.5%	–5.3%	3.1%
内需	乘用车：销量：累计同比	–7.60%	–9.89%	–9.6%
	商用车：销量：累计同比	20.55%	20.86%	–1.1%
	社会消费品零售总额当月同比	5.00%	4.30%	
	社会消费品零售总额累计同比	–4.80%	–5.90%	8.0%
外需	出口金额当月同比	14.90%	7.60%	
	进口金额当月同比	–0.80%	0.90%	
	出口金额累计同比	3.70%	2.40%	5.0%
	进口金额累计同比	–0.50%	0.50%	1.7%
	净出口累计同比	24.60%	16.90%	25.3%

数据来源：Wind。

表 10–2 中报告了一些主要的数据。这些数据中最重要的信息是，疫情对中国经济的影响已经成为过去，主要经济指标已经恢复常态，甚至超预期增长。

比如说工业增加值，这是工业生产的最重要指标，这个指标 2020 年 10 月和 11 月的增速都已经在 7% 左右，超过了 2019 年全年 5.7% 的增速，也超过了 2018 年全年 6.2% 的增速（见图 10–1）。也就是说，作为经济中最重要的工业部门，已经超常规增长了。

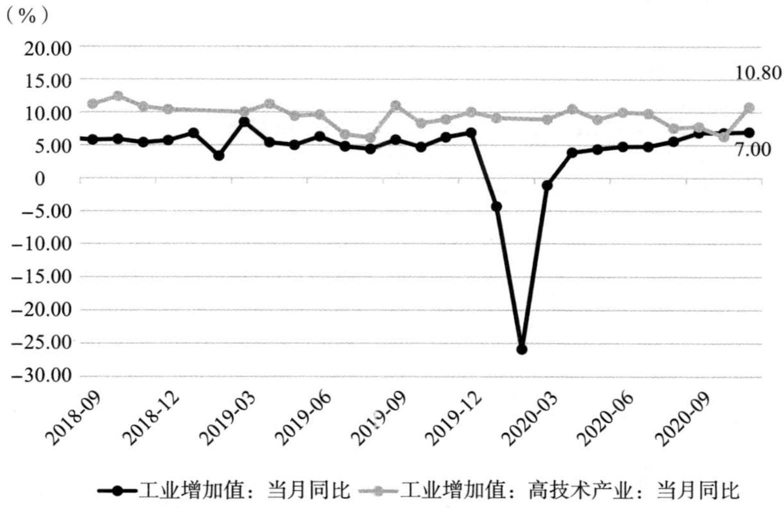

图 10–1　工业增加值当月同比（2018 年 9 月—2020 年 11 月）

我们再看其中的高技术产业，2020 年 11 月增速已经达到 10.8%，已经超过 2019 年的全年增速 8.8%（见图 10–1）。所以，我们从工业生产的角度看，经济生活已经完全恢复了。不过，换个角度说，这个增速可能已经到了短期的天花板，进一步提高的空间已经不大。

再比如净出口，2020 年前 11 月的净出口快速增长，累计同比增速高达 24.6%，超过了 2019 年的全年增速 20%。而且，前 11 个月的净出口总额达到 4590 亿美元，超过了 2019 年全年的 4211 亿美元。保守估计，2020 年全年净出口总额会达到 5000 亿美元以上，是历史上第二高，仅次于 2015 年。在中美经贸摩擦、全球贸易减速的大背景下，这个净出口总额的确非常高，超出了大多数人的预期。

2020 年净出口的高速增长与国外疫情严重、生产能力受到限制有关。2021 年随着疫苗接种的普及，欧美疫情会逐步消退，

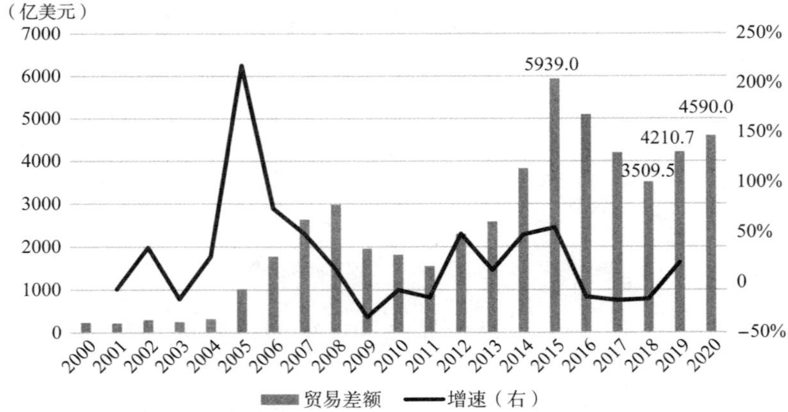

图 10–2　中国净出口金额与增速（2000—2020 年）

注：2020 年数据为前 11 个月数据。

社会生活会逐步正常化，这个增速是不可能维持的。考虑到净出口基数很大，尽管2021年净出口还会增长，但增速可能比较低，对经济增长的贡献也会比较小。

所以，尽管经济生产已经基本恢复，有些地方甚至超预期增长，但是如果这种增长不可持续，就意味着进一步增长的空间可能有限。

进一步地，如果我们仔细看，数据还会告诉我们很多隐忧。最主要的隐忧是经济增长主要靠出口、基建、房地产投资，扣除基建和地产之后内需依然很弱，因此这个增长很难持续。证据主要有三个。

第一个证据是通货膨胀的水平很低，CPI和PPI都是负的，扣除食品和能源的核心CPI也只有0.5%，这是个很低的水平，正常的水平应该在1.5%左右。通胀水平这么低，是内需不足的重要信号。

很多人都知道，中国的通胀主要是食品通胀，其中猪肉的贡献很大。2019年来这一轮猪肉价格的上涨带动了CPI的上升。目前猪肉价格已经很高，进一步上升的空间很小。随着猪肉价格的回调，CPI已经很低了。预计未来1~2年，即便猪肉价格波动，CPI也不会太高。

第二个证据是投资虽然看起来恢复不错，但是主要靠基建和房地产，制造业投资的增速还是负数。考虑到2020年基建规模大，2021 年增长的空间不会太大。而且最近又出台了限制房地产发展的政策，包括房地产开发企业的三条红线，以及给银行的房地产贷款设定上限。这些政策会限制 2021 年房地产投资的增速。在“房住不炒”的大背景下，加上这些严厉的限制性政策，2021 年的房地产投资增速也不会太快。

而三大投资中的制造业投资在 2020 年增速依然很低，截至 11 月的累计同比增速是–3.5%。对于这个负增速，有不同的解读。我的解读是，制造业增长主要受制于市场需求的空间，能增长的部分已经增长了，不能增长的部分也不会大幅增长了。比如，很多人寄希望于产业升级带来的高端制造业投资的增长。前文我们已经看到了，高技术产业的增速已经很快，进一步增长的空间很有限。

第三个证据是消费端的表现依然很不尽如人意。社会消费品零售总额的增速在 2020 年 11 月恢复到 5%，令很多人喜出望外。但是要注意到，目前国内生产生活已经基本常态化，这个增速 2019 年有 8%，现在还只有 5%，差了 3 个百分点。不要小看这 3 个百分点，相当于 2019 年消费增速的 37.5%，也就是消费增速下降了 37.5%，是个很大的下降。经济已经基本恢复了，但是消费还是低了这么多，不能不引起警觉。考虑到消费是 GDP 中最大的一部分，占 GDP 的比重达到 56%，我们很难乐观起来。

为什么消费如此低迷？消费低迷的最根本原因，还是人们的收入增长放缓了。

根据国家统计局的数据，2020 年前三季度居民人均可支配收入名义增长 3.9%，扣除物价之后的实际增长更是只有 0.6%。也就是说，居民实际收入几乎没有增长。收入没有增长，消费是很难快速增长的。进一步考虑到目前的就业困难，特别是中低收入人口的就业困难，他们的收入增长可能更慢，还不到 0.6%，甚至是下跌的。我们都知道，高收入人口的消费倾向相对较低，而中低收入人口的消费倾向相对较高。这样综合看起来，2021 年的消费增速会受很大影响。

对于消费的低迷，可能有的读者会有不同意见。有的读者可能会说：不对呀，2020 年夏天以来消费很好啊，你看汽车的销售很好，汽车股也涨了很多。其实，汽车销售并没有那么好，汽车股的上涨已经包含了很大的炒作成分。

我们可以看表 10–2 中的数据，2020 年汽车销量的增长主要是商用车的增长，主要是工程机械类的用车，直接原因是受到基建投资和房地产投资的拉动，商用车主要是企业购买的。作为对比，主要是家庭购买的乘用车总体上不仅没有增长，还出现了下跌。尽管 2020 年夏天以来销售转暖，但是到 11 月的累计销售还是下跌了 7.6%，并没有增长。2020 年的新能源汽车销售不错，到 11 月卖了 107 万辆，但是新能源汽车在整个汽车市场的份额还只有 4.8%，还不足以影响大局。

综合起来看，对2021年的经济形势不宜过于乐观。三大需求中，出口、投资、消费的增速都有很大的瓶颈。受国外疫情的影响，短期内出口可能还会涨一点，但是不可持续。唯一的乐观因素是2020年的基数低，反推出2021的增速高。特别是受疫情影响较大的一些服务性行业，比如批发零售、住宿餐饮、交通运输、仓储邮政，目前增速还比较低，还有上升空间。其中住宿和餐饮业2020年前三季度的增速还是负的，上升空间还不小。不过，这一块总量很小，对全局影响不大。而且有些消费，特别是服务性消费，没有了就是没有了，不一定有补偿性消费，更不一定有报复性消费。消费的水平，最终还是取决于收入。

经过反复的推算，我判断2021年的GDP增速在7%~8%之间，最多达到8%，超过8%的概率可以忽略不计。

这里我补充说明一下，为什么给出7%~8%的区间预测，没有给点预测，比如7.5%或者7.6%。这主要是因为2020年的新冠疫情使得经济结构发生了很大变化，而且2021年的经济增速也很大程度上取决于短期的政策选择，很难做出精确推算。因此，只给一个区间预测。

作为对比，券商的预测普遍在8%以上，平均高达8.8%。经过仔细琢磨，我觉得这些预测显然是严重高估了。比较之下，国际组织的预测稍微理性一点。比如，国际货币基金组织的预测值为8.2%，经济合作与发展组织的预测值为8%，世界银行的预测值为 7.9%，三家的预测均值是 8% 多一点。虽然这些预测还是有点偏高，但是大致在合理范围内。

国内机构对经济增速的高估，对决策层经济政策的制定应该没有什么影响，但是对于市场参与者可能会有一定的误导作用，比如误判经济政策的走势、误判资产价格的走势等等。

本章要点：

1. 长期看供给，短期看需求，对于年度或者更短时间的经济预测，主要看需求侧。

2. 2020 年中国经济恢复良好，主要是出口、基建、房地产的贡献，制造业投资和消费需求依然疲软。

3. 展望 2021 年，出口、基建、房地产投资的增速不会太快，高技术产业的增速已经很快，进一步提速的空间不大。

4. 2020 年居民收入增长缓慢，中低收入家庭的收入增长尤其缓慢，限制了 2021 年的消费增速。

5. 综合估算，2021 年经济增速在 7%~8%，超过 8% 的概率可以忽略不计。

6. 市场明显高估了 2021 年的经济增速，据此形成的对政策选择和资产价格走势的判断，可能会“谬以千里”。

/ 第四篇 /

链接的分析

他山之石，可以攻玉。

美股和A股是股票世界的双子星，相互链接，相互影响。

大涨之后，美股风险正在累积。尽管很难判断何时调整，但是美股风险可能已经大于机遇。

不过，美国科技实力强大，科技、互联网、医药等行业过去表现突出，长期机会依然很大。

美股严重分化，科技股独自支撑美股的上涨。股票是美国家庭财富的支柱，科技股又是美股的支柱。从这个角度看，美国对他国科技企业的打压，符合美国的核心利益。

第十一章

美股正在变成高风险资产[①]

2020年初美国暴发新冠疫情以后，股市经历了短暂的下跌，然后一路上涨，标普指数和纳斯达克指数还不断创新高。本章的主题是分析目前美国股票的投资价值，想要回答的核心问题是美股投资价值大不大、风险大不大、要不要参与。

在分析之前，先说一下这不是纸上谈兵，而是有实操价值的。很多人有美股账户，可以直接投资美股。即便没有美股账户，在A股市场上也可以通过美股的指数ETF参与美股。两个常见的ETF是标普500和纳斯达克100的指数ETF（代码分别为513500和513100），买卖的办法和普通股票是一样的。所以想参与投资美股，有个A股账户就可以。以后随着中国金融市场进一步开放，这样的投资机会还会越来越多。

如何分析美股的投资价值呢？我们从美股的表现说起。美股近年来的表现可以用8个字概括："持续上涨，大落大起"（此处不是笔误，是大落大起，不是大起大落）。

---

① 本章写于2020年6月28日。

前四个字是“持续上涨”，说的是过去10年左右的时间，美股经历了一轮漫长的牛市。2008年金融危机之后，标普500跌破800点，时间是2009年3月，从此以后就一路上涨，到了2019年底，涨破3200多点，最高点接近3400点，翻了4倍还要多。强调这个持续上涨，是说美股已经涨了很多了，现在估值不低。关于这一点，我们在下文仔细看数据。

后四个字是“大落大起”，说的是2020年美股情况有很大变化。3月美国新冠疫情暴发，标普500指数一度下跌超过1/3，其间多次触发熔断机制，然后又快速反弹，涨幅超过20%，可谓是“大落大起”。如果看主要代表高科技企业的纳斯达克指数，情况就更夸张，反弹幅度更大，不仅收复了全部失地，还首次突破10000点，创了历史新高。在美国新冠疫情没有很好控制、经济严重收缩的情况下，很多人直呼看不懂。

看不懂怎么办呢？看不懂是因为没有找到好的观察视角。一个有趣的视角是和A股比。不比不知道，一比吓一跳。美股2020年的走势，“和A股几乎完全一样”。你没有看错，是和A股几乎完全一样，都是“大落大起”。

不信的话，大家可以看一下图11–1。图11–1中有四条线，分别是A股的创业板指数和中小板指数，以及美股的纳斯达克指数和罗素2000指数。一眼看去，这四条线走势大致差不多，几乎是亦步亦趋，很像是同一个市场的几个指数。

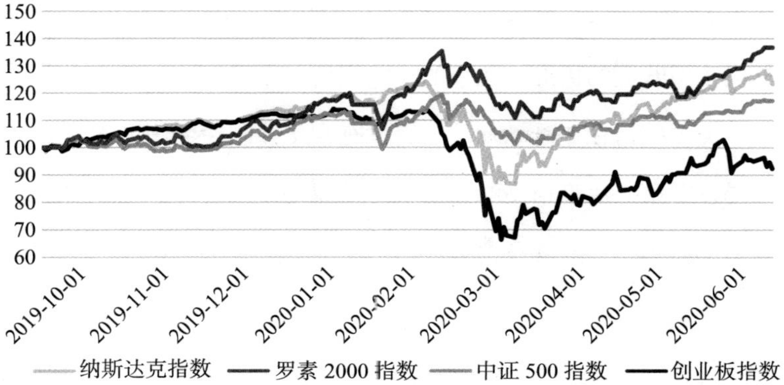

图 11–1　中美股指走势

注：以 2019 年 10 月 1 日的数据为基数 100。

讲到这里，我强调一下：说A股炒作、A股不理性的人要注意了，两个市场走势这么接近，如果A股不理性，美股是不是也很不理性？要知道，美国股票市场是资本市场的标杆，提到美国股票市场，大家第一反应是高度发达、高度有效。可是现在，美股走势和A股如此雷同，引人深思。

而且，不仅如此，目前这个阶段，美股的风险很可能大于A股，A股的走势比美股更理性。为什么这么讲？理由至少有三个。

第一，在新冠肺炎疫情控制方面，中国比美国好得多。

中国的疫情从 2020 年 3 月中旬以来已经基本稳定，每日新增最多都不过是两位数（不含港澳台地区），基本维持在几十例。6 月以来北京又暴发了一次疫情，每天新增病例也就十几例，最多的一天 30 多例（6 月 13 日、14 日两天，新增病例都是 36 例，然后开始下降）。而且北京防控措施很严，很快就可以控制住。其实按照欧美的标准，北京的这次疫情是很轻的。

美国疫情在3月暴发，一直没有真正控制住，到了6月下旬又暴发了第二次疫情高峰，形成了“双峰疫情”。图11–2清楚地显示了美国的“双峰疫情”。

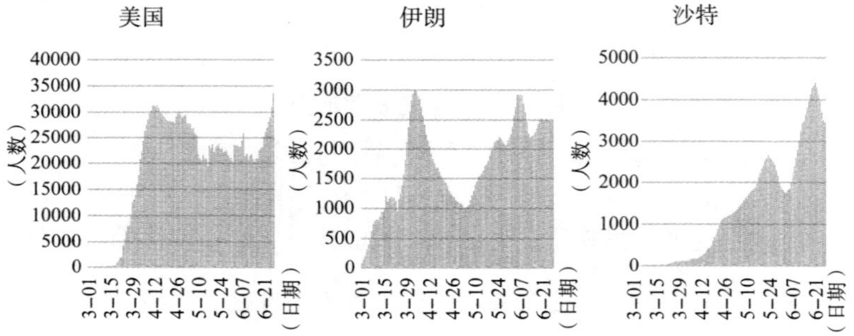

图11–2　2020年美国、伊朗、沙特的“双峰疫情”

注：图中数据为每日新增确诊人数（7日平均值）。

不仅美国，伊朗、沙特等国家的疫情也已经第二次暴发了，这说明疫情防控确实是件很难的事情。不仅如此，美国的每日新增案例还创了新高。之前的高点是每天新增3万左右，6月底的这次高点每日新增达到3.5万左右。美国50个州当中，有29个州的每日新增病例在上涨。在这种情况下，美国的疫情显然没有控制住。

和美国相比，中国的疫情几乎可以忽略不计了。当然，中美疫情控制的不同有很多因素，比如美国人对自由的要求更强，中国的资源动员能力更强，等等，这些很复杂，我们不展开讨论。

第二，在经济影响方面，疫情对中国的影响要比美国小很多。

前文提到疫情控制中美有很大不同，不仅如此，疫情对经济的影响中美也有很大不同。2020年一季度，中国经济损失很大，GDP负增长6.8%，二季度已经大幅反弹。根据已经发布的数据，投资、消费、工业增加值、企业利润等数据都已经明显反弹，估计二季度可以实现正增长。

而美国呢，一季度GDP下将5%，二季度下降只会更多。根据美国路易斯安那联储的预测，二季度美国GDP下降38%，亚特兰大联储的预测则是下降39%，总之是下降接近40%，是个非常大的降幅。

刚才比较的是第二季度的情况，就全年情况而言，中国也比美国好很多。本文成稿时，根据国际货币基金组织的预测，中国GDP全年会正增长1%，这个数据比较低，也可能有点保守，但毕竟是正增长。而美国呢，国际货币基金组织预计全年下跌8%，虽然这样算起来，美国GDP总量还是比中国大很多，但是股票市场看的是增速，看的是变化。从增速的角度，2020年中国经济比美国强的不是一点点，而是强太多。

第三，在政策应对方面，中国的政策空间比美国大很多。

除了2020年经济情况中国比美国强很多，中国的政策储备也比美国好很多。疫情暴发以后，美国财政货币政策已经火力全开，截至2020年6月28日，财政刺激的规模已经超过了3万亿美元，美联储的政策利率已经下调到刚刚为正的水平，量化宽松也早已出马，就差负利率了。中国呢，财政政策稍微发了一点点力，财政赤字稍微增加了一点点，货币政策利率还有1.5%（2020年6月24日的隔夜SHIBOR利率）。如果比较安全资产的回报率，美国10年期国债收益率只有0.64%，而中国10年期国债利率还有2.84%，二者相差2个百分点以上。

为什么会这样？其实很简单，还是发展阶段不同。中国人均GDP只有1万美元，增长空间还很大，只要进行结构性改革，对外扩大开放、对内发展大都市和城市群，还会有较快的增长，不需要也不应该过度依赖财政政策和货币政策。而美国已经是最发达的国家，人均GDP为64000美元，很难增长了，没有结构性改革的空间，继续增长只能靠前沿技术的进步，只能是个缓慢的过程。

所以从三个方面讲，2020年中国的情况都比美国要好很多。可是既然如此，为什么中美股市走出高度相似的走势呢？如果说A股的上涨是预期疫情之后的改革和宽松政策，美国股市为什么也快速反弹和上涨呢？

这个问题很难回答，有点无从下手。有句话是这么讲的：好的问题，是正确答案的一半。刚才的问题很难回答，是因为问法不对。正确的问法是：美国这么大力度的刺激政策，银行、企业、居民都拿到很多钱，然后怎么办呢？拿了钱放着是不行的，虽然资金成本很低，可是钱放着还是要贬值的，于是只能买东西。国债利率已经快要到零了，考虑通胀之后的回报率是负的，黄金很多人看不懂，市场容量也不大，于是只能买股票了。

而且，买股票还有一些隐形的担保。目前美国政策部门的意思，是摆明了开足马力印钱。之前我们分析过，美国的宽松政策有道理，因为只有这样才能缓解短期的经济困难，防止经济收缩进一步加剧。但是呢，事情都有两面，宽松的政策不可避免有副作用。

比如说，2020 年 6 月 25 日，美国联邦监管机构，包括美联储、货币监理署和美国联邦存款保险公司放松了金融监管规定，允许银行增加对风险产品的投资，而且放松了保证金要求，可以释放 400 亿美元的资金。受到这个消息的刺激，美国几大金融股当即大涨。要知道，银行有了更多的钱，而且可以更轻易投资风险资产，当然是利好。可是这个政策的副作用也是很清楚的，这其实是放松了金融监管，然后商业银行拿储蓄者的钱赌博，不可避免会增加金融风险。金融监管里讨论很多的沃克尔规则，其实就是针对银行这种行为的。

不过，目前美国监管部门没有太多办法，只能先解决短期问题。至于后遗症，现在还没有空间去担心，留给以后担心吧。对于金融市场的投资者而言，也只能参与这一场狂欢。众人皆醉我独醒，在金融市场里是不合时宜的。大家都疯狂的时候，很少人能够选择作壁上观，大多数人会随着音乐起舞，努力跟上音乐的节拍，在音乐停止之前退出。当然，这也意味着参与美股的风险其实很大，美股正在成为高风险资产。

表 11–1　美国五大行股票 2020 年 6 月 25 日和 26 日涨跌情况

名称	25 日	26 日	市值（亿美元）
摩根大通	3.49%	–5.48%	2821
花旗集团	3.68%	–5.88%	1032
摩根士丹利	3.92%	–3.57%	741
富国银行	4.79%	–7.42%	1039
美国银行	3.82%	–6.35%	2008

注：市值为 26 日收盘市值。

正如橡树资本的霍华德·马克斯所说，美联储不可能永远支持资产价格。即便美联储想这样做，也没有这个能力。所以，美联储早晚会退出。一旦美联储撤了，大家都要接盘。不过，那是以后的事情，金融市场上的人们只活在当下，否则谈不上未来。这个逻辑看起来奇怪，但是在金融市场上却只能这样，除非你不参与。这样一来，美国的金融市场就形成了一种奇怪的均衡，股价波动将成为常态。

一句话概括就是，向来发达成熟的美股市场已经变成了高风险资产。刚才说的美国五大银行股受刺激上涨，可是第二天就回调了。这样受政策刺激而起起落落，在美股已经发生一段时间了，估计还会持续一段时间，成为一种常态。

最后我们来看一下美股的估值。结论是，考虑到美国经济还要面临1~2年的收缩，美股目前的估值水平已经不低了。道琼斯工业指数和标普500指数的估值都在25倍左右，纳斯达克100指数的估值在30倍左右，代表中小盘股票的罗素2000指数的估值更是达到了接近60倍（见图11–3）。在这样的估值水平下，考虑到2020—2021年美国经济面临很大风险，参与的时候还是要谨慎。至少可以说，从历史经验上看，现在不是参与美股的最佳时机。在这个时点上，美股的风险很可能是大于机遇的。

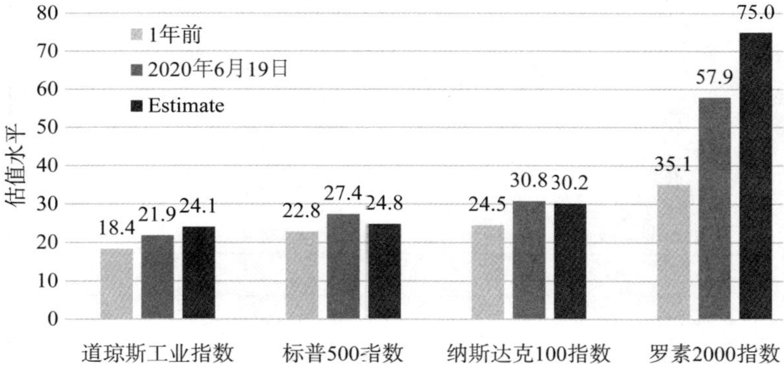

图 11–3　美股主要指数的估值水平

注：1年前为2019年6月19日估值，2020年6月19日估值为TTM静态市盈率，Estimate为目前价格水平与估计的未来12个月盈利水平的比值，即预期动态市盈率。

那是不是美股就完全不理性，没有参与价值呢？当然不是。你看涨幅高的，还是那些受疫情冲击小的企业，比如一些互联网巨头、科技类公司。这些公司受疫情影响小，甚至会受益，其股票涨幅也都不小。

表 11–2 给出了 8 家互联网和科技巨头的近期表现。从 2021 年 3 月 23 日到 6 月 26 日（本章定稿之前最后一个交易日），也就是美股在疫情冲击之后触底反弹的这段时间，这 8 只股票平均

表 11–2　2020 年不同时期美股互联网和科技巨头股票涨幅

证券简称	2 月 20 日—6 月 26 日涨幅	3 月 23 日—6 月 26 日涨幅	市值（亿美元）
苹果公司	10.70%	54.68%	15328
微软公司	6.75%	43.34%	14889
亚马逊	25.07%	45.87%	13431
谷歌	–10.18%	26.82%	9292
脸书	0.70%	44.31%	6156
英特尔	–11.65%	26.17%	2435
英伟达	18.75%	78.06%	2252
网飞公司	14.87%	33.22%	1950
8 家综合	6.88%	44.06%	65733
标普 500	–11.1%	30.5%	272580
纳斯达克 100	1.3%	40.8%	123068
道琼斯	–14.8%	30.5%	78999

注：2020 年 2 月 20 日为美国疫情暴发前的股市高点，3 月 23 日为下跌底部，市值为 2020 年 6 月 26 日收盘市值。

涨幅44%，明显超过市场平均涨幅。①

不仅是这些巨头，受疫情冲击较小的互联网、医药、半导体行业，整体上表现也比较好。从美国疫情暴发之前的高点，也就是2月20日开始算，零售、硬件设备、半导体、生物制药几个行业的表现是最好的（见图11–4）。其中零售业的表现很突出，

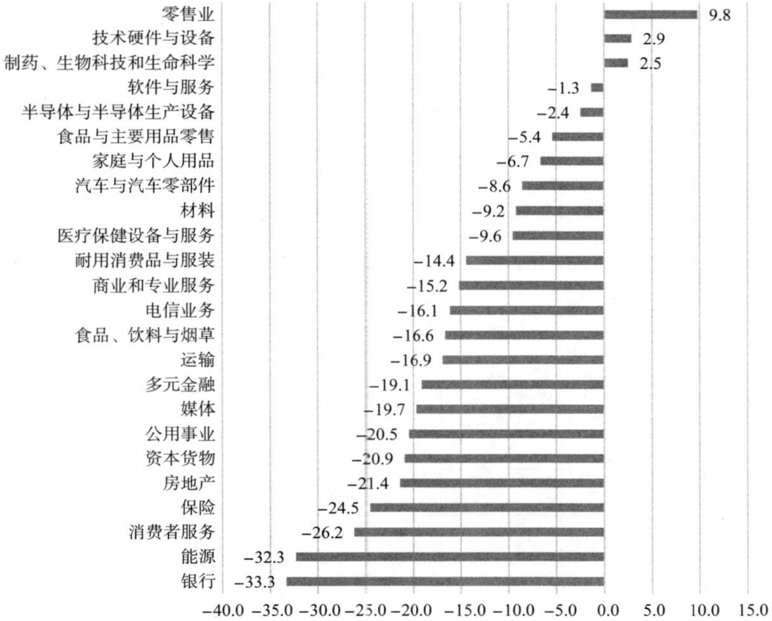

图11–4　疫情以来Wind美股二级行业涨幅（%）
（2020年2月20日—2020年6月26日）

---

① 8家公司总市值6.57万亿美元，纳斯达克100的总市值12.3万亿美元，标普500的总市值27.3万亿美元。所以这8只股票占了纳斯达克市值的超过一半，标准普尔500市值的近四分之一，这8家科技巨头的上涨，对于美股指数的上涨贡献很大。总体上，这段时间美股是大盘股、科技股涨得多。

和线上零售的突出表现有关，特别是行业龙头亚马逊、网飞公司的表现都很突出。有趣的是，美股中的中概股，特别是拼多多和京东，对美股零售业的贡献也很大。

作为对比，受疫情影响大的行业，比如能源、银行、保险、运输、消费者服务等，表现就很差，总体上都是下跌的。所以，如果要参与美股，挑选行业、股票就是很重要的事情。考虑到美国的科技实力，未来一段时间，估计美股的科技、互联网、医药类股票还是会相对较好。

表 11–3 疫情以来美股在线零售类表现

股票	涨跌幅（%）	总市值（亿美元）
亚马逊	24.08	13431.39
阿里巴巴	–2.89	5942.73
家得宝（HOME DEPOT）	0.18	2592.12
网飞公司	14.81	1949.99
京东	38.88	1052.63
拼多多	129.36	1019.90
劳氏公司（LOWES）	5.45	977.05
订票网（BOOKING）	–21.70	630.85
TJX公司（TJX）	–22.36	593.43
塔吉特（TARGET）	0.21	585.12
达乐（DOLLAR GENERAL）	15.89	476.74
易贝（EBAY）	36.71	356.66
奥莱利汽车（O REILLY AUTO）	5.95	308.39

（续表）

股票	涨跌幅（%）	总市值（亿美元）
罗斯百货（ROSS STORES）	–31.67	298.08
汽车地带（AUTOZONE）	3.58	258.10

注：表中涨跌幅为2020年2月20日—6月26日的涨跌幅，市值为2020年6月26日收盘市值。

本章要点：

1. 新冠肺炎疫情以来，美股大落大起，和A股走势高度相似，因此和A股进行比较是一个较好的分析角度。

2. 不管是疫情控制、经济影响，还是潜在政策手段，美国在2020年都不如中国。美股的强势只能归结于政策刺激下的短期反应，美股正在变成高风险资产。

3. 现在参与美国股市，风险与机遇并存，风险可能大于机遇。

4. 美国科技实力强，科技、互联网、医药行业受疫情影响小，表现相对较好。

第十二章

美股的断层线：美股的风险和A股的机遇[①]

2020 年 7 月 30 日，美国市场上发生了魔幻的一幕。一方面，美国二季度经济数据很差，经济增速是二战以来的最低。另一方面，美国股市根本没当回事，稍微耸耸肩就算了，科技股还稍微上涨了一点。不仅如此，当天收盘后四大科技公司发布财报，疫情之下业绩依然稳健增长，只有谷歌稍微下降了一点点，下降了 1.7%。到了第二天，苹果、脸书、亚马逊股价都大幅上涨。

实际上，2020 年以来主要科技巨头股价都是上涨的，而且涨幅惊人，像亚马逊大涨了 70%，苹果大涨了 45%，特斯拉更是大涨了 240%。而且，这些都是从年初开始算，如果从 3 月下旬疫情暴发后的谷底开始算，到 7 月底，短短 4 个月时间，这三家巨头股价都已经翻番了。

简单概括就是，美国的经济与股市，上演了一幕“冰火两重天”，经济大幅向下，股市毫不在乎，甚至大幅向上。如何看待这个分化呢？这个分化对于我们理解中美贸易摩擦，对于我们投

---

① 本章写于 2020 年 8 月 2 日。

资美股和A股，提示了什么风险？有什么启示？本章我们就尝试回答这些问题。

美国经济增长二战来最低

首先，我们来看看经济数据。根据美国经济分析署（US Bureau of Economic Analysis）发布的数据，2020 年二季度美国GDP下降 32.9%，也就是下降三分之一。这个数字一眼看上去很恐怖，但实际上是环比折年率，环比是和前一个季度比，折年率是把季度增速换算成年度增速，简单说大约相当于乘以 4。详细的算法，可以看下面这个公式：

$$\text{季度环比折年率}=[(1+\text{环比增长速度})^4-1]\times 100\%$$

所以，–32.9%这个数据，不能直接和中国的数据比。中国的GDP增速，都是同比，就是和去年同一个季度比。如果换算成和中国相同的口径，美国 2020 年二季度的GDP同比下跌9.5%（数据来自Wind）。

怎么看这个数字？可以从三方面看。

第一，这个跌幅还是很大的，是有数据以来最大的跌幅。美国是从 1947 年开始发布这个季度环比数据，至今已经 73 年，这次的下跌是最大的。上一次比较大的下跌，要追溯到2008年第四季度，当时美国次贷危机引发金融危机，GDP下跌了7.2%。再往前找，就要回溯到1949年第三季度，美国GDP下降了7.4%（见图12–1）。不管哪一次，下跌的幅度都没法和这次比，不到这次跌幅的1/4。所以说，这次的跌幅还是很大的。

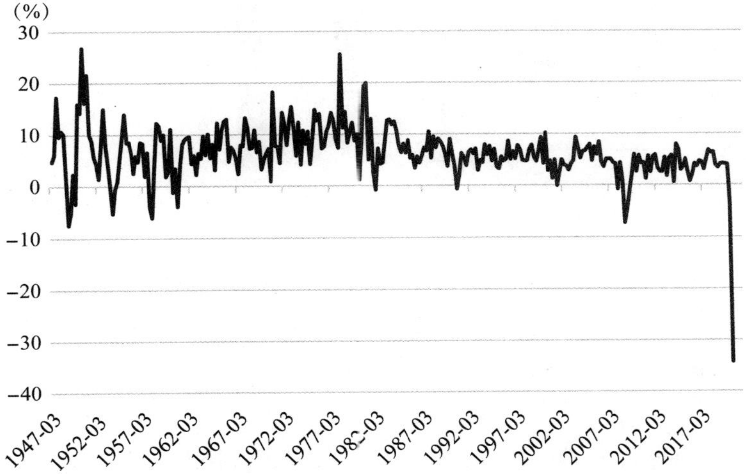

图12–1　美国GDP季度增速（1947Q1—2020Q2）

第二，如果和其他主要欧洲国家横向比较，这个数字还算好。也就是说，虽然美国GDP下跌很严重，但是疫情严重的欧洲大国，下跌更严重。比如德国2020年二季度GDP同比下降11.7%，也是1970年以来的最大降幅，法国、意大利、西班牙的降幅更高，分别达到19%、17.3%和22.1%。所以说，和欧洲主要大国比，美国的损失虽然惨重，但相对还是要好很多。但是，如果和东亚国家比，美国的损失就严重很多，比如二季度韩国的损失只有 2.9%，中国则是已经复苏，经济正增长 3.2%（见图 12–2）。相对来说，东亚国家的疫情防控总体较好，经济损失也比较小。

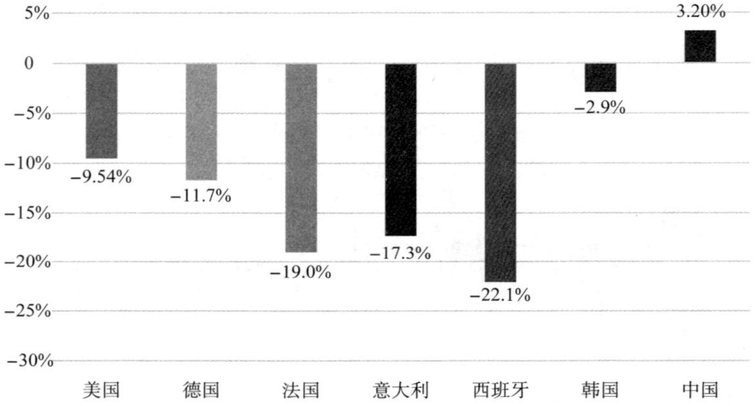

图 12–2　主要经济体 2020 年二季度 GDP 增速

注：此时英国、印度、日本数据尚未公布。

第三，美国经济的这个跌幅，其实很大程度上在预料之中，并没有超出市场的预期。为什么呢？因为从 2020 年 3 月开始，美国疫情大规模暴发，很多州采取了隔离措施，对经济当然有影响。再加上美国经济以服务业为主，很多服务性行业依赖人与人的见面，所以疫情对美国经济影响大，其实并不奇怪。

从分解数据上看，个人消费下降了 34.6%，其中服务消费下降了 43.5%，几乎下降了一半。美国 GDP 中，消费占到 70%，消费的下降直接导致 GDP 下降了 25%。消费下降，商品卖不出去，企业当然就不愿意投资，所以投资也下降——几乎下降了一半。消费和投资都大幅下降，所以经济总体的下降并不奇怪。这些市场都可以推算出来。

事实上，之前的很多专业机构的预测都已经料到了经济的大幅下降，很多预测都很悲观（见表12–1）。比如说，根据美国圣路易斯联储的预测，二季度美国GDP下降33.5%，根据亚特兰大联储的预测，则是下降35.5%，总之是下降接近35%。还有一些投资银行的预测，比如高盛、摩根大通和摩根士丹利，预测就更加悲观，预测的降幅在40%左右。预测的降幅比实际的降幅要大，说明这个下降是在预期之内的。

表12–1 主要机构对美国2020年二季度GDP的预测（环比折年率）

机构	2020年二季度GDP预测值	预测日期
圣路易斯联储	–33.50%	7.10
	–47.00%	5.23
亚特兰大联储	–35.47%	7.09
	–36.77%	7.02
	–46.63%	6.25
	–52.80%	6.02
	–42.80%	5.16
高盛	–39.00%	5.13
摩根大通	–40.00%	4.10
摩根士丹利	–38.00%	4.03

注：预测日期都是2020年的日期。

四大科技公司同日发布财报

概括起来，虽然美国2020年二季度经济数据很差，是二战以后最差，但是并没有出乎市场意料，而且其他欧洲大国，比如德国、法国、意大利、西班牙，数据更差。在此基础上，我们来看看美国股市的反应。

GDP数据公布的时间，是美国东部时间早上8点半。当天美股低开之后不久就迅速反弹，到收盘的时候，几个主要指数有涨有跌，其中道琼斯工业指数和标普500指数微微下跌，而纳斯达克指数则是微微上涨的（见图12–3）。看起来，股票市场对于这一数据，也早就预期到了，因此波澜不惊。

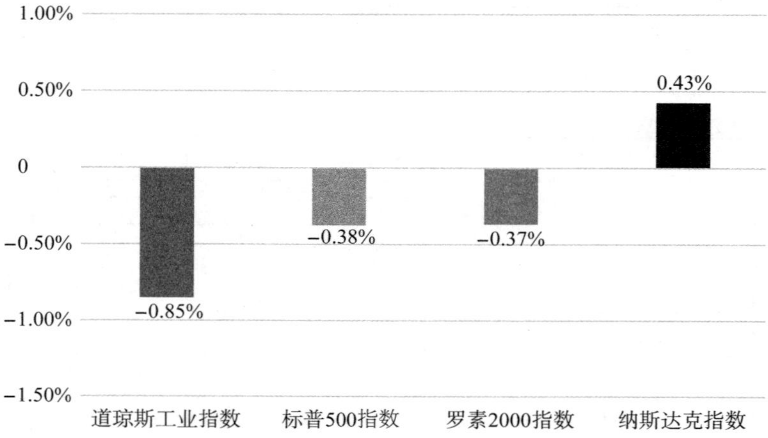

图12–3 美股四大指数表现（2020年7月30日）

本来以为这一天就会这样平平淡淡地过去，但是股市收市之后发生了转机，就是苹果、谷歌、亚马逊、脸书四大科技巨头同一天发布财报。四家科技巨头同日发布财报，这样的事情以前很少发生，非常罕见，应该是个很偶然的巧合。

那四家巨头的业绩怎么样呢？按常理，GDP 下跌 1/3，大公司的业绩应该也很差才对。然而，四家科技巨头的业绩都很不错，都明显优于市场预期。比如说，苹果二季度营收增长 11%，亚马逊二季度营收增长 40%，脸书二季度营收增长 11%，都是非常高的增速（见表 12–2、图 12–4）。考虑到严重的疫情，这些数字都非常亮眼。营收增长这么多，利润的增速还要高一些。其中谷歌虽然营收下降了 1.7%，但是依然高于市场预期。具体的数字是，二季度谷歌实际营收 383 亿美元，市场预期在 374 亿美元，实际营收超过了市场预期。

表 12–2　美国主要科技公司 2020 年二季度财报数据

公司	营收（亿美元）	营收同比增长	净利润（亿美元）	净利润同比增速	7 月 31 日涨幅
苹果	596.9	10.9%	112.5	12%	10.5%
亚马逊	889.1	40.2%	52.4	100%	3.7%
脸书	186.9	10.7%	51.8	98%	8.2%
谷歌	382.9	–1.7%	69.6	–30%	–3.3%
微软	380	12.8%	112	–15%	0.5%

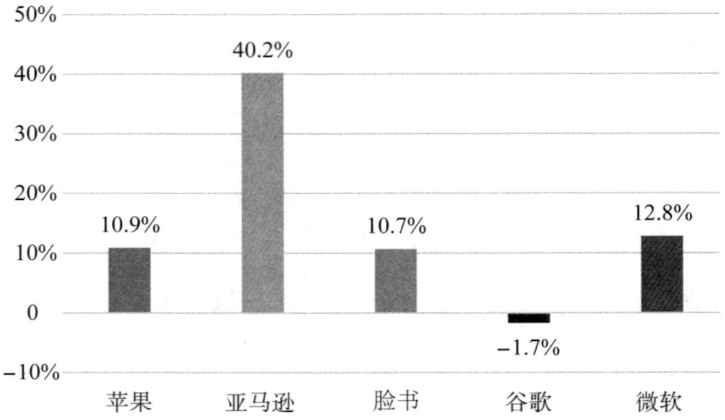

图 12–4　五大科技公司 2020 年二季度营收增速

到了第二天，也就是 7 月 31 日，苹果、亚马逊、脸书的股票都有不错表现，股价分别上涨了 10.5%、3.7%、8.2%。谷歌因为业绩是下滑的，股价下跌了 3.3%。

浓缩的历史：美股的断层线

简单概括，2020 年 7 月 30 日这天公布的数据就是“冰火两重天”，经济总体很惨，但是四大科技公司除了谷歌，业绩都很靓丽。此外，就在 23 日，微软发布季度财报，业绩也很靓丽，营收增长 12.8%。

这里要专门把谷歌拿出来说一下，就是谷歌的收入下降实际上在预期之内。谷歌的收入主要来自广告，疫情之下很多企业的日子难过，广告投入也会下降，导致谷歌的收入下降。因此，谷歌的困境其实反映了其他公司的困境，反映了经济总体的困境，就像银行的困境反映了经济总体的困境一样。①

在这里，我们隐隐约约看到一条断层线，一条划分美国上市公司的断层线。美国的科技公司不仅不受疫情影响，还逆势增长，而其他绝大部分企业则陷入困境。这种困境折射在GDP数据上，就是美国GDP 2020年以来的大幅下跌，一季度下跌了5%，二季度则下跌了32.9%。

受此启发，我们进一步追问：美国的这条断层线，到底画在哪里？美国有多少企业在野蛮生长，有多少企业陷入困境？这个问题问出来，答案是触目惊心的。

首先我们来看图12–5，这张图是美国四大股票指数2020年

---

① 脸书的主要收入也是广告，但是收入不仅没下降，还上升了，主要原因是两个。（1）疫情使用户活跃程度增加，2020年6月平均日活用户为17.9亿，同比增长12%，截至2020年6月30日，月活跃用户为27亿，同比增长12%。（2）受活跃用户增加影响，广告收入不减反增，第二季度总收入为187亿美元，增长11%；其中广告收入为183亿美元，增长10%；其他收入为3.66亿美元，增长40%。广告收入增长主要由中小企业推动，中小企业利用脸书的广告平台与客户建立联系，投放的广告总数增加了40%，广告的平均价格下降了21%。其他收入增长主要是受Oculus和Portal产品销售的推动。其他帮助脸书业绩的因素还有：（1）疫情期间费用增长缓慢，主要是员工相关的成本下降，例如差旅、活动和娱乐设施费用的下降，因为员工几乎完全在家中工作；（2）利润增长98%，还因为2019年同期有一笔20亿美元的罚款以及一笔11亿美元特殊税收费用，这些费用都是一次性的，剔除这些一次性费用后，脸书2020年二季度净利润是同比下滑9.4%。

的走势。可以看到，只有纳斯达克 100 指数是上涨的，而且涨幅超过 20%，达到 22.9%。其他三个指数，要么持平，要么下跌。其中标普 500 是持平的，微微上涨 0.4%，道琼斯工业指数下跌了 8.5%，罗素 2000 指数下跌了 11.2%。因为纳斯达克 100 指数包含的基本是大型科技公司，因此我们隐隐约约看到，2020 年以来，是纳斯达克 100 指数代表的大型科技公司独自支撑美国股市。

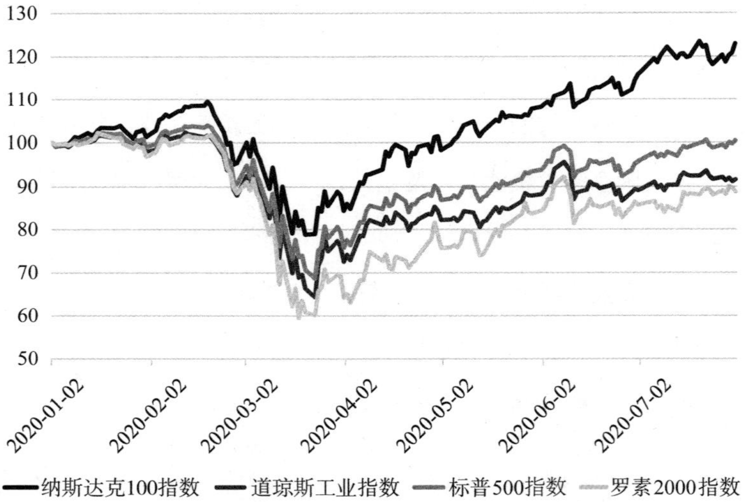

图 12–5　美股四大指数走势（2020 年 1 月 1 日—2020 年 7 月 31 日）

注：2020 年 1 月 2 日的数据设为基数 100。

大型科技公司独自支撑美国股市这句话，很重要。这句话是否成立，对于我们观察和分析美国股市有很重要的含义。为了进一步推敲这句话，我们来看一些数据。

第一个数据，我们来看看美股 2020 年以来的涨跌数量。年初在美国市场上交易的美股一共 4751 只，2020 年以来上涨的有 1625 只，下跌的有 3116 只，下跌个股数大约是上涨个股数的 2 倍。进一步地，上涨个股平均市值 135 亿美元，下跌股平均市值 77 亿美元，下跌股市值是上涨股的一半多一点点。

也就是说，2020 年以来 1/3 的股票上涨，2/3 的股票下跌，上涨股票的平均市值是下跌股票平均市值的 2 倍。[①] 从这个数据上看，的确是少数的、大一点的股票在上涨。进一步的分析可以集中在这些少数的、大一点的股票上。

第二个数据，我们来分析标普 500 成分股的表现。标普 500 是代表美国大公司的指数，总市值 29.9 万亿美元（截至 2020 年 7 月 31 日），美国所有上市公司的总市值大约 35 万亿美元，[②] 标普 500 代表的公司市值占总市值的 86%。粗略说，标普 500 的表现基本上就代表了美国股市的表现。很多纳斯达克指数成分股和道琼斯工业指数成分股，因为是大股票，同时也是标普 500 的成分股。

仔细分析标普 500 成分股的表现，我们看到一个重要的关键词，就是“分化”。美股的表现发生了严重的分化。2020 年以来，

① 市值用的是 2019 年底数据。统计中剔除了重复挂牌的公司以及年初未上市的公司。

② 美国公司总市值 34.63 万亿美元（2020 年 7 月 31 日数据），已经去除了非美国的公司，以注册地是否在美国为准。主要的大型美国公司注册地都在美国，可能漏掉一些注册在避税天堂的美国公司。

标普 500 公司中，有 191 家公司市值是上涨的，其余 309 家是下跌的，也就是超过 6 成的公司是下跌的。这个也还好，毕竟疫情严重。但是，如果看上涨公司的分布，就令人吃惊了。

表 12–3 显示，总市值涨幅最大的 20 家公司涨幅惊人，达到 39.4%。20 家公司总市值共增加约 27000 亿美元，而标普 500 的总市值，即 500 家公司的总市值才增长 5000 多亿美元，比前 20 家少了 22000 亿美元，少了一大半。那么，这 20 家公司增加的市值到哪里去了？显然是被其他公司跌掉了。

表 12–3　美股市值增长最大前 20 公司

证券简称	总市值（亿美元）	涨幅（%）	市值增量（亿美元）	PE（TTM）
亚马逊	15785	71.3	6582	119.8
苹果公司	18423	45.5	5546	31.5
微软公司	15514	30.7	3512	35.0
特斯拉	2666	242.0	1909	724.6
脸书	7227	23.6	1374	30.7
英伟达（NVIDIA）	2611	80.6	1171	78.7
PayPal	2300	81.3	1032	89.1
谷歌（ALPHABET）–A	10140	11.1	929	32.2
网飞公司	2156	51.1	736	80.4
T–MOBILE US	1329	36.9	657	37.8
奥多比（ADOBE）	2131	34.7	540	57.6
家得宝（HOME DEPOT）	2855	23.1	473	26.0

（续表）

证券简称	总市值（亿美元）	涨幅（%）	市值增量（亿美元）	PE（TTM）
丹纳赫（DANAHER）	1445	33.1	378	42.9
超威半导体（AMD）	909	68.8	373	147.6
赛默飞世尔科技	1635	27.6	340	44.1
赛富时（SALESFORCE）	1756	19.8	313	–1051.3
SERVICENOW	842	55.6	308	115.7
再生元制药（REGENERON）	711	68.3	297	31.2
沃尔玛	3665	9.8	293	24.4
雅培制药（ABBOTT）	1531	17.3	251	57.3
20 家总和	95633	39.4%	27013	42.18
标普 500 指数	293406	1.82%	5345	31.9

注：总市值是 2020 年 7 月 31 日数据，20 家公司和以及标普 500 的涨幅采用总体法计算，等于当前总市值除以年初总市值减去 1。标普 500 市盈率来自 WSJ 数据（2020 年 7 月 31 日），20 家公司 PE 按整体法计算。统计范围不包含中概股。

表 12–4 列出了市值下跌最大的 20 家公司的情况。可以看到，仅仅这 20 家公司，就跌掉了 12000 多亿美元的市值。下跌严重的公司，不少是传统的金融巨头，比如摩根大通、富国银行、美国银行、花旗银行等等。疫情之下，很多美国企业处境艰难，这些企业都是银行的客户，因此银行的处境也很艰难。

这里，我强调一个重要信息。我们都知道，美国有两大优势，一个是金融，另一个是科技，现在金融行业受到很大打击，就剩下科技行业独自支撑了。这一点，对于我们理解当前的形势很重要。美国作为超级大国，现在只有一个科技优势还比较突出，因此一定会尽全力保护这个优势的。在这个背景下，它对中国科技企业的打压，其实不难理解。至于吃相难看，美国已经不在乎了。

表 12–4　美股市值下跌前 20 公司

证券简称	总市值（亿美元）	涨幅（%）	市值增量（亿美元）
摩根大通	2945	–28.8	–1354
富国银行	995	–53.5	–1230
埃克森美孚	1779	–37.6	–1175
美国银行	2158	–28.4	–954
波音	892	–51.2	–942
美国电话电报公司	2108	–20.6	–728
伯克希尔–哈撒韦	4805	–13.6	–715
雪佛龙	1567	–28.5	–701
花旗集团	1041	–35.7	–648
英特尔	2030	–19.4	–538
迪士尼	2112	–19.1	–464
通用电气	531	–45.5	–444
雷神技术	866	–35.0	–429
美国合众银行	555	–36.4	–355
可口可乐	2029	–13.1	–340
斯伦贝谢（SCHLUMBERGER）	252	–53.9	–305

（续表）

证券简称	总市值（亿美元）	涨幅（%）	市值增量（亿美元）
康菲石油（CONOCOPHILLIPS）	401	–40.9	–305
西蒙地产（SIMON PROPERTY）	191	–56.6	–287
默克集团	2025	–10.3	–284
美国运通	751	–24.0	–257
20 家总和	30033	–29.3	–12451

注：20 家公司总和涨跌根据总体法计算结果。

如果我们进一步分析数据，会发现用“分化”这个词，还不足以说明美股分化的严重程度。更准确的词语，应该是“头部分化”。具体而言，美股的上涨，有超过 60% 来自头部的八家公司，我们简称“八巨头”，这八家公司的名字大家都很熟悉，分别是：亚马逊、苹果、微软、特斯拉、脸书、PayPal、英伟达和谷歌。这八家公司的总市值达到 7.5 万亿美元，占到标普 500 市值的 1/4 还要多，标普 500 的总市值是 29.9 万亿美元，不到 30 万亿美元。

“头部分化”说的是，以“八巨头”为代表的头部公司不仅体量庞大，而且增长很快，强者恒强的态势非常明显。“八巨头”的市值 2020 年以来增长了 2.2 万亿美元，涨幅 42%，标普 500 其他上涨的公司有 183 家，一共上涨了 1.4 万亿美元，相当于

“八巨头”的三分之二，涨速只有16%，不到这些巨头的一半。

更严重的是，所有这些涨幅大部分都被下跌的300多只股票抵消了，最后标普500市值只微微上涨了5000多亿美元，涨幅2%多一点。换句话说，标普500不是普涨，而是头部公司涨，涨幅集中在头部的20家公司上，特别是“八巨头”上。美股的断层线，是把少数科技巨头和科技公司划在了一边，而把绝大多数其他公司划在了另一边，这就是目前美股的基本格局。考虑到美国疫情还在持续，预计这条断层线还会持续下去。

表12–5　美股的头部分化

指标	八巨头（FAAMGTNP）	标普500增长公司（不含FAAMGTNP）	标普500公司
公司数	8	183	500
年初总市值	5.26	8.83	29.34
2020年7月31日总市值	7.47	10.25	29.88
总市值增量	2.21	1.42	0.53
总市值增幅（%）	41.90%	16.06%	2.13%
代表性公司	脸书、亚马逊、苹果、微软、谷歌、特斯拉、英伟达、PayPal	网飞、ADOBE AMD、高通 T–MOBILE、赛默飞世尔、沃尔玛、家得宝	摩根大通、富国银行、伯克希尔–哈撒韦、花旗集团 埃克森美孚、雪佛龙 波音、达美航空、美国电话电报公司

注：总市值单位为万亿美元，其中特斯拉增长过快，尚未纳入标普500指数，这里手动加入，所以本表的统计范围是标普500指数加上特斯拉。

美股的头部分化现象，与美股不同行业的表现是一致的。以前我们讲过，美股涨幅好的行业集中在软件服务、技术硬件和设备、半导体、医药这些上面。显然，这些都是科技含量很高的公司，而其中又以头部公司的优势更加明显。正是这些科技巨头，独自支撑美股股市的表现。如果这些科技巨头受到损伤，那么美股的表现将难以想象。从这个角度看，美股的风险不可低估。

在行业分类中，有两个行业比较扎眼。一个是零售，涨幅很高，高居榜首。这一点我们以前讲过，主要是亚马逊贡献很大，而且一些中概股，比如阿里巴巴、拼多多、京东的贡献也很大。如果去掉这几个零售巨头，零售行业的表现就很一般了。还有一个行业比较奇怪，是汽车和零部件，这主要是因为特斯拉的大涨，其他传统车企，比如通用和福特汽车，2020 年以来都是下跌的（见表 12–6）。

分析的最后，我再加三点。这三点都有揣测的性质，并没有严格、坚实的依据，所以没有放在前面的主要分析中，而是放在本章的最后。有点像在教室里上课，快下课的时候留几道开放的思考题，供课后讨论，并没有简单统一的答案。

第一点是关于中美贸易摩擦。这一点我们在前面也提到过，现在美股中科技股一枝独秀，科技股独自支撑美国庞大的股市，而美国股市对美国的财富很重要，股市总市值是GDP的 1.7 倍，所以美国当然要尽力保护科技行业，并且打压对手。从这个角度

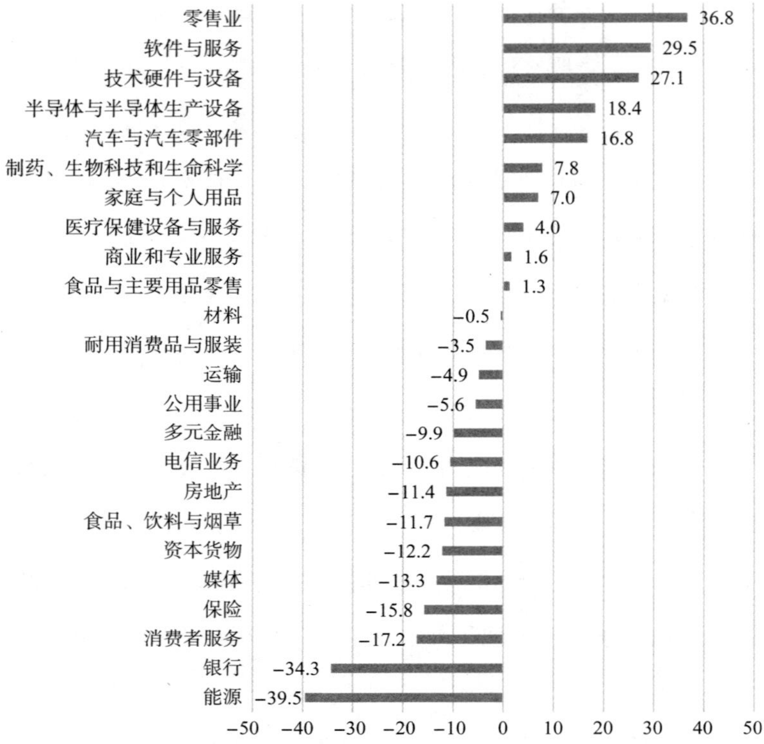

图 12–6　美股二级行业涨幅（%）
（2020 年 1 月 1 日—2020 年 7 月 31 日）

数据来源：Wind。

看，美国对于中国科技企业的打压，就不难理解了。毕竟，这是美国最后一个有全球竞争力的超级武器，当然要竭力保护。至于吃相难看，也就管不了那么多了。

第二点是关于美股的风险。本章的主要发现是美股的头部分化，科技股特别是科技巨头独自支撑美股的表现。我们需要思考的是，美国这么大的经济体，又面临新冠疫情这么大的困难，科技股能独自支撑下去吗？或者说，科技股能独自支撑多久？如果出现较大风险事件，科技股是否也会掉头向下？那样的话美股会怎么样？这些问题都是美股风险的重要考量，参与美股的投资者不得不思考这些问题。

第三点是关于A股。美国经济很差，股市又涨了很多，现在全球流动性泛滥，全球多余的资金去哪里呢？继续买美股？还是去欧洲？要知道欧洲的经济比美国还要差。看来看去，中国可能是一个选项。毕竟，现在中国的10年期国债还有3%左右的收益率，而美国的10年期国债收益率只有0.5%左右，德国的10年期国债利率甚至是–0.5%，其他主要欧洲国家10年期国债利率也都接近于0或者是负的（见图12–7）。资本都是逐利的，面

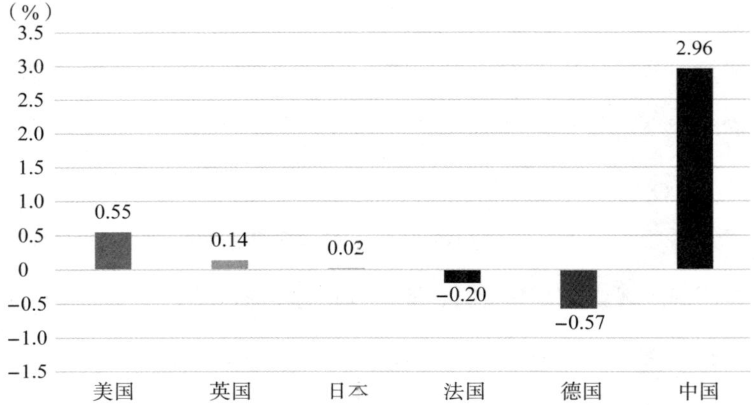

图12–7　主要国家10年期国债收益率（2020年7月31日）

数据来源：Wind，各国央行。

对这样的差价，资本不可能不考虑中国这一选项。

现在资本迟迟不流入中国，有多方面的原因，比如中美贸易摩擦、对中国的金融政策不放心。最后，还是对中国经济的前景信心不足，悲观情绪很重。我自己的观点是，这些悲观情绪都会慢慢消散。随着这种悲观情绪的慢慢消散，不排除资本大规模流入中国的可能性。从数据上看，尽管中美贸易摩擦很严重，过去这 3 年资本一直是流入的，而且规模也并不小，不管是实体经济的外商直接投资，还是金融市场的沪股通、深股通，资金都是流入的。看起来，资金的实际表现也没有那么悲观。有些财经评论很悲观，显得很深刻，但是并不代表市场的主流观点。只是这些观点流传很广，给人一种主流观点的假象。

我们还可以进一步问，如果资金流入中国，这些资金会只买国债吗？看起来A股也不是没有机会。以前我们讲过，A股现在尽管不便宜，但是比美股还是便宜很多，估值只有美股的一半左右。如果未来中国金融市场进一步发展，上市公司质量进一步提升，A股还是有很大的机会。

最后，我还是要再强调一下，本章对美股的分析，有一些比较明确的观点，有一些观点带有明显的揣测性质，并没有坚实的证据支撑，仅供参考，不作为投资建议。股市有风险，入市需谨慎。

本章要点：

1. 美国2020年二季度GDP下跌32.9%，是二战以来最严重的下跌，但是股市已经预期到，耸耸肩就过去了。

2. 疫情之下美国科技公司业绩不俗，股价上涨，经济与股市上演“冰火两重天”。

3. 美股出现断层线，科技股特别是科技巨头独自支撑美股的上涨。

4. 美股头部分化明显。以苹果、亚马逊为代表的“八巨头”，其市值占标普500总市值的1/4，涨幅占标普500的六成以上。

5. 科技和金融是美国的核心竞争力，新冠肺炎疫情对金融打击很大，对科技影响较小，科技成为美国经济的最大优势。

6. 理解美国的经济结构和竞争优势，是我们理解中美关系的基础。

第十三章

特朗普为什么打压抖音和腾讯？[①]

在上一章中，我们发现科技巨头扛起了美股上涨的大旗，带动了股市的上涨，其他很多股票不仅不涨，还下跌。本章我们来进一步追问：美股的这种分化，是疫情导致的短期现象，还是已经持续了很久，代表了一种长期趋势？

显然，这个问题很重要，对投资决策有直接影响。如果只是短期现象，我们期待这种现象会反转，现在应该买那些近期表现不佳的股票，等待反转。如果是长期现象，我们期待这种现象会持续下去，应该买那些强势的股票。

在展开分析之前，我先预告一下结论：

第一，美股的分化不是短期现象，而是已经很久了，至少从 2014 年开始，就已经很明显。

第二，科技股独自扛起美股上涨的大旗，这句话完全没有夸张。如果去掉科技股，道琼斯工业指数几乎就没有上涨。

第三，股票是美国家庭财富的支柱，科技股又是美股的支柱。从这个角度看，美国对于中国科技企业的打压，其实非常符合

① 本章写于 2020 年 8 月 8 日。

逻辑。

本章定稿的时候，也就是2020年8月7日星期五，又有突发事件发生，导致A股明显下跌。就是美国总统特朗普签署行政命令，要求美国企业在45天内停止和抖音的一切业务关系。简单说，就是用行政命令封杀抖音。不仅如此，微信也忽然出现在封杀名单上，期限也是45天。这是为什么呢？应该怎么看美国的封杀呢？看完本章，你对美国对抖音和微信的封杀，对美国之前对华为的打压，都会有深一层的理解。

美股四大指数的分化

本章的分析，我们从美国的股票指数开始。图13–1给出美国四大指数从2010年以来的表现。之所以选择从2010年开始，是为了避开2008—2009年的金融危机，那两年美股波动很大，数据不太正常，不利于发现稳定的规律。从2010年开始，到现在也已经10年半的时间，比较长了，可以用来研究长期的现象。

这四条线中，道琼斯工业指数、标普500指数和纳斯达克100指数都是大盘股的指数，大家都很熟悉，道琼斯工业指数代表传统大蓝筹，标普500指数是500只最大的股票，纳斯达克100指数是科技大蓝筹。罗素2000指数有些读者可能不熟悉，我稍微解释一下。

罗素 2000 指数的成分股，是去除最大的 1000 只股票之后，选取市值最大的 2000 只股票。换句话说可能更清楚一点，就是最大的 3000 只去掉头部的 1000 只，剩下的 2000 只。考虑到美股一共大约 5000 只股票，也可以说罗素 2000 指数是中小盘股中偏大一点的。在分析股票的时候，我一般把标普 500 指数和A股的沪深 300 指数对标，把罗素 2000 指数和A股的中证 500 指数对标，这样的对标虽不是完全可比，但是大致可比。

解释完这四大指数，我们来看图 13–1。稍微仔细看一下，会发现两个重要的信息：

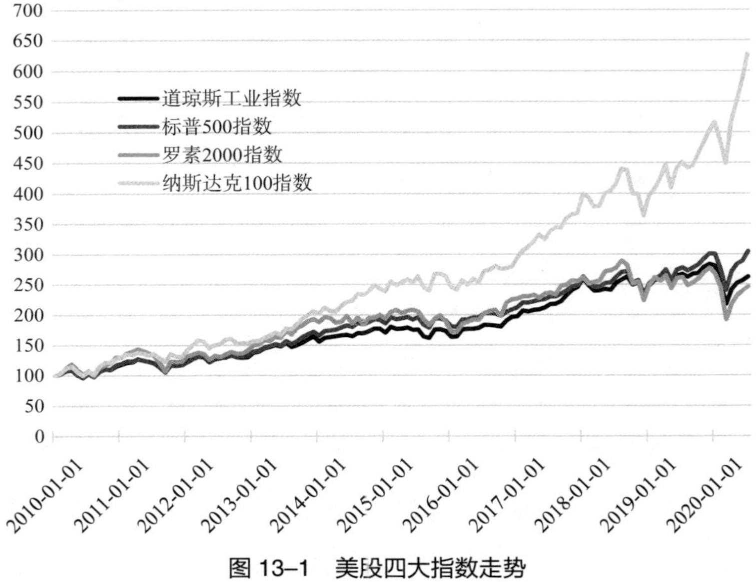

图 13–1　美股四大指数走势

注：以 2010 年 1 月数值为基数 100。

第一，纳斯达克100指数的涨幅明显高于其他三个指数，大约是其他三个指数的3倍。具体而言，10年半的时间里，纳斯达克100指数涨了526%，标普500指数涨了205%，道琼斯工业指数涨了163%，罗素2000指数涨了146%（见图13–2）。除去纳斯达克100指数的三个指数平均涨幅为171%，纳斯达克100指数涨幅是其他三大指数的3倍还要多一点，准确说是3.08倍。

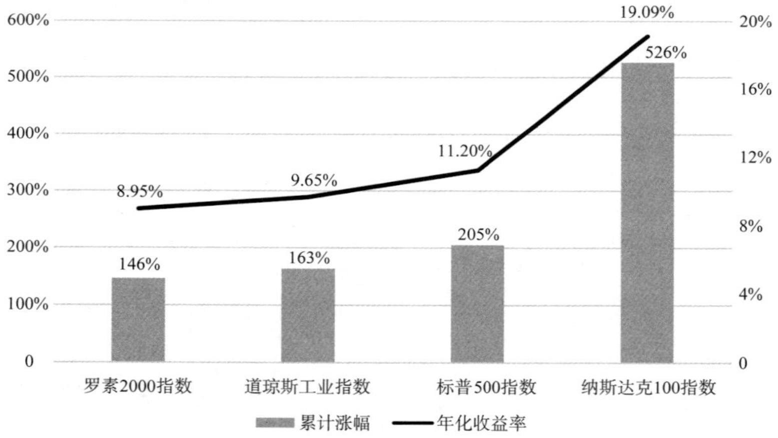

图13–2　美股四大指数累计涨幅（2010年1月—2020年7月31日）

这里需要注意的是，这几个指数的成分股不是完全独立的，而是有重叠。比如说，标普500中有不少纳斯达克100指数的成分股，比如苹果、亚马逊、微软、谷歌、脸书等，是两个指数共同的成分股。如果去掉这些股票，标普500指数的表现还要差一些，股市的分化比指数体现的应该会更严重。关于这一点，我们下文再展开细说。

第二，这个分化是从什么时候发生的呢？仔细看图 13–1 的话，综合发现分化是从 2014 年开始的。从 2010 年到 2013 年，几条线基本还是缠在一起的，分化不明显，其中纳斯达克 100 指数表现要好一点，但是差距并不大。从 2014 年开始，纳斯达克 100 指数开始一骑绝尘，甩开其他三条线。

如果从 2014 年 1 月开始算，纳斯达克 100 指数甩开其他三个指数的幅度就更大。具体说，从 2014 年以来 6 年半的时间里，纳斯达克 100 指数涨了 210%，标普 500 指数涨了 84%，道琼斯工业指数涨了 68%，罗素 2000 指数涨了 31%。纳斯达克 100 指数和其他三个指数平均涨幅的差距，进一步拉大了，之前是 3.08 倍，现在达到了 3.44 倍。

这是从 2014 年以来的累计涨幅，如果计算年化涨幅的话，则纳斯达克 100 指数每年涨 19%，标普 500 指数每年涨 9.8%，道琼斯工业指数每年涨 8.3%，罗素 2000 指数每年涨 4.2%（见图 13–3）。

这几个指数的涨幅怎么样？是高还是低？四大指数的涨幅，除了罗素 2000 指数都很不错，其中纳斯达克 100 指数每年 19% 的涨幅是非常高的。历史上看，每年的平均涨幅在 10% 左右。从这个角度看，标普 500 指数和道琼斯工业指数 9% 左右的涨幅是中规中矩的。

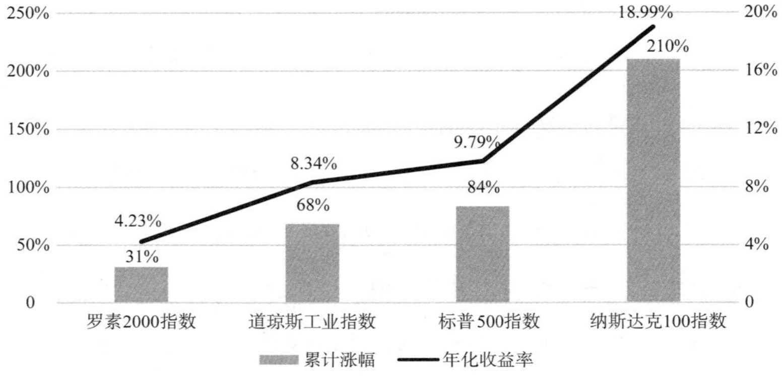

图 13–3　美股四大指数累计涨幅（2014 年 1 月—2020 年 7 月 31 日）

另一方面，罗素 2000 指数的涨幅是很低的，6 年半涨了 31%，年均涨幅只有 4.2%，不到历史平均涨幅的一半。再考虑到中小盘股票的风险较高，这个回报率是很低的。历史上看，中小盘股的涨幅是高于大盘股的，也就是说罗素 2000 指数的涨幅是应该高于道琼斯工业指数和标普 500 指数的。而现在在长达 6 年半的时间里，这个规律反过来了，背后的原因值得深究。

基于前文的讨论，美股指数的分化是很清楚的，而且已经分化很长时间了，从 2014 年就开始了。纳斯达克市场上以科技类公司为主，所以从行业角度看应该是科技类公司扛起了大旗，这和我们上一章的分析是一致的。为了进一步验证，我们再来看两个数据。

第一个数据，是2014年以来美股的行业涨幅。为什么从2014年开始看？因为上面讲到的指数分化也是从2014年开始的。我们可以看到，涨幅好的股票集中在软件服务、技术硬件、半导体、医疗制药这些行业。简单划分，要么与计算机和互联网有关，要么与医疗医药有关。还记得我念大学的时候，那是20世纪90年代，计算机和生物是热门专业，大家都说未来是计算机的时代，还说21世纪是生物的世纪。从美股行业的表现上看，这种说法没有错。

作为对比，一些传统上很强势的行业，比如银行、保险、能源，表现都非常一般，从2014年以来，不仅没有上涨，还微微下跌。传统的媒体行业本来是很强势的，但是因为受到新媒体的冲击，表现也很一般，基本没有上涨。

在图13–4的行业表现中，有两个行业略显奇怪，一个是零售，另一个是汽车和汽车零部件，涨幅都很高。这一点我们以前讲过，零售主要是亚马逊的贡献很大，网飞公司的贡献也很大。此外，一些中概股，比如阿里巴巴、拼多多、京东的贡献也很大。如果去掉这几个零售巨头，零售行业的表现就很一般了。汽车与汽车零部件行业表现好主要是因为特斯拉的大涨，其他传统车企，比如通用和福特汽车，这几年的表现都很一般。

第二个数据，是去除主要科技巨头之后的道琼斯工业指数和标普500指数的表现。前文我们说了，纳斯达克100指数、道琼斯工业指数和标普500指数这三大指数代表的都是大盘股，成分股有不少重合。如果去除道琼斯工业指数和标普 500 指数中的科技股，这两大指数的表现可能更差。为了验证这点，我们做个简单的计算，就是挑选几家主要的科技巨头，然后从道琼斯工业指数和标普 500 指数中去掉这几家巨头，看看去掉之后的指数表现。

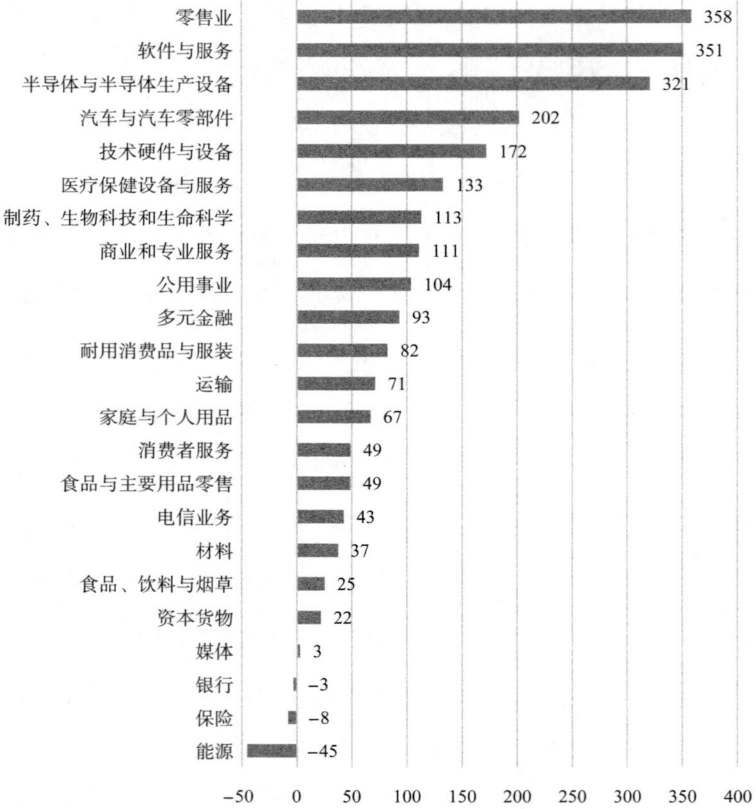

图 13–4　2014 年 1 月—2020 年 7 月二级行业美股涨跌幅（%）

注：数据来源 Wind。2017 年 3 月 2 日，房地产行业板块成分由 5 个变为 159 个，导致数据异常，故删去房地产行业。

怎么挑这些科技巨头呢？其实很简单，就是挑选与计算机和互联网有关的一些著名大企业，市值比较大的巨头。

具体说，我们把纳斯达克100指数成分股，按照市值从大到小排序，选择市值最大的10家公司，然后从道琼斯工业指数和标普500指数中去除这10家公司，重新计算这两个指数的表现。表13–1给出这10家公司的名单，可以看到都是很著名的大公司，都属于计算机和互联网相关行业。其中亚马逊和网飞被归入零售行业，但是大家都知道这两家企业是基于互联网的，科技含量很高。

表13–1　纳斯达克100指数中总市值最大的10家公司

名称	市值（亿美元）	PE	PB	行业
苹果	18755	34	21	技术硬件与设备
亚马逊	15722	136	25	零售业
微软	16141	41	16	软件与服务
谷歌	10021	29	5	软件与服务
脸书	7117	39	7	软件与服务
特斯拉	2771	—	42	汽车与汽车零部件
英伟达	2762	99	23	半导体与生产设备
PayPal	2315	94	14	软件与服务
网飞	2248	120	30	零售业
Adobe	2144	73	20	软件与服务
平均（总和）	80000	74	20	

注：数据截至2020年8月5日，特斯拉盈利为负数，所以市盈率缺失。

那么，计算的结果如何呢？说实话，有点触目惊心，甚至是心惊肉跳。计算之前，我知道美股传统行业表现很一般，有心理准备，但是结果出来了，还是被惊到了，没想到这么差。

本来，从2014年1月到2020年7月，标普500指数涨了84%。去掉10大科技股之后，还剩多少呢？还剩34%，年化只有4.6%（见图13–5）。也就是说，10大科技公司贡献了标普500一半以上的涨幅，具体说是60%的涨幅，另外490家公司，只贡献了40%的涨幅。从这个角度看，美国股市真的是严重依赖科技巨头。

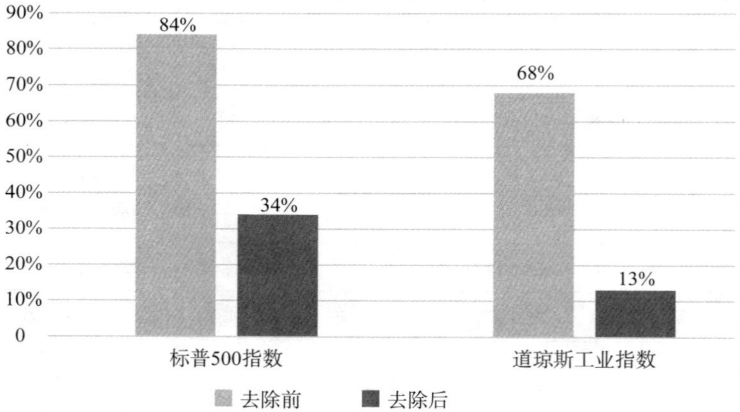

图13–5　去除10大科技股后两大指数表现
（2014年1月—2020年7月）

那么道琼斯工业指数怎么样呢？更加极端。本来道琼斯工业指数涨了68%，去除10大科技公司之后，涨幅就只剩下13%了，一下子去掉了80%的涨幅（见图13–5）。6年半涨了13%，每年涨多少呢？答案是每年只涨1.96%，不到2%。考虑到美国年均的通货膨胀率在2%左右，也就是说去除科技股的道琼斯工业指数，已经不赚钱了。

在这里，我说明一下。道琼斯工业指数是美国最古老的指数，一直被看作美国股市的象征，是美国企业巨头的代表。可是，现在这个指数已经基本不赚钱了。我们可以想象一下，美国人面对这种情况，内心的不安会有多严重。

而且，这里我们还可以再加两点，帮助我们看清这个问题的严重性。

第一点是个计算细节，就是在道琼斯工业指数中，只有2家企业属于前文说的十大科技巨头，分别是苹果和微软，其他八家巨头都不在道琼斯工业指数当中。换句话说，这两家公司贡献了道琼斯工业指数80%的涨幅，而其他的28家只贡献了20%的涨幅，年均涨幅不到2%，扣除通胀已经不赚钱了。

至此，我们已经可以做出这样一个判断：美国股市完全是科技巨头扛起来的。我再重复一下，美国人引以为傲的股票市场，全球总市值最大的股票市场，美国家庭财富依仗的股票市场，几乎完全是几家科技巨头在苦苦支撑。除去这几家科技巨头，美国股市已经几乎不增长了。

第二点，是关于美国股市对于美国家庭财富的重要性。家庭财富无非两个载体，一个是股票，另一个是房子。美国地广人稀，除了纽约、洛杉矶等少数几个城市，美国城市都不大，房子不太值钱。再加上房产税、保险费、管理费等持有成本，美国绝大多数城市的房子都不太值钱，不能作为财富的载体。这样一来，美国家庭的财富基本就靠股市了。现在股市基本不涨了，涨幅都在科技股上，你说美国家庭对于科技行业该有多依赖？这时候美国总统打压对手的科技企业，该有多得民心？

所以，美国政府对于中国科技企业的打压，一点都不奇怪。不管是华为，还是抖音、腾讯，都代表了中国科技企业的前沿，是美国企业的直接对手。美国政府会放任这些企业成长吗？

在这里，我要做两点澄清。第一点，我前文说的，仅仅是从美国核心利益的角度，尝试理解美国对于中国科技企业的打压，完全没有替美国辩护的意思。有句话是这么讲的，小孩子才讲道理，成年人只讲利益。在巨大的核心利益面前，讲道理就是浪费时间。

第二点，美国打压中国企业和特朗普打压中国企业，不是完全等同的。美国大选在即，特朗普在民调中又明显落后，现在采取一些极端的行为，孤注一掷争取连任，是他的主要行为逻辑。在此过程中，扩大与中国的矛盾，似乎是他的一个主要策略。因此，在大选之前，不排除他还有其他的极端行为。所以，投资股市的读者，要坐稳扶好，系好安全带。

本章要点：

1. 美股的分化不是短期现象，而是已经很久了，从 2014 年开始，分化已经很明显。

2. 10 家科技巨头，贡献了标普 500 指数 60% 的涨幅，剩下的 490 家企业只贡献了 40% 的涨幅。

3. 微软和苹果两只股票，就贡献了道琼斯工业指数 80% 的涨幅。去掉这两家科技巨头之后，道琼斯工业指数已经不赚钱了。

4. 股票是美国家庭财富的支柱，科技股又是美股的支柱。从这个角度看，美国对中国科技企业的打压，符合美国的核心利益。

/ 第五篇 /

破碎的规律

规律，是用来被打破的。

小盘股溢价，是股民的信条。可是，已经被打破了，A股、美股都一样。在美股，小盘股溢价2014年以来已经消失。

价值股溢价，也是很多人的信条，也已经被打破了。在美股，价值股溢价已经消失10多年，金融危机以后就已经基本消失。

股票市场的规律，正在发生前所未有的变化。

第十四章

消失的小盘股溢价[①]

本章我们讨论股票市场上的小盘股溢价。什么是小盘股溢价呢？简单说，就是从历史经验上看，总市值小的股票回报比总市值大的股票高。很多老股民都知道这个现象，因此非常喜欢小股票，不太愿意碰大股票。

本章我们想要深入讨论的问题是，小盘股的回报真的比大盘股高吗？这个规律有没有发生变化？显然，这是个很实际的问题，涉及我们在选择股票的时候，是倾向于大盘股还是倾向于小盘股。在 2020 年 8 月，这个讨论还有一层很直接的含义，就是这一时期中小创涨了很多，估值已经很高了，这时候我们要不要调仓大股票？在思考这个问题的时候，显然也要对小盘股溢价有一个深入的了解。

我们从上一章的一个奇怪现象说起。上一章中我们发现，代表中小盘股票的罗素 2000 指数，回报率比其他指数低，不是低了一点点，而是低了很多。具体而言，从 2014 年到 2020 年，罗

---

① 本章写于 2020 年 8 月 21 日。

素 2000 指数的涨幅不到标普 500 指数和道琼斯工业指数的一半，大约只有纳斯达克 100 指数的 1/7（见图 14–1）。

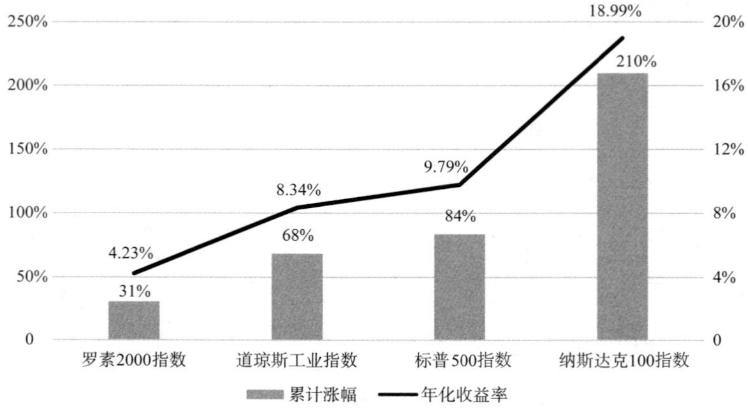

图 14–1　美股四大指数涨幅情况（2014 年 1 月—2020 年 7 月）

这样大的差距，而且持续这么长时间，显然不是偶然的现象。在看到这个数据的时候，我甚至担心，美国市场上的小盘股溢价可能已经消失了，美股可能已经发生了重要的结构性变化。考虑到各国股票市场的规律是相通的，A 股可能也会发生类似的变化，需要进一步仔细研究。

怎么研究呢？我们分两步。第一步，先来看看美股的情况。第二步，根据美股的长期规律，再仔细看看 A 股的情况。

我们先来看美股的情况。美股的小盘股溢价是 1981 年发现的，当时有一篇学术论文，发表在顶尖的学术期刊上，发现市值小的股票比市值大的股票涨幅高。后来这篇论文被多次引用，成为经典论文。到了20世纪90年代，这个现象被两位大牌金融学教授总结出来，进入了著名的Fama-French三因子模型，Fama（法玛）和French（弗伦奇），就是两位教授的名字。这个模型，至今依然是研究股票回报率规律的基准模型。2013年法玛拿诺奖的时候，颁奖致辞中还提到了这个模型。

说了这么多学术文献里的事情，是为了强调小盘股溢价在学术文献里早就被发现了，已经存在了很长时间。那么这个现象还在不在呢？在此之前，文献里已经有人质疑，小盘股溢价其实并不稳健，有时候有，有时候没有。我们来看看具体数据。

美股的历史数据比较多，可以追溯到1927年，图14–2显示了从1927年以来的小盘股溢价，每10年计算一次。小盘股溢价的计算其实也很简单，就是每年把股票按照市值从小到大分成三组，最小的30%是小盘股，中间的40%是中盘股，最大的30%是大盘股。所谓小盘股溢价，就是这一年小盘股的回报率减去大盘股的回报率。到了第二年，再重新分组，重新计算，得到第二年的小盘股溢价。以此类推，就会得到每年的小盘股溢价。仔细看图14–2，我们可以总结出三点信息。

第一，长期看，小盘股溢价确实是存在的，小盘股溢价在大部分年代是正的。特别是20世纪三四十年代，这20年的时间，小盘股溢价非常明显。20世纪30年代，小盘股每年比大盘股回报率高28.8%。到了20世纪40年代，这个差异稍微减小了一点点，但是每年还有 20.9%。考虑到每年股票的平均收益率只有 10% 左右，这是很大的差距。

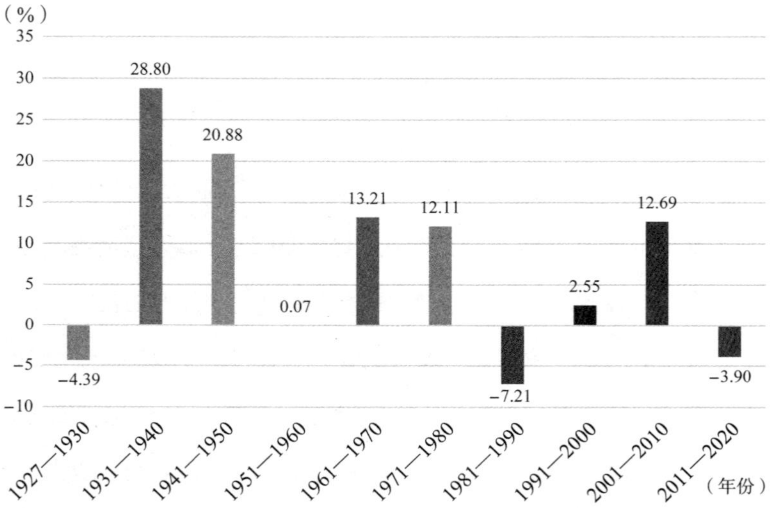

图 14–2　美股的小盘股溢价（1927—2020 年）

注：每年把股票按照市值分组，小、中、大股票分别占 30%、40%、30%，组内按简单平均计算回报，小盘股溢价等于小盘股回报率减去大盘股回报率。数据来自达特茅斯大学肯 · 弗伦奇教授的网站：http://mba.tuck.dartmouth.edu/pages/faculty/ken.french/data_library.html#Research。

A 股上那些不太愿意碰大股票的老股民，看到这个数据估计会有点心有戚戚的感觉。原来小盘股的强势不仅 A 股有，在早年的美股也这么明显，看来天下的乌鸦都遵循差不多的进化路径。

进一步仔细看的话会发现，这么大的差距和一些特殊的年份有关。比如 1933 年，美股大幅反弹，小盘股涨了 227%，大盘股涨了 75%，这一年的小盘股溢价就达到了 152%。再比如 1943

年，小盘股涨了116%，大盘股涨了30%，一下子就差了86%。

上面说的这些数字都比较大，放在当下，其实还有两点启发。第一，这是美股早年的数字，把这样的数字和近些年A股市场上的疯狂涨跌放在一起，你会发现其实A股也没那么奇怪。第二，20世纪30年代和40年代，其实美国的经济很不好，经历了长期的萧条，其间还爆发了第二次世界大战，但是股市的表现并不差，甚至可以说很出色，很多年份都是上涨的。20世纪30年代，标普500指数下跌了31%，看起来很差；可是如果不算1931年，从1932年开始算，就上涨了30%。这是因为受1929年大萧条影响，1931年股市继续下跌了47%，从1932年就开始反弹了。到了20世纪40年代，标普500指数又继续上涨了93%。

所以，经济上的困难，甚至大规模的战争，都不一定导致股市的下跌。以史为鉴，现在全球经济虽然困难，但是并不意味着股市一定下跌。从这个角度看，这两年中美股市的大幅上涨，其实也不奇怪。

第二，小盘股溢价并不总是存在。在20世纪20年代、80年代，以及21世纪10年代，小盘股溢价都是负的。其中1927—1930年，只有4年时间，还经历了1929年的股市崩盘，我们作为异常情况处理，不多讨论。但是20世纪80年代和21世纪10年代，小盘股溢价的消失则是实实在在的。不仅消失了，小盘股的表现还明显弱于大盘股；20世纪80年代，小盘股每年跑输大盘股 7.2%；21 世纪 10 年代，则每年跑输 3.9%。这样大的差距，显然不能归结于偶然。

学术文献里有这样一种说法，1981 年小盘股溢价被发现后，投资者开始偏好小盘股，很多人开始买，就把小盘股的价格买上去了，然后回报率就低了。这个说法有一定道理，但是无法解释为什么进入 21 世纪，小盘股的溢价又大幅为正，达到 12.7%。看起来，关于小盘股溢价的真正原因，还需要进一步思考。

为了研究 20 世纪 80 年代以来小盘股溢价是否还存在，我们进行进一步的统计分析。具体而言，我们把 1927—2020 年分成两段，1927—1980 年为一段，1981—2020 为一段，看看两段时间小盘股溢价有没有变化。计算的结果，见表 14–1。

表 14–1　1980 年前后美股小盘股溢价

	全部	1927—1980 年	1981—2020 年
年份总数	94	54	40
正数年份	50	33	17
负数年份	44	21	23
累计回报（倍）	176	193	–8.77%
年化回报率	5.69%	10.25%	–0.10%
去掉 1931—1950 年	1.65%	4.88%	NA

注：年化回报率是几何平均值，2020 年回报率截至 6 月底。

我们看到，1980 年以前，小盘股溢价确实存在，年化回报率达到 10.25%。但是 1980 年以后，这个回报就不存在了，每年的平均回报率甚至是负的。所以说，小盘股溢价的消失不是近几年的事情，而是已经 40 年了。

进一步分析，在 1980 年以前，小盘股溢价也不是总存在的。如果我们去掉 1931—1950 年这 20 年的时间，其他年份的平均溢价只有 1.65%。考虑到小盘股的交易成本高、流动性差，1.65% 的溢价实际上是赚不到钱的。换句话说，被讨论很多的小盘股溢价，其实就是 1931—1950 年这 20 年的现象。考虑到这 20 年的特殊性，我们甚至可以说小盘股溢价是个特殊现象，不是普遍现象。

第三，近些年，小盘股溢价进一步下降，变成负的了。

前文我们看到，罗素 2000 指数的回报率从 2014 年以来是明显低于标普 500 指数的，说明小盘股的回报率很可能是低于大盘股的。图 14–2 也显示，最近 10 年小盘股溢价不是正的，而是负的。

为了进一步验证这个观察，我们直接来看最近几年的数据。表 14–2 显示，从 2014 年以来，小盘股溢价几乎每年都是负的，只有 2016 年是正的，但也仅仅是小幅为正，其他年份都是负数，而且幅度很大。计算累计回报的话，2014 年以来，小盘股涨了 20%，大盘股涨了 87%，6 年半的时间大盘股比小盘股多赚 67%，每年大约多赚 10%。所以，从 2014 年以来，小盘股的回报是远远低于大盘股的。

表 14–2　2014 年以来美股小盘股溢价（%）

	2014 年	2015 年	2016 年	2017 年	2018 年	2019 年	累计
小盘股	1.17	–9.4	18.94	14.66	–19.36	19.04	20
中盘股	4.71	–5.48	20.12	16.89	–11.62	27.34	56.4
大盘股	13.25	–2.3	14.01	22.06	–7.23	20.62	86.58
小盘股溢价	–12.08	–7.1	4.93	–7.4	–12.13	–11.58	–66.6

注：表中数据为等值加权，小盘股溢价等于小盘股回报率减去大盘股回报率，2020 年数据为 1—6 月数据，其他年份为全年数据。

上面我们看的是美股，从美股情况看，尽管小盘股溢价长期存在，但主要是 20 世纪三四十年代的情况，80 年代以来已经消失，特别是 2014 年之后，小盘股持续跑输大盘股。从美股的情况看，很难说小盘股溢价是稳健的现象。

看完了美股，我们来看 A 股。在 A 股市场上，小盘股现象也是深入人心的。很多老股民对大盘股深恶痛绝。比如，买中石油、工商银行这样的股票，尽管估值很低，但回报率一直很差。不过呢，反例也很多，贵州茅台、恒瑞医药、海螺水泥等大盘股表现也很出色。那在 A 股市场上，到底是小盘股好，还是大盘股好呢？我们还是来看数据。

图 14–3 显示了 2004 年以来 A 股三大指数每年的回报率，三大指数分别是沪深 300、中证 500 和中证 1000，代表的分别是大盘股、中盘股、小盘股，而且成分股没有重叠。简单说，把所有

股票从大到小排序，沪深300是市值最大、流动性最好的300只大盘股，中证500是去除沪深300股票之后的500只较大的股票，中证1000是去除前面800只股票之后较大的股票，所以它们分别代表大、中、小盘股。

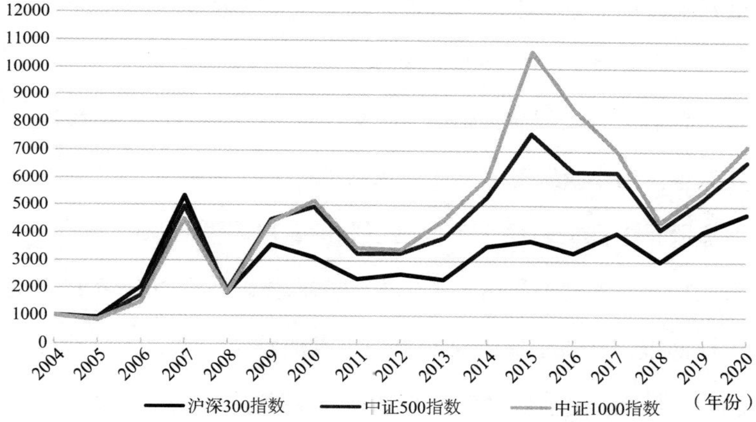

图14–3　2004—2020年A股三大指数走势

注：2020年回报率为截至8月21日（周五）的数据，其他年份为年末最后一个交易日收盘数据，以2004年12月31日数据为基数1000。

一眼看去，图14–3中小盘股和中盘股的表现差异不大，而且都比大盘股好，支持小盘股表现比大盘股好，小盘股溢价似乎是存在的。

可是，如果你仔细看，会发现2015年以来的情况有明显的变化。从图形直观上看，2015年之前，中小盘是明显好于大盘的，但是如果从2015年开始计算，到了2020年8月21日，也就是本章定稿的时间，中证 500 指数和中证 1000 指数都是大幅下跌的，而沪深 300 指数是明显上涨的。所以，这段时间的大盘股是明显超过中小盘股的。

你可能会说，2015 年的股市高点是一次泡沫的顶点，从那里开始算不合适。这话有道理，我们换个时间起点，从 2016 年开始算，避开 2015 年的股市震荡。

表 14–3 显示，从 2016 年以来，除了还没有结束的 2020 年，其他年份的小盘股都是弱于大盘股的。其中 2017 年特别有意思，大盘股是上涨的，而小盘股是下跌的，出现了罕见的分叉。一涨一跌，二者的差异达到了惊人的 39%。如果看 2016 年以来的累计回报，在 4 年半的时间里，小盘股跌了 32%，大盘股涨了 26%，大盘股比小盘股多赚了 58%。根据这个数据，A 股市场上的小盘股溢价也是已经消失了。

表 14–3　三大指数 2016 年以来的回报率（%）

	2016 年	2017 年	2018 年	2019 年	2020 年	累计
沪深 300	–11.28	21.78	–25.31	36.07	15.19	26.48
中证 500	–17.78	–0.20	–33.32	26.38	26.13	–12.78
中证 1000	–20.01	–17.35	–36.87	25.67	29.23	–32.22
小盘股溢价	–8.73	–39.13	–11.56	–10.4	14.04	–58.70

注：2020 年回报率为截至 8 月 21 日（周五）数据，其他年份为全年回报率（不考虑分红）。小盘股溢价等于中证 1000 的回报率减去沪深 300 的回报率。

有人可能会说，2020年的情况不太一样，2020年小盘股比大盘股涨得多。看目前的数据是这样，小盘股比大盘股多涨了14%。可是不要忘了，现在才8月，离今年结束还有4个半月，现在的数据还不是最终数据。到了年底，大盘股会不会反超小盘股，现在也还不好说。①

说到这里，你可能觉得奇怪，既然讲小盘股溢价，为什么我比较的指数里面没有创业板指数？这两年创业板指数表现不俗，会不会改变前面的结论？

其实，这里有个概念的误区，创业板是深交所下面的一个板块，其中的股票刚上市的可能不大，但是经过多年的成长，很多都已经是大股票了，比如宁德时代、迈瑞医疗、东方财富等，都有好几千亿元的市值，都是很大的股票了。所以，创业板是一个板块，不是小股票的意思，因为小股票会长大的。

而且，创业板指数的成分股和沪深300、中证500都不是独立的。根据统计，创业板指数的100只成分股中，有17只股票同时也是沪深300的成分股，有40只股票同时也是中证500的成分股（根据2020年6月时的成分股统计）。所以，创业板和小股票不是等价的。而且，2019年以来创业板涨幅大，主要是医

① 后来发生了反转，2020年下半年大盘股比小盘股表现要好很多。2020年全年的表现，沪深300指数、中证500指数和中证1000指数最后分别上涨了27.2%、20.9%、19.4%，小盘股溢价为–7.8%。

疗、科技类股票涨幅大导致的，而且主要是其中的大股票导致的，并不是小股票。以后选股票的时候，可能还是看行业、选企业，而不是看股票的大小。如果看股票的大小，最近几年的数据表明，大股票的表现反而好一些。

本章要点：

1. 小盘股溢价在美国曾经是存在的，在20世纪三四十年代尤其明显，但是自20世纪80年代以来已经基本消失。

2. 美股市场上，2014年以来小盘股溢价发生了反转，小盘股的回报比大盘股低，而不是高。从美股的情况看，很难说小盘股溢价依然是稳健的现象。

3. 小盘股溢价在A股市场以前也存在，但是2016年以来也已经消失。2019年以来，创业板的靓丽表现不是因为小盘股，而是因为其中的医疗、科技类龙头股票。

4. 未来选择股票的时候，应该更多关注行业和企业资质，而不是股票市值的大小。

第十五章

A股盘整，价值股王者归来？[①]

本章讨论一个大家都很关心的问题：价值股与成长股，哪一个回报率更高？显然，这是个很实际的问题，对投资操作有直接的含义。很多老股民都在这个问题上花过功夫，琢磨过到底是应该买成长股，还是买价值股。[②]

对于股市经验不多的读者，我先补充两个知识点，让大家明白这个问题是什么，以及这个问题的重要性。

第一，所谓价值股与成长股，就是按照估值水平的高低把股票划分为便宜的和贵的，便宜的就是价值股，贵的就是成长股。常用的估值指标有市盈率、市净率。

第二，本章之所以讨论这个话题，除了话题本身的重要性以外，还有一个直接的动因，这个动因和这两年A股的一个重要变化有关。这两年A股大盘指数涨了很多，但是主要是高估值的成

---

① 本章写于2020年10月20日。

② 价值股与成长股的命名，背后有一定的道理。价值股的英文是value stock，value有“便宜，有价值”的意思，因此估值低的股票叫价值股。作为对比，成长股是估值高的股票，一般认为是市场觉得成长性好，估值才会高，因此叫成长股。

长股驱动的，低估值的价值股涨幅要低很多。这一点为什么重要呢？因为根据以往的经验，价值股长期的回报要高于成长股，而这两年反过来了。在这个背景下，我们不禁要问：成长股的优异表现已经持续快要两年了，股市风格会不会切换，价值股会不会接过领涨的大旗？目前股市进入震荡阶段，风格切换正在成为人们讨论的问题。

本章的讨论，我们这样展开。

首先，我们来看一看数据，看看最近两年领涨的都是哪些股票，到底是不是成长股领涨。梳理数据后我们发现，2019 年以来的股市大幅上涨，确实是成长股驱动的，很多价值股，特别是很多低估值的大蓝筹涨幅很小，甚至下跌了很多。

然后，我们来看看历史上，是价值股表现好还是成长股表现好。梳理数据后我们发现，长期来看，其实是价值股表现较好一点，累计回报比成长股要高一点，所以从长期看价值股是存在溢价的。那么问题来了，长期看价值股较好，但是成长股已经超额表现两年了，会不会发生风格的切换？

最后，为了回答上面的问题，我们到美国市场寻找一些参照。我们发现，在美股市场上，长期看也是价值股表现好一些，价值股的溢价很明显，比 A 股的价值股溢价要高很多，而且这个溢价已经存在了很长时间。但是，从金融危机以来，具体说是从 2007 年以来，美股一直是成长股当道，成长股比价值股表现优异，已经持续了几乎14年。从美股的经验上看，股票市场的格局可能已经发生了根本性的变化，现在谈价值股的王者归来，要特别谨慎。也许价值股迟早会王者归来，但是可能要等待比较长的时间，不宜过早下结论。

下面，我们就按照上面的思路展开分析。

我们先来看看这两年A股领涨的股票。大家都知道，2019年以来，中国经济增速下行，中美经贸摩擦加剧，2020年还暴发了百年不遇的疫情。可是，在这样的背景下，A股连续两年大幅上涨，几大指数的涨幅都很大。尤其是创业板，涨幅高达123%，翻了一倍还要多。

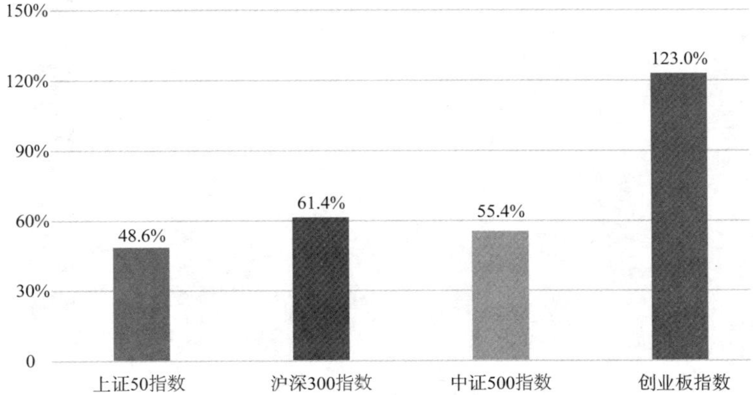

图15–1　2019年以来A股主要指数涨幅
（2019年1月1日—2020年10月20日）

数据来源：Wind数据库。

关于为什么在这样困难的情况下，A股大幅上涨，在之前的章节中我们仔细讲过（第七章和第八章）。

本章，我们来进一步看看哪些股票涨得更好，是价值股更好还是成长股更好。

图 15–2 比较了A股市场上这两年价值股和成长股的表现。具体而言，我们把所有A股按照市净率（股票市值/账面净资产）排序，从低到高分成5组，每组股票数量一样，市净率最低的那一组估值最低，是价值股，市净率最高的那一组估值最高，是成长股。

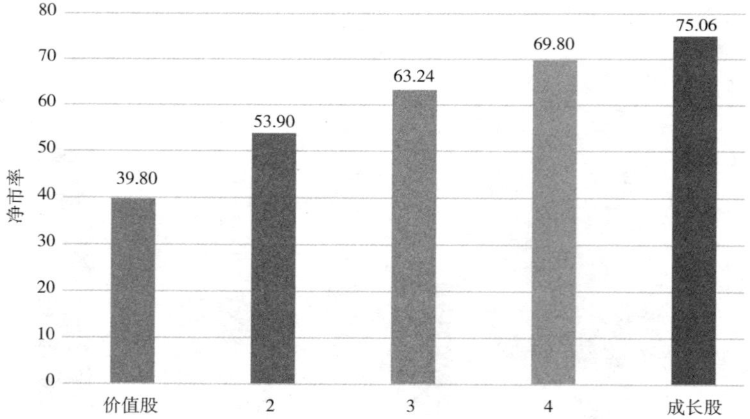

图 15–2　A股成长股与价值股回报对比
（2019年1月1日—2020年10月20日）

注：2019年以来成长股大幅跑赢价值股。在2018年12月31日，我们将全部A股股票按照市净率排序（剔除负值），从低到高分为5组，最低组是价值股，最高组是成长股，然后比较这5组股票从2019年以来的表现，回报率截至2020年10月20日。

分好组以后，我们比较这5组股票从2019年1月1日到2020年10月20日，这接近两年的时间里的回报率。图15–2显示，在这段时间里，成长股的表现完胜价值股。成长股累计回报率达到75%，而价值股只有40%，二者相差35个百分点。而且，从市净率最低组到最高组，也就是从价值股到成长股，回报率是依次上升的，市净率越高，回报率越高。估值水平完美预测了这两年个股涨幅的高低。

上面的结果，和我们的直觉印象是一致的。在这两年的股市大涨中，确实是成长股挑大梁。很多参与股市的人都知道，这两年一些成长性较好的股票，特别是科技股、医药股，涨幅都很大。

为了进一步验证，我们整理了这两年涨幅最大的50只股票，看看它们都是什么样的股票。因为小股票波动太大，对稳健的普通投资者的投资价值也不大，所以我们只看市值500亿元以上的大股票，这样的股票目前在A股市场上不到300只，只有265只。我们排序的时间是2018年底，当时只有126只。我们把结果整理在表15–1中。作为对比，我把这两年表现最差的50只股票也整理出来，放在表15–2中。

这两张表里面的信息量很大，我拣重要的说四点。

第一，这两年的股票涨幅确实很高，指数的涨幅不能完全反映个股的涨幅。比如立讯精密的涨幅达到了615%，中信建投的涨幅达到458%，不到两年涨了好几倍，买到的人如果能拿住，都发一笔小财了。而且，有 31 只股票翻了一番以上，另外还有 19 只涨幅在 50% 以上。我强调一下，这些都是大股票。本轮股市的上涨中，小股票涨的更多。如果我们放宽 500 亿元市值的标准，头部股票的涨幅会更加惊人。

表 15–1　2019 年以来涨幅最高的 50 只股票

	代码	名称	初始市值	初始PE	最新市值	最新PE	涨幅（%）
1	002475	立讯精密	579	21.2	4136	87.7	615
2	601066	中信建投	666	21.6	3655	66.4	458
3	000858	五粮液	1975	14.8	9354	53.8	388
4	601633	长城汽车	511	9.8	2312	51.4	381
5	002714	牧原股份	600	115.2	2807	45.9	345
6	300122	智飞生物	620	42.7	2560	108.2	319
7	000568	泸州老窖	596	17.1	2301	49.6	298
8	300015	爱尔眼科	627	62.1	2365	171.5	272
9	300760	迈瑞医疗	1328	35.7	4522	96.6	245
10	600031	三一重工	650	10.6	2302	20.5	238
11	601888	中国中免	1175	38.0	3905	84.4	236
12	300750	宁德时代	1620	47.8	5628	123.4	228
13	300059	东方财富	625	65.2	2304	125.8	219
14	600309	万华化学	765	7.2	2509	24.8	209
15	603288	海天味业	1858	42.6	5497	102.7	202
16	600519	贵州茅台	7412	21.1	21782	52.9	202
17	600436	片仔癀	523	45.7	1481	107.8	186

（续表）

	代码	名称	初始市值	初始PE	最新市值	最新PE	涨幅（%）
18	603259	药明康德	872	38.6	2633	142.0	185
19	002352	顺丰控股	1447	31.8	4119	71.1	179
20	002594	比亚迪	1391	50.0	3819	236.6	176
21	600196	复星医药	596	22.0	1510	45.4	158
22	601628	中国人寿	5763	50.6	14101	24.2	151
23	600276	恒瑞医药	1942	47.8	4830	90.6	150
24	000895	双汇发展	778	15.8	1763	32.4	126
25	600346	恒力石化	669	20.1	1443	14.4	125
26	002142	宁波银行	845	7.6	2115	15.4	124
27	000338	潍柴动力	616	7.1	1265	13.9	118
28	000333	美的集团	2456	12.1	5358	22.1	118
29	601899	紫金矿业	769	18.8	1713	40.0	112
30	600999	招商证券	898	20.3	1941	26.7	104
31	600585	海螺水泥	1552	5.2	2879	8.6	101
32	600030	中信证券	1940	20.7	3962	32.4	97
33	002493	荣盛石化	635	39.5	1318	59.7	97
34	601881	中国银河	691	23.9	1314	25.1	94
35	000001	平安银行	1611	6.5	3404	12.1	92
36	600887	伊利股份	1391	21.6	2525	36.4	91
37	000725	京东方A	915	26.6	1716	89.4	90
38	002027	分众传媒	769	13.2	1372	73.2	84
39	000063	中兴通讯	821	–11.8	1607	31.2	79
40	002304	洋河股份	1427	17.6	2383	32.3	76

（续表）

	代码	名称	初始市值	初始PE	最新市值	最新PE	涨幅（%）
41	002736	国信证券	686	20.0	1345	27.4	72
42	000651	格力电器	2147	8.2	3468	14.0	72
43	600837	海通证券	1012	19.4	1927	20.2	69
44	600547	山东黄金	670	76.5	1120	86.9	68
45	600036	招商银行	6355	7.9	10080	10.9	68
46	600690	海尔智家	882	11.9	1461	17.8	67
47	601336	新华保险	1318	16.6	2106	14.5	66
48	600741	华域汽车	580	7.2	866	13.4	63
49	002415	海康威视	2377	20.9	3671	29.6	60
50	601155	新城控股	535	5.1	767	6.1	57
	简单平均		1390	26	3506	56	169

注：初始市值是2018年12月31日的市值，最新市值是2020年10月20日市值，500亿元市值的下限按照初始市值计算。涨幅是2019年1月1日到2020年10月20日的涨幅，考虑了分红和折股。市盈率是静态市盈率（当时价格和上一年度总利润的比率）。

第二，这两年涨幅好的股票，行业分布其实很广，覆盖了高端制造、白酒、医药、食品、消费、汽车、证券、保险等，其中甚至有3家股份制银行。所以，这次上涨是绩优股的一次集体上涨，行业分布很广。不管哪个行业，只要业绩好，股价就可以上涨。

作为对比，涨幅低的股票集中在银行、地产、基建、能源这些板块。这两年不再追求短期经济增速，刺激政策力度不大，地产调控比较严，反映在股市上，就是这几个板块的表现相对落后。

第三，涨幅靠前的股票估值水平也比较高。涨幅排名前 50 的股票，平均初始市盈率是 26 倍，涨幅排名后 50 的股票，平均初始市盈率是 20 倍，前者的估值明显比后者高。通过这个对比，我们也再次确定一件事，成长股这次表现确实比较好。

第四，这两年的上涨主要驱动力是估值的上涨。反映在数据上，就是市盈率涨了很多，目前已经很高了。比如立讯精密，2018 年底的市盈率只有 20 倍出头，现在已经接近 90 倍了，估值翻了两番。而立讯精密的涨幅总共 615%，所以估值的提升贡献了涨幅的 2/3，利润的上涨只贡献了涨幅的 1/3。

看这 50 只股票的话，平均市盈率从 26 倍涨到 56 倍，涨了一倍还要多，具体说上涨了 115%，而这 50 只股票的平均涨幅是 169%。所以，看这 50 只股票的平均情况，估值的上升也是贡献了约 2/3 的涨幅。

作为对比，涨幅靠后的 50 只股票，平均估值保持在 20 倍，既没有上涨也没有下跌。所以，本轮股票上涨是估值较高的成长股估值进一步提高导致的。

从另一个角度看，其实这些绩优股的估值水平已经很不低了。表 15–1 中的 50 只股票，平均估值已经达到 56 倍。考虑到中国经济减速的大背景，以及目前的经济风险，这个估值其实并不低。我在很多场合说过，我看好 A 股市场，A 股的趋势是向上的，我在2019年初、2020年初给出的当年的预测中，都是明确看好的。目前，我依然这么认为，依然趋势性看好A股。但是在估值这么高的情况下，波动可能很大，股市的投资者要注意防范波动风险。

表15–2　2019年以来涨幅最低的50只股票

	代码	名称	初始市值	初始PE	最新市值	最新PE	涨幅（%）
1	601857	中国石油	13196	25.1	7504	16.4	–39
2	601766	中国中车	2589	22.9	1590	13.5	–36
3	601800	中国交建	1821	9.3	1216	6.0	–30
4	600011	华能国际	1159	80.5	821	48.7	–26
5	600688	上海石化	540	10.2	371	16.8	–25
6	601991	大唐发电	583	47.2	435	40.8	–21
7	600010	包钢股份	675	20.3	538	80.5	–20
8	601186	中国铁建	1476	8.2	1141	5.6	–19
9	601390	中国中铁	1597	9.3	1319	5.6	–19
10	600795	国电电力	503	36.7	399	21.3	–17
11	600340	华夏幸福	764	6.5	583	4.0	–16
12	601669	中国电建	744	9.7	607	8.4	–16
13	601600	中国铝业	529	60.8	509	59.8	–16
14	601360	三六零	1378	39.0	1155	19.3	–16
15	600023	浙能电力	643	15.9	496	11.6	–15
16	600018	上港集团	1200	11.7	994	11.0	–13
17	600028	中国石化	6114	9.7	4758	8.3	–13
18	600104	上汽集团	3116	8.7	2466	9.6	–12
19	601328	交通银行	4300	5.8	3394	4.4	–12
20	600029	南方航空	815	27.3	898	33.9	–11

（续表）

	代码	名称	初始市值	初始PE	最新市值	最新PE	涨幅（%）
21	601006	大秦铁路	1224	8.4	963	7.0	–11
22	601618	中国中冶	645	10.1	551	8.4	–10
23	600015	华夏银行	948	4.5	960	4.4	–10
24	600019	宝钢股份	1447	6.7	1145	9.2	–10
25	601985	中国核电	820	17.3	707	15.3	–10
26	601898	中煤能源	617	18.0	540	9.6	–8
27	600332	白云山	581	16.9	522	16.4	–8
28	601111	中国国航	1110	15.1	1024	16.0	–6
29	601668	中国建筑	2393	6.3	2128	5.1	–5
30	601169	北京银行	1186	5.9	1013	4.7	–5
31	001979	招商蛇口	1371	9.0	1213	7.6	–4
32	300498	温氏股份	1391	35.2	1256	9.0	–4
33	000617	中油资本	971	13.4	896	11.5	–4
34	601288	农业银行	12599	6.2	11129	5.2	–3
35	600050	中国联通	1604	39.3	1535	30.8	–2
36	601988	中国银行	10627	5.9	9450	5.0	–2
37	002024	苏宁易购	917	6.9	891	9.1	–1
38	601989	中国重工	972	144.5	987	197.0	2
39	601998	中信银行	2667	6.0	2520	5.2	3
40	601398	工商银行	18854	6.3	17749	5.7	3
41	601229	上海银行	1223	6.8	1173	5.8	4
42	600115	东方航空	687	25.4	803	25.1	4
43	600016	民生银行	2509	5.0	2342	4.4	5
44	601933	永辉超市	753	50.9	775	49.5	6
45	601088	中国神华	3572	8.1	3343	7.7	6
46	601238	广汽集团	1053	9.7	1066	16.1	6

（续表）

	代码	名称	初始市值	初始PE	最新市值	最新PE	涨幅（%）
47	600000	浦发银行	2877	5.1	2812	4.8	6
48	601727	上海电气	727	24.1	791	22.6	7
49	601939	建设银行	15926	6.3	15876	6.0	9
50	603993	洛阳钼业	812	17.5	860	46.3	10
	简单平均		2736	20	2364	20	–8

注：初始市值是2018年12月31日的市值，最新市值是2020年10月20日市值，500亿元市值的下限按照初始市值计算。涨幅是2019年1月1日到2020年10月20日的涨幅，考虑了分红和折股。市盈率是静态市盈率（当时价格和上一年度总利润的比率）。

经过上面的多方面讨论，我们能够确定成长股过去两年的表现确实靓丽，我们的直观印象得到数据的支持。很多成长股表现如此之好，以至于已经非常贵。信奉价值投资的投资者，在这次的行情中可能吃了点亏，至少是错过了一些机会。

那价值投资的信念有没有道理呢？其实是有道理的。如果我们把数据拉长，看长期的回报，价值股的长期回报是超过成长股的。

图15–3显示了2002年以来国证价值和国证成长这两个指数的走势情况。国证1000由A股市场上市值大、流动性好的1000只股票构成，比较综合全面地反映了A股市场的情况。国证价值股为国证1000样本股中价值因子（每股收益与价格比率、每股经营现金流与价格比率、股息收益率、每股净资产与价格比率）

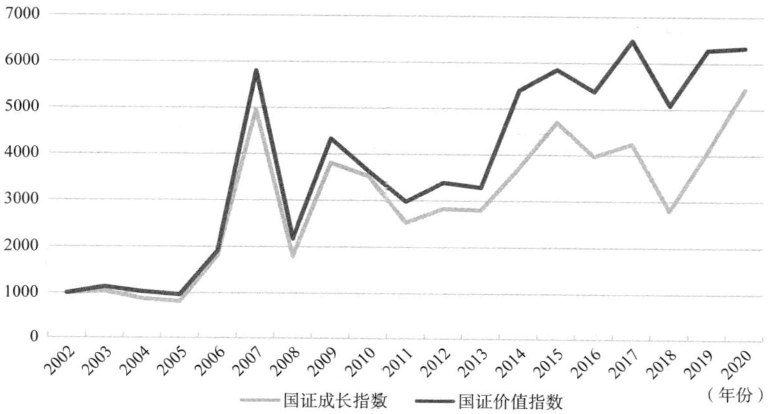

图 15–3　国证风格指数走势

注：2020 年数据为截至 10 月 20 日涨幅，其他年份为全年涨幅，以 2002 年数据为基数 1000。

排名靠前的 332 只股票；国证成长股为国证 1000 样本股中成长因子（主营业务收入增长率、净利润增长率和净资产收益率）排名靠前的 332 只股票。因此，这两个指数分别反映了价值股和成长股的情况。

总体上看，2003 年以来，国证价值股的表现略微优于国证成长股。具体而言，国证价值指数年化回报率为 10.8%，国证成长指数年化回报率为 9.8%，价值股比成长股高了 1 个百分点，也就是价值股溢价的长期均值是 1 个百分点。这只是指数差异，对于精挑细选的价值投资者而言，价值股溢价应该不止一个百分点。

所以从长期看，价值股是优于成长股的，价值股存在一个正的溢价。可是，如果仔细看每一年的情况，价值股溢价并不总是存在的，而是正负波动不定。图 15–4 显示，在 2003 年以来的 18 个年份中，价值股溢价为负的年份有 7 个，占 1/3 多一点。价值股溢价为正的年份有 11 个，占 2/3 少一点。看起来，价值股溢价多数时候是正的。不过，价值股溢价为正的时候，绝对值较小，简单均值为 11.31%；价值股溢价为负的时候，绝对值较大，简单均值为 –17.06%。总体上看，A 股市场上的价值股溢价并不突出。

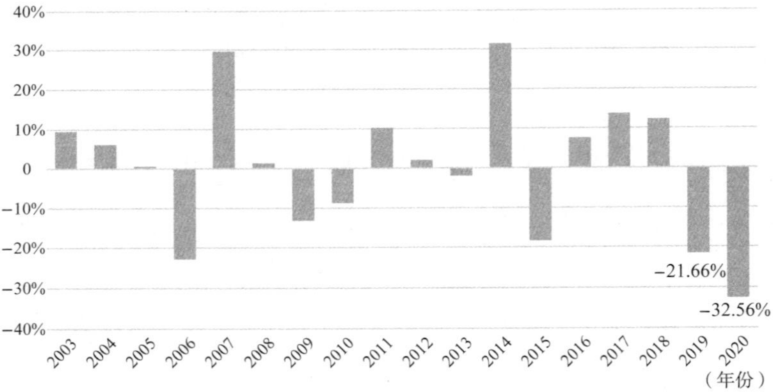

图 15–4　国证 1000 价值股溢价（2003—2020 年）

注：2020 年数据截至 10 月 20 日，其他年份为全年数据。

用这个国证指数，我们还可以进一步来看这两年的价值股溢价情况。2019 年和 2020 年，价值股溢价分别为 –21.66% 和 –32.56%，价值股大幅跑输成长股。这也验证了我们前面的讨论，这两年的行情主要是成长股驱动的。

历史上看，价值股溢价连读多年为负的情况并不多见。事实上，从 2003 年以来，A 股市场从未出现过价值股溢价连续 3 年为负的情况，只有 2009—2010 年价值股溢价连续两年为负，以及 2019—2020 年价值股溢价连续两年为负，其他年份价值股溢价为负的情况从未超过一年。在这种情况下，我们自然要问：2021 年，价值股会不会上演王者归来呢？距离 2020 年结束还有两个月多一点的时间，开始思考这个问题正是时候。目前成长股的估值很高，有回调的可能性，问这个问题就更有必要。

怎么回答这个问题呢？A 股历史数据提示我们价值股溢价很难长期为负，我们再来看看美股历史数据。美股的历史数据比较长，可以追溯到 1927 年。图 15–5 显示了 1927 年以来美股的价值股溢价，每 10 年计算一次。[①]计算的结果，统计在图 15–5 中。仔细看这张图，我们可以总结出三点重要信息。

第一，价值股溢价在美股市场长期存在。总体上看，1931—2010 年的每个 10 年中，价值股的平均回报率都比成长股要高，而且高的幅度很大：在 20 世纪 30 年代和 40 年代，都超过了 20%；其余年代，经常超过 10%。在 20 世纪 50 年代，价

① 这个计算其实很简单，就是每年把股票按照市净率（股票市值/账面净资产）从小到大进行排列，最小的 30% 是价值股，最大的 30% 是成长股。价值股溢价，就是这一年价值股的回报率减去成长股的回报率。到了第二年，再重新分组，重新计算，得到第二年的价值股溢价，以此类推，就会得到每年的价值股溢价，然后计算每个 10 年的均值。

值股溢价比较小，只有 2.3%；70 年代也比较小，只有 4.7%。其实，这个数值也不小了，只不过其他年代更大一些而已。

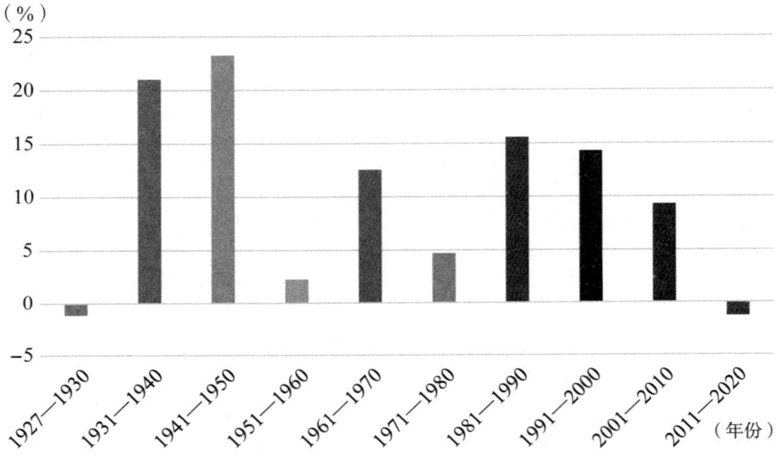

图 15–5　美股的价值股溢价（1927—2020 年）

注：2020 年数据截至 6 月底。

第二，长期看，只有 1927—1930 年和 2011—2020 年两个时段，价值股的平均回报率低于成长股，但是低得不多，年均不到 2%。其余的 8 个十年，价值股回报率都是高于成长股的。其中 1927 年到 1930 年的 4 年时间里，美国经历了大萧条，股市大幅下跌，我们可以作为异常值处理。

第三，比较令人担心的是 2011 年以来，也就是最近 10 年，价值股溢价是负的，年均是–1.33%。虽然这个数字不大，但是因为是最近的事情，需要仔细对待。

为了研究近年来价值股溢价为负的这个情况，我翻阅了学术文献，发现价值股溢价变负的现象，文献中已经注意到了。实际上从 2007 年开始，价值股溢价就开始由正转负。我们把 2007 年以来每一年的价值股溢价，展示在图 15–6 中。从图 15–6 可以看到，2007 年以来的 14 年中，只有 5 年的价值股溢价是正的，而且在这价值股溢价为正的 5 年中，只有 2016 年的溢价比较高，其他年份都比较低。

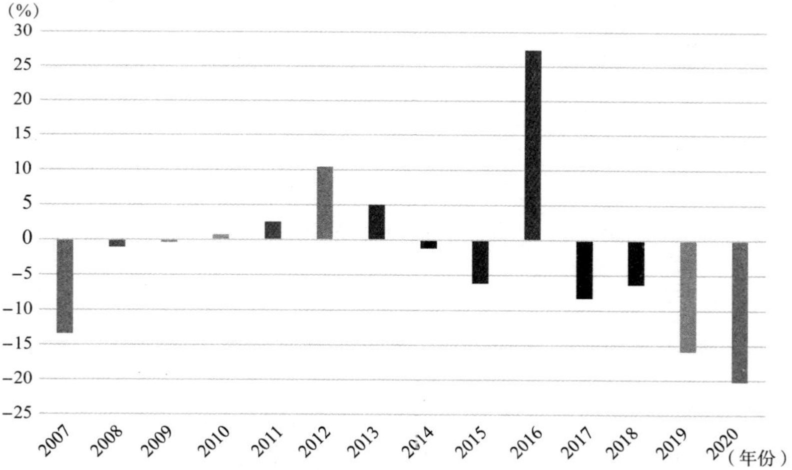

图 15–6　2007 年以来美股价值股溢价

尤其是从 2014 年以来，价值股溢价几乎每年都是负的，只有 2016 年是正的。计算累计回报的话，2014 年以来，价值股是 16.73%，成长股是 61.95%，价值股累计回报比成长股低了 45.22%（见表 15–3）。所以，从 2014 年以来，价值股的回报率是远远低于成长股的。

表 15–3　2014 年以来的美股价值股溢价（%）

	2014 年	2015 年	2016 年	2017 年	2018 年	2019 年	2020 年	累计
价值股	3.23	–9.24	32.19	14.79	–18.39	15.79	–13.11	16.73
成长股	4.42	–3.05	4.76	23.07	–12.03	31.66	7.13	61.95
价值股溢价	–1.19	–6.19	27.43	–8.28	–6.36	–15.87	–20.24	–45.21

注：表中数据为等值加权，价值股溢价是–45.21%，2020 年数据为 1—6 月数据，其他年份为全年数据。数据来源：http://mba.tuck.dartmouth.edu/pages/faculty/ken.french/data_library.html#Research.

关于 2007 年以来美股价值股溢价的减弱，学术界有一些讨论，一个可能的解释是账面价值的内涵发生了变化。在过去很长时间里，账面价值成功地捕捉到了企业未来获取现金流的能力。但是，近些年来，情况正在发生变化，无形资产，包括研发、专利、知识产权、人力资本等，创造价值的作用越来越大。然而，这些投资通常被视为费用，不计入资产。这种会计处理方法，降低了无形资产的账面价值，导致许多公司的股票由于账面价值低而被列为成长股。如果考虑了这些无形资产，这些公司的账面价值会大幅提高，估值水平会大幅降低，从而成为价值股。从这个角度看，价值股溢价也许并没有消失，但是我们计算价值的会计方法要改变，需要跟随市场情况的变化而改变。

美股的讨论对我们有什么启示呢？回到我们一开始的问题，

价值股什么时候王者归来?

首先，如果用新的会计方式，目前以科技、医药、消费为主的成长股，可能会变成价值股，回报率高就是正常的。换句话说，王一直在，从没有离开，也就没有王者归来的问题。从这个角度看，转向低估值的股票，理由并不充分。

其次，在中国经济转型、产业升级的背景下，消费、医药、科技股票的潜力依然可观。之前我们讲过，消费、医疗、科技类股票都有坚实的底层逻辑，长期潜力比较大。关于这一点，你可以看第十三章和第十四章，这两章详细解释了这些逻辑。

最后，目前科技、医疗、消费股的市盈率确实已经很高了，可能发生回调。即便这些股票长期价值依然看好，也可能发生波动。因此，在这个时点上，波动风险确实比较大，要注意防范。

本章要点：

1. 2019年以来A股的大涨，主要是成长股驱动，价值股涨幅低很多。

2. 长期看，价值股的表现是优于成长股的，A股市场上价值股弱于成长股的情况，从未超过两年。目前价值股弱于成长股已经接近两年，需要开始思考价值股王者归来的问题。

3. 看美股经验的话，价值股溢价在美国也曾长期存在，但是2007年以来已经基本消失，最近几年成长股比价值股表现好很多。

4. 考虑到中国的经济转型和产业升级，科技类、医药类、消费类股票未来依然有潜力，但是估值已经较高，未来波动可能较大。

/ 第六篇 /

真假的神话

投资的世界里，有两种神话。

一种靠业绩，一种靠语言。

桥水基金的长期业绩很一般，和大盘指数差不多，但往往能“逆市上涨”，吸引很多关注。而且，桥水的宣传语言强大，有系统化的理论基础，吸引了全世界的注意。

不过2020年，美股和A股都是大牛市，很多基金收益爆表，桥水基金却大幅亏损。

巴菲特的长期业绩很强大，近年来有所下降。巴菲特如果退休，立地封神。

我和所有人一样好奇：巴菲特的时代，何时过去?

第十六章

桥水基金：盛名之下，真有那么好吗？[①]

这几年桥水基金（Bridgewater Associates，简称“桥水”）名气很大，而且它很注重开拓中国市场，在国内引起很大的关注。在各种宣传之下，桥水基金的瑞·达利欧，大有封神的趋势。一本《原则》在职场精英手中流传，一度成为中国人手中的“商业《圣经》”。本章分析桥水的经验与得失。分析之前，考虑到有的读者不太熟悉桥水，先用两句话概括一下桥水的成功。

第一句，桥水是美国历史上最赚钱的对冲基金公司，这一点甚至超过了著名金融大鳄索罗斯。

第二句，桥水的创始人达利欧被称作史上最成功的对冲基金经理，他写了一本书叫作《原则》，他的书还没有出版就已经登上了畅销书的排行榜。

本章我们来思考如下问题：达利欧到底为什么如此成功？他的过人之处在哪里？他真有那么传奇吗？他的短板，如果有的话，是什么？

---

① 本章写于 2018 年 2 月 28 日。

达利欧的过人之处在哪里？

达利欧真正的过人之处，是在历次的金融危机当中不仅没有损失，还化“危”为“机”，在市场的动荡当中获取了很高的收益。中国有句话，说危机既是危险也是机遇，危险之中蕴藏着机会。这句话说起来容易做起来难，但达利欧是真正做到了化危险为机会，可以说是难能可贵。

比如说 1987 年 10 月 19 日，美国经历了一次著名的股灾，史称“黑色星期一”，单日跌幅高达 20% 以上。当时很多交易员站上了纽交所大楼的天台准备跳楼，可是达利欧的桥水基金不仅没有损失，还逆势赚得了高达 22% 的收益，被当时的媒体称作“十月英雄”。

1987 年的股灾有点远，我们再来看一个近一点的，看一看达利欧在 2008 年美国金融危机当中的表现。2008 年，对冲基金行业整体惨淡，很多基金的表现都非常差。一些著名的金融机构，像雷曼兄弟，甚至倒闭了，贝尔斯登也被其他金融机构接管了，就连向来稳健的股神巴菲特，旗下的基金也遭受了高达 9.6% 的损失，这一损失在股神 50 多年的投资生涯当中是最大的，而桥水因为事先预见了这场危机，逆势获得了高达 14% 的正收益。这一战，使得桥水声名鹊起，逐渐成为大众追捧的对象。

2010 年欧洲爆发主权债务危机，对冲基金行业的整体表现也非常惨淡，但是桥水基金再次表现优异。桥水旗下有一只最大的基金叫作纯粹阿尔法基金，规模高达700亿美元，在2010年居然获得了高达45%的收益。对于这么大规模的基金来说，45%的收益简直就是天文数字，这一年桥水的整体回报率也达到了历史新高。

人类对于亮眼的事件，会给予很多的关注。最近这几年，桥水的名气越来越响亮，与其在2008年和2010年两次金融危机当中的优异表现有直接关系。

达利欧的成功秘籍是什么?

一次避开危机可能是运气，这么多次在危机中表现优异就不能简单地说是运气了，那是靠什么呢？桥水有一整套经济分析方法，这套方法和主流的宏观经济分析方法是完全不同的，他们就是依靠这套方法预测了几次经济危机。

在桥水的网页上，你可以找到一个长达300页的文档，题目叫作“How Economic Machine Works”，翻译成中文就是“经济机器是如何运行的”。在这个文档中，桥水详细介绍了它的经济分析方法。①

① “How Economic Machine Works”视频观看地址：http://v.youku.com/v_show/id_XNzQwNjY4Nzg4.html?sharefrom=iphone&sharekey=10212703fb8c171b5f2a1f87a63e3d370.

桥水的这套方法和主流的宏观经济预测，区别在什么地方？主流的宏观经济预测模型无非两大类：一类叫作向量自回归，另一类叫作结构化模型。不管是哪一种，其实无非就是用一套方程去拟合历史数据，找到拟合效果好的方程和参数，然后用这套方程再进行简单的趋势外推，进行预测。这里的要点是：既然是趋势外推，就预测不到拐点，因为经济危机恰恰就是发生了拐点，以前的规律就不再适用了。当宏观预测模型用过去的规律去推测未来的变化时，其实就已经放弃了预测经济危机，在方法论上就已经背道而驰了。你看宏观经济学出现 100 多年以来，就从来没有成功地预测过一次经济危机，而且它预测到的危机往往都没有发生，即便发生了，也不是预测的危机。究其原因，所谓的危机就是拐点，是不能用过去的趋势进行外推来预测的。

古希腊有个哲学家叫赫拉克利特，他说过这样一句话，“人不能两次踏入同一条河流”。你拿过去的危机，也是不能预测今天的危机的。那么到底怎么样才能够预测经济危机呢？预测经济危机一定要抓住危机的本质，而不是危机的形式。不管是向量自回归还是结构化模型，都过于注重危机的形式，用一系列宏观经济指标去刻画这个形式，反而错过了危机的本质。

那危机的本质是什么？根据桥水的分析，危机的本质在于债务。日常生活当中人们都会负债，当债务负担不重、人们能够偿还的时候，债务其实是个好东西，活跃了经济；但是当债务负担过重、人们的收入没法偿还的时候，就产生了坏账，危机就开始了。坏账引起资产价格的下跌，进一步引起信心的崩塌，一连串的连锁反应之后，危机就像雪球越滚越大了。桥水就是依据这套逻辑，准确预测了 2008 年的金融危机。

我们来具体看看 2008 年这次危机。这次危机的前提是房地产泡沫，2004 年、2005 年的时候，很多买不起房的中低收入人口负债买了房，而且是零首付、低利率，前两年的还本付息压力很小，很多人甚至前两年根本不用还本付息。到了 2006 年、2007 年的时候，越来越多的购房者需要开始还本付息了，债务负担就开始体现出来，越来越多的人付不起本金和利息，坏账就开始出现，房屋需求下降，房价就开始下跌。

雪上加霜的是，美联储从 2004 年 6 月开始加息，一连加了 17 次，政策利率水平从 1%一直加到 5.25%。这么大幅度的加息，必然大大提高还本付息的压力。所谓屋漏偏逢连夜雨，很多人本来还本付息压力就很大，这时候还遭遇了加息，就更还不起了，就开始赖账。赖账引发了一连串的反应，包括房屋的拍卖、房价的下跌以及和住房有关的一系列投资工具都大幅贬值，产生了很多的坏账。这时候很多金融机构的资产负债表都在恶化，而且大家也不知道彼此的情况到底是什么样的，于是就争相持有现金，谁也不愿意把钱往外借，这样就导致经济活动进一步萎缩，陷入了一个恶性循环。

在2008年的时候，桥水就是准确地计算了当时的债务情形，并以此预测到了当时的金融危机。到了2010年，桥水又用相同的方法预测到了欧洲的主权债务危机，并且取得了史上最好的投资业绩。到2013年，桥水功成名就，就把这套分析方法在它的网站上公开了。桥水的这套分析方法不仅取得了投资上的成功，而且也得到了很多行业的赞誉。比如说美联储前主席、大名鼎鼎的保罗·沃克尔就曾经说过，桥水基金对于经济的统计分析甚至比美联储的还要靠谱。

我们普通人能学到什么？

现在我们来回头分析一下，从桥水的方法和经验中，我们能学到什么？

第一，桥水的这套分析方法的核心在于债务的负担是否过重，是否可以支撑下去，这就要求一套准确的计算方法，是需要下细功夫的，不能停留在概念上。很多人都懂得债务的重要性，但是能够预测金融危机的人很少，为什么呢？就是计算的功夫不够细。

比如说，过去这几年我国地方债问题引起了广泛的讨论，居民的负债问题也被说得很严重，很多人都说我国存在严重的债务危机。可是认真做过研究的人都知道，我国的地方债和欧洲的主权债务完全不同，远远没有达到危机的程度。我国居民部门的负债率还很低，中央部门的债务负担也很低，因此我国既不存在欧洲意义上的主权债务危机，也不存在美国意义上的房地产债务危机。随着 2016 年我国经济的回暖，对我国债务危机的讨论就烟消云散了。所以这个债务的分析方法除了要了解债务的重要性，还要把债务的负担算对、算准，是需要有细功夫的。[①]

第二，这套债务分析方法在危机时刻能够大显神通，但是对于平常的投资业绩的帮助可能并不大。桥水的业绩在危机中非常亮眼，为此获得了很高的关注和声誉，对于融资也有很大的帮助，但是桥水的长期整体业绩并不特别突出。

桥水旗下有两大主力基金，分别是纯粹阿尔法基金和全天候基金。在年均收益率上，纯粹阿尔法基金是 12.8%，全天候基金只有 7.7%，前者比标普 500，也就是美国的大盘指数稍微高一点点，后者比标普 500 还要低一点点。综合起来看，桥水基金的总体回报率和大盘差不多，所以桥水的长期业绩并不惊人，只是在危机期间特别好，所以才得到了特别多的关注。

一只基金，在危机中如此厉害，为什么长期业绩很一般？简单反推，在非危机期间，桥水的业绩应该还略微低于大盘。对于

---

① 本文写作日期是 2018 年初。大约从 2011 年开始，对于中国债务负担特别是地方债负担的担忧就不绝于耳。我的观点是，在 2015 年以前，中国地方债负担并不重，从 2015 年开始伴随着地方债置换，负担有所加重，需要谨慎，但是还没有到发生债务危机的程度。

这个问题，不同的人有不同的解读，比如全天候基金配置了相当比例的债券，因此长期回报低于标普 500。另外一个可能性是，桥水抓住了一些危机，同时也可能误判了一些不存在的危机，导致收益下降。[①]

作为比较，我们熟知的股神巴菲特，他在 50 多年的投资生涯当中，平均收益率达到了 22%左右，比美国的大盘高出一倍。相比之下，达利欧的平均业绩每年也就是 10%多一点，比大盘略微好一点而已。从规模上看，巴菲特管理的资金总额大约是 5000 亿美元，桥水的资金总额大概是 1500 亿美元，巴菲特管理的资金是桥水的三倍以上。所以达利欧虽然很成功，但是作为一个投资家，不管是长期业绩还是资金总额，和股神巴菲特还远远没有在一个数量级上。而且，2013 年以来桥水基金的业绩经历了显著的下滑，它长期业绩的稳定性更加存疑。

如果再有人和你聊起桥水，聊起达利欧和他的《原则》，你可以提醒他，达利欧的《原则》以及桥水的一整套经济分析方法，确实有值得学习和借鉴的地方，但是达利欧不是神，桥水的长期业绩很一般。桥水和达利欧名气之所以那么大，有很多营销的功劳。

---

① 本书出版之前，桥水发布了 2020 年的业绩。这一年中美股市大涨，财富管理行业总体业绩非常靓丽，但是桥水逆市亏损了 121 亿美元。

本章要点：

1. 桥水基金屡次在经济危机中表现抢眼、逆势发财，归功于一套以债务为核心的分析方法。

2. 桥水的分析方法，以债务负担为核心，当债务负担过重、无法还本付息时，就会产生连锁反应，引发金融和经济危机。

3. 桥水的长期业绩和大盘基本持平，在非危机期间的表现并没有过人之处，与股神巴菲特相比更是相去甚远。

第十七章

巴菲特的时代过去了吗？[①]

北京时间 2020 年 5 月 3 日凌晨，巴菲特照例召开年度股东会。因为恰逢新冠疫情暴发，股东会第一次在线上召开。因为搭档查理·芒格因故不能参加，巴菲特几乎是一个人讲了 4 个半小时。

这次股东会的原文，我反反复复看了好几遍，觉得对疫情和疫情下的投资形势做了清楚的分析，澄清了很多流行的误解。因此，我专门花时间挖掘整理，提炼有用的信息。

在开始分析之前，先简单介绍一下巴菲特。巴菲特是美国一位资深投资家，现年 90 岁，被称作“股神”。资本市场上业绩出色的人很多，但是被称作“股神”的就此一位。而且，这“股神”的名号，绝不是浪得虚名，而是有前无古人的投资业绩作为支撑。巴菲特在 27 岁的时候，也就是 1957 年开始投资生涯，至今已经 63 年，累计回报 86002 倍。什么意思呢？就是 1956 年的时候，你投资巴菲特 1 美元，现在已经是 86002 美元。这 86002

---

① 本文写于 2020 年 5 月 8 日。

倍的业绩，是每年回报率 20%、累计 63 年的结果。作为比较，标普 500 指数在此期间只涨了 428 倍，投资巴菲特比投资标普 500 多赚 200 倍（见图 17–1）。

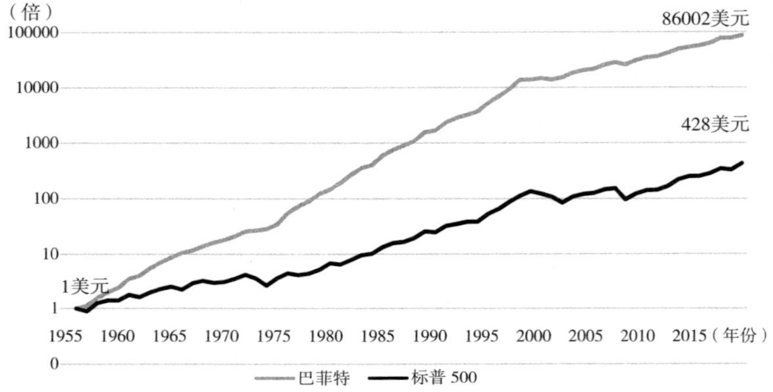

图 17–1　巴菲特投资业绩（1957—2019 年，对数坐标）

数据来源：伯克希尔–哈撒韦年报，Wind。

在有记录可查的所有投资家当中，只有巴菲特实现了这个业绩。其他的著名投资家，比如彼得·林奇、乔治·索罗斯，都没有这样的业绩。至于最近很火的黑石的苏世民和桥水的达利欧，差距就更大。股神就此一家，别无分号。

正因为股神货真价实，巴菲特每年的股东大会都是投资界的大事情，大家都很想知道股神的最新想法。几万人聚集到巴菲特的家乡，一个叫奥马哈的小镇，聆听股神的教诲，很有一点朝圣的意思。因为巴菲特股东会的缘故，这个小镇每年也都很受益。因为要接待几万人，而且都是高净值人士，当地的餐饮、住宿、酒吧、零售等行业都会发一笔小财。

不过2020年不太一样，因为新冠疫情，美国也普遍采取了封城的措施，股东大会因此第一次采取线上直播的方式进行。而且，这也是巴菲特第一次使用PPT进行讲解。以前的股东会都是在巴菲特的家乡奥马哈举行，巴菲特也从不用PPT，直接对着几万人讲。一个人对于自己整天思考的事情，其实不用PPT，也会讲得很清楚。用了PPT，有时候反而是个干扰。不过因为改为线上，当地的餐饮、住宿、酒吧、零售等行业受到不小的打击。

介绍完了巴菲特，我们来看一下2020年的年会股神说了什么，有哪些信息值得我们注意。股东会很长，90岁高龄的巴菲特讲了4个半小时。为了精简信息，我采取问答的形式，通过自问自答，提炼其中重要的几点信息。

问题1：巴菲特怎么看新冠疫情？

对于新冠疫情，巴菲特坦言他并不是专家。他开玩笑说，他在学校的时候，会计学学得很好，但是生物学一塌糊涂。巴菲特坦言自己也在学习这方面的知识，他看的材料和我们看的是一样的。那么，他看了哪些材料呢？

巴菲特特别提到了美国的病毒专家福奇博士，赞扬了福奇博士在79岁高龄的时候，依然精力充沛，能够几乎一天24小时工作，并且能够很专业、清楚地和大众沟通病毒专业知识。

这位福奇博士（Anthony S. Fauci），值得我们专门介绍一下，他就是我们在媒体上经常见到的那位专家，在特朗普总统的身边出现过几次。其中有一次，特朗普说了些很不靠谱的话，他很含蓄地笑了一下，笑容有点尴尬，后来他遮住了自己的脸。这个新闻在网上很流行，很多人都见过。

福奇博士是美国最权威的传染病专家，是美国过敏症与传染病研究所（NIAID）的主任。这个研究所主任是个很小很小的官，大致相当于我国卫健委下属的一个研究所。不过，福奇博士从 1984 年开始担任这一职务，至今已经 36 年，其间服务了六届美国总统，而且拒绝升职。为什么呢？因为他喜欢这个工作，认为在这个职位上能够更好地工作和服务。

他官职不大，但是这不妨碍他的学术地位，他是美国科学院院士、美国艺术与科学学院院士、美国国家医学院院士，而且曾获总统自由勋章（Presidential Medal of Freedom）。在美国，学术和官职是不挂钩的。说这些，是想说福奇博士是个严谨的、权威的科学家。巴菲特对于病毒的理解，是向这样的权威专家学习的。

巴菲特还提到了比尔·盖茨，就是微软公司的创始人，也是前世界首富。比尔·盖茨是巴菲特的好朋友，最近几年关注流行病。2015 年的时候，因为埃博拉病毒的流行，他还做过一个

TED演讲，主要意思是人类未来的最大威胁不是核战争，而是大规模流行病的暴发，而人类对于流行病的投入太少，根本没有做好准备。2020年的新冠疫情，验证了比尔·盖茨的担心。

关于新冠疫情，巴菲特看了很多资料，他说了什么？他说了两句话。

第一句，新冠病毒传染性很强，但是和1918年的西班牙大流感比，新冠的致死率要低很多。西班牙大流感的死亡率，奥马哈大约是1%，全美国也差不多。换算到今天，美国大约3.3亿人口，1%就是330万人，这是个恐怖的数字。截至目前，美国因新冠死亡人数和330万差了1个数量级不止。所以，新冠疫情尽管很严重，但是致死率和西班牙大流感不可同日而语，完全不是一个数量级。

第二句，新冠疫情的经济影响可能很大。新冠导致的社会隔离，是以前从来没有发生过的。美国经济本来是很有活力的，但是新冠以来的大规模社会隔离，会抑制这种活力，导致的结果很难预测。因此，巴菲特对经济很担心。那么，他对未来的预测是什么？他没有做预测，因为一切都还不清楚。

在这一点上，巴菲特是值得我们学习的。你看新冠肺炎疫情以来，对于疫情的演化、疫情的经济影响，有很多预测。其实你仔细想一想，这些预测都是没有基础的。

为什么这样讲？因为这是病毒导致的疫情，疫情导致的经济隔离，一切的根源都在病毒和疫情上。在对于病毒理解很浅、疫情还没有得到控制的情况下，一切预测都没有坚实的基础。而所有靠谱的病毒专家都众口一词地说，对于病毒的性质理解很少，疫苗短期内不会出来，目前也没有特效药，最好的办法就是隔离。在这种情况下，怎么能做预测呢？目前除了中国的疫情基本得到控制，海外疫情还在蔓延，尤其是美国的疫情根本没有得到控制，因此所有的预测，往好里说就是猜测，往坏里说就是瞎猜。即便是中国，也不能掉以轻心，一旦放松，暴发起来很快的。

那么，既然这些预测都没有基础，为什么还会有很多预测呢？因为有这个需求。你试想一下，如果你是一家投资银行，或者一家研究机构，你的客户想要一个预测，你怎么办？你不能说不知道，这样你的客户不满意，所以只好编一个出来。至于这个预测对不对，其实你不是很关心。投行的预测经常错，各种研究机构的预测也经常错，大家都已经习惯了。

但是巴菲特不一样，老爷子有一辈子的信用需要维护。在一辈子的投资生涯中，他早已学会了认真谨慎。知之为知之，不知为不知。不知道的东西不去预测，预测不了的东西不去预测，这种诚实的品质值得我们学习。对于做研究的人而言，诚实是极为重要的品质。只有诚实，才能接近真相。不诚实的人，不可能在投资的世界里走得很远。

问题 2：巴菲特怎么看当前经济风险?

关于这一点，巴菲特的判断是：这次不一样，和以往的危机都不一样，和 1929 年的大萧条不一样，和 2008 年的金融危机也不一样。以往的经济危机都是经济本身翻车了，需要修车。这次的情况是，经济本身没问题，是人为把车停下来，车本身没有问题，不需要修。

那么，是不是就不需要担心美国经济呢？也不是的。有车的读者都知道，汽车如果不开、放太久，会出很多问题，比如电池的电可能漏光，车可能发动不起来，再比如各种零部件也会生锈，性能会打很大的折扣。美国经济这辆车如果停太久，就会出很多问题，再启动的时候，就不一定能运行很好。比如，很多企业的现金流会出问题，资产负债表会恶化，企业信用会变化，本来资质很好的企业，资质可能变坏。

所以这次经济风险和之前都不太一样。如果经济停摆很长时间，可能会出很多问题。因为目前不知道经济停摆会持续多久，也没有经验可循，所以也不好做一个判断。能说的是，这次的经济风险和 1929 年大萧条、和 2008 年金融危机，都不一样。巴菲特的这一点分析，比很多分析要强很多。比如，很多专家说这次是“1918 年大流感+1929 年大萧条+2008 年金融危机”，是三重危机的叠加。这种说法看起来很深刻、很吸引眼球，但其实除了吸引眼球、制造焦虑，完全没有抓住问题的本质，对于理解和应对当前的困难也没有什么帮助。

问题 3：巴菲特如何评价美联储的救市措施？

关于美联储的救市，巴菲特给予高度评价。他直言，现任美联储主席杰罗姆·鲍威尔会因为果断入市干预被载入史册。巴菲特认为很多美联储主席都很不错，他尤其尊重保罗·沃尔克。保罗·沃尔克是 1979—1987 年的美联储主席，成功地帮助美国对抗了二战以后最严重的通胀，因而永载史册。巴菲特把现任主席和沃尔克相提并论，可见评价之高。

巴菲特对于美联储救市的高度评价，和市场上一些流行的观点也大相径庭。很多人讽刺美联储救市，说发行货币对病毒无效。可是，发行货币对病毒无效，对家庭和企业有效啊！没有这些货币，很多家庭的生计就会陷入困难，很多企业的资金链就会断掉，金融市场的流动性就会枯竭，系统就会崩溃，很多企业会倒闭。

正如巴菲特所说，救市之后情况依然复杂，后续会发生什么我们依然不清楚，但是不救市的后果是很清楚的，就是一场巨大的经济和金融崩溃。从这个角度讲，鲍威尔已经帮助美国避免了一场危机。

说到这里，我不禁想起一个关于英雄的悖论。所谓英雄，往往被认为是在灾难中挺身而出的人。其实，还有一种英雄，是避免让灾难发生的人。比起生灵涂炭之后挺身而出的英雄，后一种英雄更加可敬，因为灾难被消灭在无形之中，避免了惨烈的生灵涂炭。后一种英雄，更需要勇敢与智慧的结合。

坊间流传一个段子，说如果外星人来攻击，美联储的应对办法还是发行货币。很多人用这个段子来讽刺美联储，言下之意是发行货币对于病毒无效，对于外星人更无效。可是，发行货币可以避免企业倒闭、帮助企业生产、生产更多的物资对抗外星人，怎么就不对了呢？所有的战争，都需要经济实力作为后盾。这个外星人的段子，虽然很多人是拿来讽刺美联储的，但其实恰好说明了美联储救市是对的。

问题 4：怎么看巴菲特的投资业绩和损失？

这次股东会该报告的，是 2019 年和 2020 年一季度股神的业绩。说实在的，股神近期的业绩其实很一般，2020 年一季度的损失还很惨重。2019 年全年，股神的回报率是 11%，按说不低。可是标普 500 的回报率达到了 35%。相比之下，股神的回报率就很低了。

不仅如此，2020 年一季度股神的还大幅亏损。根据财务报表，一共亏损了 497 亿美元，差一点就是 500 亿美元，折合人民币 3500 亿元。这样的亏损，几乎立即就把股神从神坛上拉了下来。但是只需要注意两点，你就会发现这个损失其实在情理之中。

第一点，这个损失是 2020 年一季度的损失。一季度的大背景是新冠疫情之下，美股也大幅下跌。一季度美国总体跌了多少呢？标普 500 指数从 2019 年 12 月 31 日的 3231 点，跌到 2020 年 3 月 31 日的 2585 点，跌幅 20%。那么巴菲特的跌幅是多大呢？根据财务报表，2019 年底的时候，巴菲特股票持仓 2480 亿美元，跌 20% 就是大约 496 亿美元，和实际亏损的 497 亿美元非常接近。所以说，2020 年一季度巴菲特的亏损不过是新冠疫情冲击下，美国股市大幅回调的结果，巴菲特只不过没能避开这次回调而已。

第二点，巴菲特尽管没有能够避开这次回调，但是手里拿着大把的现金。根据财报以及巴菲特的现场演讲，现在他拿着大约 1250 亿美元的现金，这个现金储备是近年来的新高。也就是说，等疫情过去，巴菲特抄底的资金储备是很充足的。所以，巴菲特这次的投资损失，并没有一眼看去那么惨重。

在本章的写作过程中，我不断思考一个问题：巴菲特已经 90 岁了，现在投资业绩又很差，他还能东 山再起吗？属于巴菲特的时代，是不是已经过去了？等我有了明确的思路和判断，再和大家分享。

本章要点：

1. 巴菲特认为新冠病毒传染性很强，但是致死率并没有西班牙大流感那么高。巴菲特强调自己不是专家，在向福奇和比尔·盖茨等人不断学习。

2. 巴菲特认为新冠疫情导致的社会隔离对经济影响很大，但是他并不做具体的预测，因为这样的预测缺乏坚实的基础。

3. 巴菲特认为当前的经济风险和以前的历次危机都不一样，和1929年的大萧条不一样，和2008年金融危机也不一样，不能生搬硬套。

4. 巴菲特高度评价美联储的救市措施，认为美联储已经帮助避免了一场危机。

5. 巴菲特2020年一季度亏损看起来很大，但是和大盘回调的幅度几乎相同，并没有比大盘亏损更多。

致谢

呈现在你面前的这本书，是课程讲义的整理。之前我做过一个线上课程，叫“徐远的投资课”，是很多年我在香港大学、麦吉尔大学、北京大学教书的精华版。课程推出以后，又结合金融市场中的重要问题，做了 12 讲的“加餐”。这本讲义，就是根据这 12 次“加餐”的内容整理、补充而成。

如果你已经订阅了线上的“徐远的投资课”，并且关注了“徐远观察”公众号，那么已经见过了这本书的所有内容，不需要再购买本书。

在做这门课的过程中，很多同学提供了卓有成效的助研工作，包括马骋、陈靖、李惠璇、郭航。他们出色的助研工作，使得这些分析可以顺利、快速完成。

另外要感谢的是“徐远观察”公众号的所有读者和课程的所有用户。因为你们的支持和监督，使得我不敢怠慢，尽力完成这些工作。教学相长不是一句空话，在准备这些课程的过程中，我自己获益很大，希望你们的收获和我一样大。

为感谢大家的支持，我将继续在个人公众号上分享研究心得和体会，以及关于宏观经济、金融市场的观察和思考。个人公众号的名字叫“徐远观察”，二维码已经放在封面中，欢迎你关注。

KUWEI
酷威文化
图书 影视

[新] 蔡澜 著

世间万物，总有欢喜

天津出版传媒集团
百花文艺出版社

目

序

生老病死

录

专注与热爱，做什么都能成

未了
集

想通了，运气跟着好

狂又何妨

SIMON & GARFUNKEL
TIME IN A BOTTLE
JIM CROCE
If I could save time in a bottle the first thing that I'd like to do. Is to save everyday
Till eternity passes away Just to spend them with you. If I could make words last forever

附录

序

我只想做一个人

不知道是什么时候，我变成了食家

大概是在刊物上写餐厅评论开始的。我从不白吃白喝，好的就说好，坏的就说坏，读者喜欢听吧。

我介绍的不只是大餐厅，街边小贩的美食也是我推崇的，较为人亲近的缘故。

为什么读者说我的文字引人垂涎？那是因为每一篇文字，都是我在写稿写到天亮，肚子特别饿的时候下笔。秘诀都告诉你了。

被称为“家”不敢当，我更不是老饕，只是一个对吃有兴趣的人，而且我一吃就吃了几十年，不是专家也变成专家。

我们也吃了几十年呀！朋友说。当然，除了爱吃，好奇心要重，肯花工夫一家家去试，记载下来不就行吗？每一个人都可以成为食家的呀。

不知道是什么时候，我变成了茶商

茶一喝也是数十年，我特别爱喝普洱茶，是因为来到香港，人人都喝的关系，普洱茶只在珠江三角洲一带流行，连原产地的云南人也没那么重视。

广东人很聪明，知道普洱茶去油腻，所以广东瘦人还是多过胖子。

不过普洱茶是全发酵的茶，一般货色有点霉味，我找到了一条明人古方，调配后生产给友人喝，大家喝上瘾来一直向我要，不堪麻烦地制出商品，就那么糊里糊涂地成为茶商。

不知道是什么时候，我卖起零食来

也许是因为卖茶得到一点利润，对做生意发生了兴趣。想起小时奶妈废物利用，把饭焦炸给我们吃，将它制成商品出售而已。

不知道是什么时候，我开起餐厅来

既然爱吃，这个结果已是理所当然的事。在食肆吃不到猪油，只有自己做。大家都试过挨穷吃猪油捞饭的日子，同道中人不少，大家分享，何乐不为？

不知道是什么时候，我生产酱料

干的都和吃有关，又看到 XO 酱[①]的鼻祖韩培珠的辣椒酱给别人抢了生意，就兜起（粤语词汇，意为勾起）她的兴趣，请她出马做出来卖。成绩尚好，加多一样咸鱼酱。咸鱼虽然大家都说吃了会生癌，怕怕，但基本上我们都爱吃，做起来要姜葱煎，非常麻烦，不如制为成品，一打开玻璃罐就能入口，那多方便！生意便产生了。

不知道是什么时候，我有了一家杂货店

各种酱料因为坚持不放防腐剂，如果在超级市场分销，没有冷藏吃坏人怎么办？只好弄一个档口自己卖，请顾客一定要放入冰箱，便能达到卫生原则，所以就开那么小小的一间。租金不是很贵，也有多年好友谢国昌一人看管，还勉强维持。接触到许多中环佳丽来买，说拿回家煮个公仔面当菜，原来美人也有寂寞的晚上。

不知道是什么时候，我推销起药来

在澳洲拍戏的那年，发现了这种补肾药，服了有效，介绍给朋友，大家都要我替他们买，不如就代理起来。澳洲管制药物的法律极严，吃坏人给人告到扑街（粤语词汇，意为完蛋，常用来诅咒、骂人），

---

① 诞生于二十世纪八十年代香港的高级调味品。

这是纯粹草药炼成，对身体无害，卖就卖吧。

不知道是什么时候，我写起文章来

抒抒情，又能赚点稿费帮补家用，多好！稿纸又不要什么本钱的。

不知道是什么时候，我忘记了老本行是拍电影

从十六岁出道就一直做，也有四十年了，我拍过许多商业片，其中只监制有三部三级电影，便给人留下印象，再也没有人记得我监制过成龙的片子，所以也忘记了自己是干电影的。

这些工作，有赚有亏，说我的生活无忧无虑是假的，我至今还是两袖空空，得努力保个养老的本钱。

“你到底是什么身份？电影人？食家？茶商？开餐厅的？开杂货店的？做零食的？卖柴米油盐酱的？你最想别人怎么看你？”朋友问。

“我只想做一个人。”我回答。

从小，父母亲就要我好好地“做人”。做人还不容易吗？不。不容易。

“什么叫会做人？”朋友说，“看人脸色不就是？”

不，做人就是努力别看他人脸色，做人，也没必要给别人脸色看。

生了下来，大家都是平等的。人与人之间要有一份互相的尊敬。所以我不管对方是什么职业，是老是少，我都尊重。

除了尊敬人，也要尊敬我们住的环境，这是一个基本条件。

看惯了人类为了一点小利益而出卖朋友，甚至兄弟父母，也学会了饶恕。人，到底是脆弱的。

年轻时的疾恶如仇时代已成过去。但会做人并不需要圆滑，有话还是要说的。为了争取到这个权利，付出的甚多。现在，要求的也只是尽量能说要说的话，不卑不亢。

到了这个地步，最大的缺点是变成了老顽固，但已经炼成百毒不侵之身，别人的批评，当耳边风矣，认为自己是一个人，中国人、美国人都没有分别。愿你我都一样，做一个人吧。

只相信保持一份真

蔡澜。中年。

在海外半工半读，就职于某大机构，度过十数年。忽闻春尽强登山的时候，转于一财团支持下的独立公司当棋子。拼命冲锋，奈何下棋者因问题而说：“不玩了。”

现在每天过着自由和不安的日子并不因此而懒滞，多观察人生、读书、旅行、钻研篆刻、玩苹果二号以培养经济观念。亦勤于写方块文字，可惜跳不出框框。所写杂文，唯有关于饮食者略为人读，印象中，作者只书食经。甚感寂寞之余，幸有隔壁邻舍精神支持，微有寄托。

数十年来，可说是一肚子不合时宜。所受中国传统思想影响极深。做人的基本，有些原则：不负人、守时、重诺言。

但是，父母老师和文化之教导，变成处世的最大缺点。

当然，先下手为强、人情纸半张、让人等而提高身份，以没有原则为原则的玩意儿，并非蠢得学不到，应是容易得即刻上手。而且，还能变本加厉。

愿不愿意，因人而异。大家思想一样，岂非无趣？价值观念随时间变化，谁是谁非，作不了定论。

只相信保持一份真。真是新，新就是年轻。年轻人创作，较老的人为他们守着。不为真守，而守自己的变了质的真，便不年轻。选择任何一种工作来做，都是好的。

为了保持这个原则，也要做某些牺牲。宁愿放弃传宗接代的观念。公私分明，有时作“不在吃饭的地方大便”的伟论，不少美女微笑经过。正在后悔，又看到她们生儿育女，祝福之外，不作妄想。

自觉守旧，但与青年人相聚时，发现有了代沟：我要在工作时拼命，我要在休息时狂舞。他们却要将二者混一，并引证种种哲学。我只感到他们老成，我较年轻。穿着牛仔裤、满脸胡须的怪物，也在先进的领土上证明能在商业社会生存。只要有一份真。

生老病死

每一个人只能年轻一次，大家都歌颂青春的无价，但是每一个人也只能中年一次、老一次。人生每一个阶段都珍贵，何必妄自菲薄呢？

想起年轻时做过的事

从大阪返港的飞机上，看了一部电影，片名已错过，看到是戴维·凌治导演，即刻留意。

故事描述一个七十多岁的乡下老头决意穿州越岭去看他的弟弟。平平凡凡，扎扎实实，和一般的怪异凌治作品完全不同。

一开始就形容老头双脚不灵，眼睛有毛病，跌在地上不能动弹。

老头觉得时日无多，决心上路，但他的驾驶执照因眼疾早被吊销，只有坐着电动割草机，拖了一辆手卷的铁棚出发。全镇的人都以为他疯了。

路上，他遇到了一个离家出走的少女，用智慧的语言令她回家。

车子烂了，遇好心人为他换取一辆二手的。再坏，找人修理，要敲老头竹杠，他一一杀价。这个老人一点也不蠢。

有人问他："你单身出门，不怕坏人？"

老头回答："二次大战时，我在战壕中度过，有什么比它更危险的呢？"

又遇到一个老头，互相道出战争的可怕。老头安慰另一个老头，说自己当年是狙击手，把敌军一个个选出来杀死，最后还错杀了一名美军的哨兵。

几经风雨，数日后终于抵达弟弟的家。同乡中人说好久不见他，不知死了没有。老头儿心急，驾往弟弟家那条小路，是最漫长的。

终于见到弟弟，他们两人年轻时因口角而分开。老头向别人说道："再不去道歉已来不及。"

见面后两个人坐在门外，大家一语不发。弟弟的眼光慢慢移动到那辆割草机和拖车，盯住。心中激动表现无遗，这时他大哭，观众都哭了。

片中印象最深的对白，是当老头遇到一个脚踏车队，和选手们夜里共宿，他们不礼貌地问："人老了，最坏的是什么事？"

老头安静地回答："是想起年轻时做过的事。"

一笑而归

《香港剩女飙升，三个女人一个独身》。

报纸上的大标题。

这我一点兴趣也没有，不嫁嘛，又不会死人。

会死人的，是接着报告的香港人口持续老化。六十五岁以上港人，将由二〇〇九年约十三个巴仙（巴仙：香港人习惯用语，意为百分比），增至二〇三九年的二十八个巴仙。四分之一以上的人口是老人。

死亡人数按比例，会增加到每年八万零七百个。

那么多人离去，不关你事吗？那是迟早的问题，我们总得走。但是怎么一个走法？没有人敢去提起。中国人，对死的禁忌，是根深蒂固的。

避得些什么呢？反正要来，总得准备一下吧，尤其是我们这群被青年人认为是七老八十的。虽然，我们的心境还是比他们年轻。

勇敢面对吧。死，也要死得有尊严；死，也要死得美丽。

轮到你决定吗？有人问。

的确如此，但是，凡事都有计划，现在开始讨论，也是乐事。

首先，对死下一个定义："死不是人生的终结，是生涯的一个完成。"

我们在落幕前要怎么向大家鞠个躬退去呢？最好是照着自己的意思去做，需要一点知识和准备。

最有勇气的死，就是视死如归，说到这个"归"字，当然是回到家里去死才安乐。

但事不如愿，根据一项调查，最后因病死在医院里的人还是占大多数。

为什么要在医院？当然想延长生命呀。但是已经到了尾声，决定自己什么时候走，不是更好吗？家人一定反对，反对个鸟。不爆粗口都不行，我的命不是你的命，你们有什么权力来反对？

友人牟敦沛说过："我一生做的最后悔的一件事，就是反对医生替我爸爸终结生命。"

这句话，家人一定要深深反省。

尤其是对患了末期癌症的人，受那不堪的痛苦折磨，家人还不许医生打麻醉针，说什么会中毒，反正要死了，还怕什么中不中毒？

如果你问十个人，相信九个人是不愿意在医院死去的，但是，他们还是留在了医院，他们也顾虑到家人的感受，不想给大家增加麻烦，但这绝对不是他们自己所要的。

我劝这种人不必想太多，要在家里终老就在家里终老，反正这个家是你的家，你想怎么样做，也没人可以反对，而且可以省掉他们整天跑到医院来看你。

虽然说医院有种种设施，但那是救命用的，你不想被救，最新最贵的仪器又有什么用？

在家静养，请个护士，所花的钱也不会比住医院的病房贵呀。找个相熟的医生，请他替你开止痛药、医疗麻醉品等，教教家人怎么定时服食和打针，也不是什么难事。

但是，孤单老人又怎么办？有一条件，就是得花钱。反正是带不走的，这个时候不花，等什么时候花？护士还是要请的，这笔钱，要在能赚时存下来，所以说死也得准备，千万不能等。

香港人多数有点储蓄，买些保险留给后人，大家想起老人早走，也可以省下一点，也就让你花吧。

在痛苦时，最好能以吗啡镇静。从前，吗啡被认为是怪兽，说什么服了会精神错乱，愈吃愈无助，最后变成不可控制的凶手。

但这都是早期医生的临床试验不够，恐怕有副作用，没有必要时不打针。当今世事已证明，药下得恰当，根本就比吸毒者自己乱服安全得多。

有些人讨厌打针或喝药，也有膏贴的吗啡剂可用，总之不会是愈用愈没劲，不必担心。

我最喜欢的一部电影，叫《老豆坚过美利坚》（*Les invasions barbares*），名字译得极坏，其实是一部怎么面对死亡的片子，得过奥斯卡最佳外语片奖。影片讲的是一个老头得了癌症，离开他多年的儿子来看他，却看到父亲被一群老朋友围着谈笑风生，父亲还拼命吃护士的“豆腐”。

儿子问老子能做些什么，老子说最好替我找些毒品来服服，儿子被吓呆了。儿子后来才发现父亲是乐天个性，并了解人生最终的路途，完成了父亲的愿望。

这些被一般人认为最野蛮的思想，其实是最先进开明的。片子的原名叫《野蛮入侵》，说的其实就是这群快乐的人。

最坏的打算，已安排好。万一侥幸能够活到油枯灯灭，那就最为幸福，我母亲就是那样走的。也许，可以像弘一法师一样，回到寺庙，逐渐断食，走前写下“悲欢交集”四字后，一笑归西。

葬礼可以免了，让人一起悲哀，何必呢？死人脸更别化妆给人看，那些钱，死前花掉吧。开一个大派对，请大家吃一顿好的，有什么好话当面听听，才是过瘾。派对完毕，就跟着谢幕好了。

骨灰撒在维多利亚海港，每晚看到灿烂的夜景，更是妙不可言，你说是吗？

一世有多长

说什么，也是筷子比刀叉和平得多。

我对筷子的记忆是在家父好友许统道先生的家开始的。自家开饭用的是普通筷子，没有印象，统道叔家用的是很长的黑筷子。

用久了，筷子上截的四方边上磨得发出紫颜色来。问爸爸：“为什么统道叔家的筷子那么重？”

父亲回答：“用紫檀做的。”

什么叫紫檀？当年不知道，现在才懂得贵重。紫檀木钉子都钉不进去，做成筷子一定要又锯又磨，工夫不少。

“为什么要用紫檀？”我又问。

父亲回答：“可以用一世人用不坏呀！”

统道叔已逝世多年，老家尚存。是的，统道叔的想法很古老，任何东西都想永远地用下去，就算自己先走。

不但用的东西古老，家中规矩也古老。吃饭时，大人和小孩虽可一桌，但都是男的，女人要等我们吃完才可以坐下，十分严格。

没有人问过为什么，大家接纳了，便相处无事。

统道叔爱书如命，读书人思想应该开通才是，但他受的教育限于中文，就算看过“五四运动”之后的文章，看法还是和现代人有一段距离。

我们家的饭桌没有老规矩，但保留家庭会议的传统。什么事都在吃饭时发表意见，心情不好，有权缺席。争执也不剧烈，限于互相地笑。自十六岁时离开，除后来父亲的生日，我很少跟一家人同一桌吃饭了。

说回筷子，还记得追问：“为什么要用一世人，一世人有多久？”

父亲慈祥地说：“说久也很久，说快的话，像是昨天晚上的事。”

我现在明白。

人生的意义

我不相信有鬼魂这件事。

人死了，如有灵魂的话，也会很快飞走。过个数小时，便无影无踪了吧。

科学家把人体过磅，说人死了之后会减轻几两。也许真有灵魂存在，但是如果不消失的话，那么空中挤满了，不是一件好玩的事。

写鬼故事，主要是爱读《聊斋》，喜欢上那股凄艳的味道，至于青面獠牙的吓人玩意儿，我倒没有兴趣，留给好莱坞拍恐怖片去。

在写鬼故事的过程中，起初有许多题材，很顺利地入手。写了几篇之后，就感到吃力了，赶紧重读《聊斋》，看看可不可以抄袭一些情节，但是书上只是生动地描述人物，对于故事的结构，有时拖泥带水，有时有头无尾，现代人读了满足感不够。

我认为鬼故事有一个意外的结尾比较好看，苦苦思之，每每想不出来。

到了晚上，坐在书桌前，一小时一小时过去，一夜一夜过去，只字不出。

这时，我才怕了起来。是不是被鬼迷住，就是这种结果？

所以，我马上停下来，不写了，因为已经不好玩了嘛。

前前后后，写了二十多篇，有四万多字，可以出一本单行本，够了。一般的书要八万字左右，但是我怎么也不能继续写下去了。

投机取巧，和“壹出版”的主编周淑屏商量：四万字行不行？她说用纸用得厚一点，勉强可以，又加上苏美璐的插图，应该没有问题。

书至此，邮差送来远方的来信，打开一看，是林大洋写的：

……我读了你把我当主角写的鬼故事，好玩得很。你说得对，有时鬼比人还要有趣。

我现在住在斯里兰卡这个小岛上，天天对着蓝天和海鸥，一点也不感到寂寞。

在这里，我认识了《2001：太空漫游》的作者阿瑟·克拉克。

他的本行是作家，也是一个科学家，人造卫星的原意，是他创造出来的。现在他在这里定居。

我们做了好朋友，每晚聊人生的意义，他的出发点是以科学来见证。我则是用空虚的灵学、道家、佛教和禅宗的说法去了解。两人谈得很愉快，互相发现对方的世界和生活方式虽然不同，但结论是一样的。

但是，我们怎么谈还是谈不出一个人生意义的道理来。

你也曾经问过我同样的问题，我试过解答，不过我知道你是听不懂的。现在，我用更简单直接的方式来解释人生的意义吧。

阿瑟·克拉克和我都赞同，如果没有学识，居住在深山中的印度人，日出而作，日落而息，也是一种很好的人生。我也曾经告诉过你，我住在印度山上时，当地的一个农妇每天给我做菜，吃的尽是鸡和鸠之类的山禽，我吃厌了，对她说："烧鱼给我吃吧！"

"什么是鱼？"她问。

我画了一尾鱼给她看，说："这就是鱼，天下美味，你没吃过，实在可惜。"

她回答说："我没吃过，有什么可惜？"

当时我被她当头的那么一棍，打得醒了。我把这故事也说给阿瑟听。

阿瑟说："这我也能理解，但是人类由猿猴进化时，学会在残尸中找到了一根骨头来敲击，这是求知欲的开始，有了求知欲，便得不到安宁，永远要追求下去。"

"人生识字忧患始，中国人也有这么一个说法。"我对阿瑟说，他点头理解。

我们生活在这个文明的世界，接触了学识，已经不能停留在一个阶段中。你也曾经写过，金庸先生说要多看书，书读多了，人生自然会升华，层次更高。

这句话一点也不错，我一生中，一有机会就读书。但是书读多了容易成书呆子，最好的办法就是旅行了。在旅途中，我向种种人学习，不管他们的文化程度比我们高还是低，都有学习的地方。

现在，我老了。阿瑟也说他老了，我每天还在雕刻佛像，阿瑟发表了新书《3001：太空漫游》，我们都不停地创作，创作才有生命。

但是，创作了又如何？为名？为利？创作是为自己呀！我这么对自己说，也说服不了自己。为自己？又如何？

最后，阿瑟和我都基本上同意了一点，那就是要把生活的质量提高，今天活得比昨天高兴、快乐，明天又要活得比今天高兴、快乐。

仅此而已。

这就是人生的意义、活下去的真谛。

只要有这个信念，大家都会从痛苦和贫困中挣扎出来，一点也不难。

身体年龄和精神年龄

从前在宴会中，一桌十二个人，坐下来，好像我永远是最年轻的一个；现在，坐下来，好像我一直是最年老的一个。

如果你笑我老，我一点也不在乎，因为，有一天，你一定会得到报应。

人类都会老，老并不是一件可怕的事，但是老得顽固和老得懊恼就不值得活下去。我们有肉体年龄和精神年龄，家父说他五十岁之后，生日便开始倒数，所以今年算起来才二十岁。

反而，看到生活刻板、不苟言笑、毫无嗜好的年轻人，他们才是真正老了。

老人应有性生活，即使不常做，嘴里心里也要不断地提起，日本那个一百二十岁的老头，说他喜欢女客来访，尤爱在电视上看到女人的镜头，特别是广告中穿着泳衣的少女。

幽默感也极重要。人家问八十七岁的乔治·宾斯道："请问，你最后一次性行为，是什么时候？"

乔治听了懒洋洋地回答：“今天清晨，两点钟。”

“一生人只年轻一次，好好珍惜。”大家都那么讲。听到后差点儿喷饭。

只年轻一次？那么人到中年，也当然只有一次啦！变为老年，难道可再？

所以，既然都只有一次，每天都应该珍惜。

人到中年，为什么要叫“初老”，或是“不惑”？什么事到了“中”都应该是最好的，中心、中央、中原、中枢、中坚、中庸等。

不过，我还是不喜欢那个“中年”的名称。为什么不可以改称为“实年”“熟年”或“壮年”？

怎么叫都好，我没有后悔我所经过的每一个阶段，它们都相当充实。

再过一些日子，我便要进入“老年”了。“老”字没有“中”字那么好听，老大、老粗、老辣、老化、老调、老朽、老巢、老表和老鸨的，但是再难听也要经过，无可避免。

幽静的环境下，焚一炉香，沏杯浓茶，写写字、刻刻印，又有名山、佳肴和美女的回忆陪伴……

我的头发已白，但不染。

老了，快乐才刚刚开始

银灰色的头发，原来是那么好看。

花一杯酒的钱，已得到十杯酒的醉意。

如果活在古时候，这个年龄，大部分的人都已死去。

原来从前留下来的米奇老鼠手表，是多么值钱。

吃多咸，也不必担忧。反正没多少年可活。

如果你请病假，别人已不怀疑。

不必有父母亲来唠唠叨叨地烦你。

不必因为梦遗半夜起来换底裤。

再不可能遇到世界上最讨厌的数学老师。

再不会有一个给你压力的上司，当然，除了自己的老伴。

已经到达退休年龄，还怕被炒鱿鱼？

驾车横冲直撞，别人反而要避你。

可以省下很多买洗发水的钱。

会遇到很多年轻的女人：年轻的更年轻，老的看起来不见得太老。

柏拉图说过：当身体上的视觉渐渐失去，心灵上的视觉渐渐灵敏。

就算是乘“泰坦尼克”号，你也会和妇孺一齐坐上救生艇。

到殡仪馆的路，很熟悉。

没那么快脸红。

如果你不会抽烟，你可以开始学学，你有足够的时间去生癌的。

能带比你小二三十岁的女孩子去吃饭，代表你很有钱。

失望并不太痛苦，因为希望已不太快乐。

喜欢收音机，比电视多一点。

山德士上校，在六十多岁的时候才开他的肯德基连锁店。

你的敌人，已死得七七八八。

胡说八道，还有人肯留心去听。

未知生，焉知死

一好友的父亲患癌症，切片下来，证实有毒，现在等着开刀。

能怎么安慰他呢？

自己又不是医生，就算是，也束手无策，这是世纪绝症，至今还没有解决办法的呀。

要帮的，应是活人。人，要对自己好一点，才有足够的爱心去对待别人。

生老病死为必经道路，坏在人类的诗歌小说中，将这四样东西看得太重，永远是执念，从不教人怎么去接受。

墨西哥小孩吃白糖做的骷髅头，他们和死亡经常接触，对它的恐惧消失。葬礼上，大家放了烟花，唱唱歌，悲哀的气氛减少。

天主教也好，认为走了就上天堂，本人安详而去，送终的也为之欢慰。

话虽这么说，轮到自己，亲爱的人死亡，还是痛心欲绝的。

三年前，家父去世时，天下多少宗教或哲学，都不见效。家父年届九十，我们做儿女的并非没有心理准备，而是不肯去接受事实，不知怎么面对。

曾经读过诗篇，曰："让我走吧，留我于心，你我都不好过。"

是的，我们怎么不能从逝者的角度看这一回事儿？的确，我们太多的爱，过剩的情，对于死者，是种负担。人去了，还要连累活着的干什么呢？简直是增加他们的麻烦，死者去得不安。

老人家还活着时，尽量陪伴着老人家吧，让他们活得一天比一天更美好。要是他们还是忧郁，也不必勉强，总之只要常在他们身边，已足够。

对于病患者，我们常说愿意以自己来代替他们，这是不可能的，但是可以用他们的逝世来训练自己——有一天自己临走，怎么去安慰身边的亲人。我们会发现，原来，死亡是我们的老师，还能从中学习。

努力吃，确实能忘记不愉快

吉本芭娜娜写过一本叫《厨房》的小说，香港版由博益出版，改名为《我爱厨房》，此书也被译成多国文字，在美国亦受瞩目，意大利人更把吉本形容为《源氏物语》以来的第二位日本女作家。

内容讲年轻人的孤独、对死亡的恐惧与迷惑，但主要是个爱情故事。

女主角最喜欢的地方是厨房，她一走进自己家，或别人的住宅，第一件事就找厨房。厨房对她来说，是一个避难所，一个很有安全感的地方。

我虽然和吉本相差数十岁，但是与她有同感，我也是极爱厨房的一个人，和她常常打开冰箱、打开柜子找东西吃的习惯，一模一样。

烧菜给别人吃，给自己吃，都是消除寂寞的最好办法。

没有比吃东西打发时间更好的了，而且饱腹的感觉，永远是一个很好的感觉。

在机场等出发时，跑进餐厅，喝一杯咖啡或茶，最多只能挨上半小时，但吃一餐简单的饭，至少可以消磨一个多钟。

等人的时候，我肚子虽饱，也喜欢叫东西吃。明明知道那个地方没有什么好菜，点碟叉烧炒鸡蛋，慢慢地一口一口细嚼，喝口啤酒。吃呀，吃呀，好像吃出这鸡蛋是内地货，或是美国进口，绝对不是新界蛋吧。

人家说失恋的时候，最好拼命找东西吃，便没那么痛苦。我很少失恋，但遇烦恼事总有的，拼命吃东西，亲身经验，确实能忘记不愉快的感觉。

做一顿好菜，从一大早逛菜市场开始，看见那些新鲜蔬菜，像在向你招手，惹人欢笑，又见小贩们辛勤地做买卖，被那种刻苦耐劳的精神深深地感动。这时，你会发现，自己的问题，不大。

活得不快乐，长寿有什么意思

“别吃那么多肥腻的东西！”

“喝酒会伤身的！”

“抽烟危害健康！”

“减少吃咸的！”

忽然之间，你身边的人，男男女女老老少少，都变成医生。

再也不能愉愉快快吃一顿饱的，举筷之前，总有“医生”嘱咐。

再也不能痛痛快快喝一回够的，倒酒之前，总有“医生”叮咛。

再也不能舒舒服服抽一支烟了，点火之前，总有“医生”劝告。

当然，都出自好意，我知道，谢谢各位的关心。但是既然扮起医生的角色，就要有一点医学常识，不能道听途说。

吃肥腻的东西？两个鸡蛋的胆固醇已高过半碗猪油，自己拼命吃蛋而劝人家别吃回锅肉，自己就要注意了。

喝酒会伤身？西医却叫病人临睡之前来杯白兰地，其实也不必他们来教，法国人早已告诉了你。

抽烟危害健康？因人而定。我老爸一直抽到九十岁做仙人去，我想他还在继续吞云吐雾吧。

人体之中有一个自然的刹车掣，不舒服了，自然停止。我近来酒少喝了，就是这个原因，已经不是一个小孩子，懂得自制。

要扮医生的话，请扮心理医生，用音乐来治疗，用绘画来诊断。

耳根清净，更是治疗病痛的最高境界。劝喻病人，最好带点禅气。

活得不快乐，长寿有什么意思？

看开一点就没事，我常扮专家告诉我身边的友人，不知不觉，也成了“医生”。

向自然学习，发出花香

新居的楼下，长着几株白兰，足四层楼高，比我在天台种的那三株，大百倍。

经过时不仔细看，不知道是白兰，因为它只剩下叶子，看不到花，却有一股幽香，从何处来？

大概是长成的过程中起的变化。低处生花，顽童一定来干扰；全树开遍，则会引小贩前来采折。

白兰树的花，只让站在高处的人看见。

花生顶上，像长者的白发。

树干之大，根部之强，占路边一席。

这棵白兰已不能连根拔起，移植他乡。

时代进步，道路扩阔的话，只可将它砍伐。

不然，老兰站在一旁，静观一切的变化。但愿人老了，像这一棵白兰。

老，必须老得庄严。

老，一定要老得干净。

老，要老得清香。

是否名牌已不重要，但天天洗濯烫直。衣着整洁是对别人的一种尊敬，也是对自己的尊敬。

皱纹是自傲，但须根应该刮净，做一个美髯公亦可，每天的整理，更花费功夫。

修指甲，剪鼻毛，头皮屑是大忌。

最主要的，还是要像白兰那么香。

香不只是一种嗅觉，香代表不俗气。

切莫笑人老，自有报应。

人生必经之路，迟早到来。等它来临时，不如做好准备，享受它的宁静。

他人言论，已渐觉浅薄无聊，自己更不能老提当年勇，老故事亦不可重复。

最好是默默然地把趣事记下，琴棋书画任选一种当嗜好，积极钻研，成为专家。不然养鱼种花，不管它们的出处，亦是乐事。

人总得向自然学习，最好临终之前，发出花香。

有子女后便无法潇洒吗

“我们有子女的人，生活没有你那么潇洒。”友人常对我这么说。

这是中国人的大毛病。以为一定要照顾下一代一辈子。儿女，在中国人的眼里永远长不大，永远需要照顾。

家庭观念浓厚，很好呀，但是亲情归亲情，自己也要快乐地活下去呀。

不会的。中国人一生做牛做马，为的都是儿女。省吃俭用，为他们留下越多钱越好，他们不会为自己而活。不但教养下一代，还要孝顺父母。这是中国人的美德，也没什么不好，但是有时所谓的孝顺变成约束，把老人家也当儿女来管。

我这么一指出，又有许多人要骂我了。你这个礼教的叛徒，数千年的文化，要你来破坏？你不是中国人，更不是人。

哈哈哈哈为什么不去旅行？去旅行时为什么不观察一下别人的人生？

我的欧洲友人，结婚生子，把孩子教育成人后就不太理他们，就像他们的父母在他们成年后不理他们一样。

社会风气如此，做儿女的不太依赖父母，养成独立的个性，自己赚钱养活自己。

这时候，做父母的才过从前的生活，自由自在，不受束缚，也就是所谓的潇洒了。在一般中国人的眼里，这是大逆不道，完全没有家庭观念。但他们自得其乐，不需要中国人的批评。

谁是谁非，都不要紧，重要的是互相尊重对方的生活方式。他们绝对没有错，他们不是不孝，他们也并非自私，他们只知道做人，需要自己的空间和自由。

我们做不到，但是可以参考参考，反省一下。一辈子为子女存钱，是不是自己贪婪的借口？

我们不会变得更老，我们只会变得更好

每一个人只能年轻一次，大家都歌颂青春的无价：青春小鸟一去不回来！啦啦啦啦！啊！千万别浪费它！

但是每一个人也只能中年一次、老一次。人生每一个阶段都珍贵，何必妄自菲薄呢？

遇到老者，像躲麻风病人一般逃避的年轻人，哈哈，不必去骂他们，终有一天他们自己也会变麻风的。

老实说，我并不喜欢年轻时的我，我觉得我当年不够充实，鉴赏力不足，自大无知，缺点数之不尽。看以前的照片，只对自己高瘦的身材有点怀念，还有剩下的那点愤世嫉俗的忧郁。

不，不，我忘了，尚有一个好处，那就是用不完的精力。

现在，和女子在一起的过程如吃西餐，有冷热头盘、汤、主菜、沙拉和甜品、饭前酒、餐中酒、事后的白兰地等，比较起来，年轻时只是麦当劳的汉堡包一个，可怜得很。

衣着方面，当年的色调只肯取白、灰、蓝和黑，除此之外，一切免谈。不知何时开始，对鲜红有了认识。同时也知道了丝绸贴身的感觉，更爱麻和棉对肌肤的摩擦。穿牛仔裤的人，岂能了解。

年纪大了，如果能穿一整套棕色西装，衬着同颜色跑车，在繁华的大道中下车散步，背后有夕阳，那当然最好。要不然，只要穿得干干净净，整整齐齐，也比衣着随便的年轻人好看。

不过，现实问题，有一些钱是更好的。

年轻女子崇拜上年纪的男人有几点：

因为他们有父亲的形态，和有一些钱；

因为他们是一个有经验的爱人，和有一些钱；

因为他们不会要求你和他有一大群儿女，和有一些钱；

因为他们办事有极大的威信，和有一些钱；

因为他们有生活的情趣，和有一些钱；

因为他们懂得艺术，和有一些钱。

青年男子，即使有钱，亦无上述的条件，所以只能找找小明星当什么公子。

从前年轻的时候，一桌子十二个人，我一坐下来，是我最小，但是现在同样一桌子十二个人，我坐下来，是我最大。从前和现在，不过像是昨天和今日，快得很，也没什么大不了的。不过很奇怪，当我是最年轻的时候，我已经想到有一天我是最老的，我好像一早就有了心理准备，所以一点也不感到惊奇。

老花眼镜，我在三十岁那年已经戴了。当时看书一直感到吃力，到东京公干，朋友介绍我去找一个最出名的眼科医生。他检查了一下，就断定是远视，给我一张账单，是个天文数字。我抗议。那眼科医生笑笑：“这叫作聪明老花镜呀！”

结果付钱后舒舒服服地走出来。

这个故事中又悟出一个哲理：要老，也得老得聪明一点；要老，就老得快乐一点，被骗也不要紧的。

快乐的定义每一个人都不同，有些只要半个老婆就满足，但是要很多钱；有些人三餐吃公仔面就够，但是要很多钱；有些人只要去去卡拉 OK，但是要很多钱。

刚才说过，有一些钱是更好，不过有钱要懂得怎么去花才是快乐，不然只是银行簿上多一个零和少一个零的问题罢了。

年轻人多数不懂得花钱，因为他们连经济基础也没打稳。上年纪的人也多数不懂得花钱，因为他们怕病了，怕更老，钱不够花。

花钱是中年人、老年人第一个要学的课程，可以先从送东西开始。

送礼物的快乐不单是在得到礼物的人；送东西的时候的快感，不单是用金钱衡量，而是要花心思，要算得准时间，要送得狠。

送礼物最高的境界不在于一样样的东西，而是送一个毕生都忘不了的经验，就算这个经验是一年、一天或几个小时。

年轻人最多只是送送花和巧克力，那是最低的手段，偶尔他们也能送一个身家，爱上一个坏女人，什么都奉献。年纪大一点，当然不会做火山孝子。

最佳礼物是承诺。有经验的人骗起人来会令对方很舒服，那么骗骗人有什么不好？

技巧在于诚恳的态度，年轻人做不到，因为他们会脸红，上了年纪，脸皮较厚是件当然的事，因为他们失败得多了。到后来连自己也骗了，就把在年轻时候的种种不愉快的经验变为美好，成为事实，等于他们的人生经验了。最后，他们还能把这些经验写成文字，骗骗读者，读者高兴，他们自己赚稿费，何乐不为？

年轻人说：你们老了。

不，不，不，不，我们不会变得更老，我们只会变得更好。

做人，由最简单的道理做起

“要怎样才叫做人？”小朋友经常问我，“我在街上看到眼光呆滞、穿得肮脏的老人。我不想老了和他们一样。”

“做人是一种很高深的学问。”我说，“不过不要想得太复杂，由最简单的道理做起。”

“什么是简单的道理？”

“就是要活得快乐，今天比昨天好，明天又比今天更好。”我说。

“那需要很多钱才做得到。”小朋友说。

“钱虽然重要，但是和生活的质量无关。”我说，“有很多富商，并不懂得生活。”

“什么叫不懂得生活？”小朋友问，“有了钱，要吃什么有什么，要去哪儿就去哪儿。”

“不懂得生活就是说他们忙碌了一生，没有时间享受生活的情趣。怕死怕得要命，吃东西时这种不敢吃，那种以为一吃就会生病。”

“没有钱怎么去找快乐？”

“种种花、养养鱼，不需要几个钱。”我说，“要玩的东西，实在太多。不过这是努力得来的。”

“为生活奔波，吃都吃不饱，失业的人通街都是，还去种花养鱼呢。”小朋友不满。

“所以说要趁早培养多种爱好，音乐也好，时装也好。除了自己的职业之外，努力学习其他东西，如果本行行不通，就可以转变方向，做别的去。”

“没有钱，做什么都不行。”小朋友不服，“你说的一天比一天活得快乐，不容易。”

“一天比一天活得快乐，是质量的问题，要求质量一天比一天高，那自己就得往这个方向走。质量提高了，对任何事都感到好奇，眼光就灵活起来。质量提高了，就会爱干净，白衬衫天天洗，老了就有尊严。”

小朋友似懂非懂。其实愈早知道这个道理愈好，我想。

变成好酒还是变成醋

我们年轻的时候，疾恶如仇。

这当然是青年人最大的好处，他们天真，不受世俗污染，喜欢就喜欢，讨厌就讨厌，没有中间路线。年纪渐大，好与坏模糊了许多，这也不是短处，只是人生另一个阶段。

到了社会上，同事间有一些看不顺眼的，即刻非置对方于死地不可。有的讲你几句，马上想诛他家九族。年轻人有的是花不尽的爱与恨，很可惜的是，恨比爱多。

年纪大的人，一切已经经历过，抓住了年轻人的弱点，加以利用，先甜言蜜语把他们骗个高高兴兴，再加几句赞美使他们飘飘然，把他们肚中的东西完全挖出来，用它们当利刃，一刀刀从背后插进去。年轻人毫无挡驾余地，死了还不知是谁害的。

别骂人老奸巨猾，因为你也有老的一天。奸与不奸，那是角度的问题。自己老了，就认为自己不奸了。就算不奸，在年轻人眼中，你还是奸的。

洋人常说做人要像红酒，愈老愈醇。道理简单，做起来不易。

年轻人逐渐变成中年人，又踏入老年，疾恶如仇的特性慢慢冲淡，但也变不成好酒。有些人总是以为世上的人都欠他们的，所以变成了醋。

老的好处是学习到了什么叫宽容。自己曾经错过，就能原谅别人。但有些人偏偏认为自己永远是对的，不断地对别人加以评判，要对方永不超生。他们不知道，恨别人也是痛苦事。

交友之道，在于原谅对方。记那么多仇干什么？想到他们的好处，好过记他们的缺点，这是“阿妈是女人”的道理，大家都知道，就是做不到。能原谅人，是天生的，由遗传基因决定，无法改变。我能原谅人，是父母赐给我的福分，很感谢他们。

从年轻时就要学如何老去

生老病死这个人生必然的过程，“病”是最多人讨论的；“生”理所当然，没什么好谈的；“死”中国人最忌讳，从前不敢去提到它；今天要聊的是“老”。

得从时间角度去看，我们十几岁时，觉得三十岁的人已经很老。到自己是三十岁的阶段，就说六十岁方老。古来稀了，还自圆其说：“人老心不老。”

我们对渐进式的改变从来没有感觉，一下子从儿童到中年到晚年。讥笑别人老的，自己也一定有报应。丰子恺先生在三十多岁时已写了一篇叫《渐》的文章，分析这种缓慢的变化过程，可读性极高。

为什么我们对“老”有那么大的恐惧呢？皆因那些孤苦伶仃、行动不便的人给了我们不好的印象，让我们以为大家老了就会变成那个样子。

你不想老吗？商人即刻有生意可做，什么防皱膏、抗老药，在市面上一大堆，还有我们的整容医生呢。但是，一切枉然，老还是要老。

应该怎么老呢？我觉得老要老得有尊严，老要老得干干净净。

不管你有钱没钱，一件衬衫总得洗净烫直。做得到的话，怎么老都可以接受，不一定要穿什么名牌。

中国人不会，旅行时就要向外国人学习了。他们当然也有衣着褴褛的例子，但是一般注重外表。像在巴黎香榭丽舍，到了秋天，路上两排巨木的叶子变黄，一辆小雪铁龙汽车停下，是深绿色，走下一对穿咖啡色毛衣的老夫妇，在街中散步。一切金黄，和落日统一起来，多么美妙！

香港人有必要学老，因为他们是全世界最长寿的人之一，男人平均年龄七十九、八十岁，女人八十六七岁，俱列世界第二位。

如何学老呢？从年轻开始，就要不断学习，别无他途。学识丰富了，任何一种专长都可以用来作为生财工具，我们就可以不怕穷，不怕老了。

年轻人，别再打电子游戏和听无聊的流行音乐了。不然，你就会变成你想象中老了的样子。

有什么好怕

年轻人充满信心，自大得很。

但是奇怪，他们怕这个怕那个，怕的东西和人物真多。

读书时怕考试，怕凶恶的老师，怕交不出功课，怕考不上学校。

初闯情关，怕出现一个比你更有钱的少爷对手，怕说明爱意被人笑。

怕自己不够好看了，怕长满脸的青春痘医不好。怕太瘦，怕太肥，怕太高，怕太矮。怕一生孤独没人要。

出来做事，怕上司，怕同事用刀子插你的背脊，怕被炒鱿鱼找不到工作。

买点股票，怕做大闸蟹。买张六合彩，怕不中。步入中年之前，又怕老。

到了我们这把年纪，才真正地天不怕地不怕了。对我们来说，一生已经赚够了，再也不能从我们身上剥削些什么。

真不明白失恋为什么那么恐怖。这个不行，找另外一个呀！难道天下只剩一个女人？

样子长得好不好看？哈哈哈哈，不好看又怎样，满脸皱纹又怎样？那是我们的履历。

生了一个大肚腩？好呀好呀，女人当枕头，还不知多舒服！这个年纪，有肚腩才是正常。骨瘦如柴的，不聚财。

遇到有钱佬，照样你一句我一句，身份平等。你以为他有钱，死了之后就会留给你？

遇到高官，还是开开玩笑算了，也不会因得罪了他们而被秋后算账的。

看医生时，说一句："大不了死了。"一切，就那么轻松带过。

如果上帝出现在眼前，问问他："你出恭的样子，是不是和平常人相同？"

答读者问

问：先生，人生好苦。

答：吃糖。

问：蔡先生，人这辈子怎么活才算活得好？

答：吃饱喝足。

问：您怕死吗？如果不怕，请问为什么？

答：我活过。

问：先生，年老之后最大的感受是什么？

答：安详。

问：先生，人一定要买房吗？

答：是蜗牛才要。

问：蔡先生怎么看待死亡呢？

答：没死过，不知。

问：活着挺累的。

答：有谁轻松过？

问：先生，我总觉得人生太长了。

答：等你老了再说。

问：先生，人一生要用多少时间才能与死亡和解？

答：不断地。

专注与热爱，做什么都能成

千万不要以『说得容易做时难』为借口，
从今天开始你就把自己的想法记录下来，
这是达到愿望的第一步。

喜欢睡觉，可以设计枕头

“你说投资，”小朋友问，“做什么投资最好？我从来不懂得做生意，怎么开始？”

“古人的话，有他一定的道理。”我说，“不熟不做，要做你认识的。”

“我只懂得我的老本行，最熟了。其他，一点也不懂。”他说。

“那么开始学习呀。”

“学些什么？”

“学你的工作之外，有兴趣的东西。”我说。

“我只对吃东西和睡觉有兴趣。”小朋友笑了。

“对吃有兴趣，可以开小餐厅。对睡觉有兴趣，可以设计枕头。”

“哦。”小朋友说，“我没有想到设计枕头也是一种行业。”

“这行生意可大可小。一般人都对自己的枕头不满，说睡得不好完全因为没有一个好枕头，你能做出一个让他们满意的，一定有人买。”

“但是我只会睡觉，不会设计。”

“所以说要学习呀。”我说，“可以从研究背脊骨的构造开始，再到天下最轻最软的鹅毛是哪一种。内芯是一整块的枕头好，还是分成十个气袋？天然树胶的发热量和人造塑胶的分别如何？枕头盖麻质好过丝绸？应不应该分春夏秋冬不同的四个袋子？用电脑分析头和颈项的角度，行不行得通？抱枕呢？追溯它的历史，叫作竹夫人。从前的抱枕，天气热的时候用竹编成的，你知不知道？有个象牙的抱枕，更凉快，但是现在象牙禁猎，可用什么塑胶来代替？每一种东西都是一门学问。精了，就是专家，写谈论古今枕头的文章，也是乐事。”

我一口气说完。

小朋友“哇”的一声：“除了睡觉和吃饭，我还喜欢做爱。”

我懒洋洋地回他：“去拍小电影，拍得好，也能赚钱。”

努力向前，必有收获

这一个《名采》版，作者们时常开天窗，有些资深的写作人，因为公事要请假，也无可厚非，但是这对代他们写的人很不公平。

“你要是写得好，编辑就会请你了，何必替人家写？”读者们都有这个疑问。

其实代替者的文笔都不错。我认为要是有人开天窗的话，那就不是一个人来写，而是大家写。

很多想成为专栏作家的人，一直抱怨说没有地盘，这不就是机会吗？文章精彩与否，一篇可知，主要看可读性高与不高。

甚至想到专栏版上应该有一个永久的空位，像贴大字报的墙，让跃跃欲试的人发表他们的文章。

虽说中文水准低落，但每一个时代总会出现一些杰出的写作人。我父亲那一辈子，看我们的文字总是摇头轻叹，但也阻止不了亦舒、李碧华等人的冒头呀！

相信的不是一代不如一代，而是青出于蓝，这才是正确与乐观的态度。

新的写作人去哪里找？大把！在我那几篇《病中记趣》刊登后大批慰问电邮之中，已看到有许多内容有趣、文字生动的来信，他们都是有希望成为专栏作者的人才。

凡事一求代价，层次必低。尽量写好了，抱怨没地方发言而停笔，就永远停下来。当成记日记不就行吗？

一时的光辉并不代表可以一直坚持得下去，专栏难在保持水准。什么叫水准？热爱生命，就是水准了吗？

不停地写，别虚伪，仔细观察人生百态，题材多得不得了。千万不要以“说得容易做时难”为借口，从今天开始你就把自己的想法记录下来，这是达到愿望的第一步。记得区乐民做学生的时候，我也曾经这么鼓励过他。

作家的生涯就是过我想过的日子

《山居岁月》和续篇《恋恋山城》的作者彼得·梅尔对于写作，幽默地举例：

> 作家常以为他的经纪人爱他爱得不够，空白的稿纸是他的死对头，出版社是不守信用的小气鬼，书评家是他的大冤家，老婆不了解他，连酒保也不了解他。银行放款部主管一看到，便即刻躲在桌底下，他知道文人不是低风险的借账对象。

作家需要做大量的资料搜索，外行人看来好像只要花五六个小时在图书馆中就完事，或者只要打六七通电话。但是在今天，作家提出的所有细节全部都应有事实根据，单凭想象和几笔地方色彩是不够的，读者要知道作家到过什么地方、做过什么事才能信服。

太普通的国家没人看，作家要做资料搜集，通常必须出现在一些最不堪过活、最危险的角落里，像贝鲁特或尼加拉瓜等。

几个月很快地过去，虽然荒蛮地方生活费不高，但是来回的机票不便宜，再加上回国后在医院的身体检查，看看是不是得了怪病，这才是最贵的。

看起来作家好像万事俱备，可以开始动工了，但对着那一大沓空白的稿纸，他来回踱步，呆呆地瞪着窗外（作家常常看天色）。最后，一个字也写不出来。

这叫“写作阻塞症”，或称为“写作痉挛症”，是作家两耳之间出现的痛苦症状，已经发生。

不知道别的作家怎么想，我是愿意无条件地挨下去，也不能适应舒舒服服但寄人篱下的办公室日子。开会时我注意力已退化，打领带会出麻疹，深深地厌恶公事包这件东西。

写作是折磨还是雅癖，我不清楚，但是我明明白白知道，作家的生涯就是过我想过的日子。

开茶店

程氏夫妇，认识多年，他们曾在新加坡住过一个时期，返港后我们经常聚会。育有二子，除上学，还身教，一有假期就带他们到世界各个都市的博物馆，并享受名厨美食。

大家没有联络已久，一日，接母亲电话，见面时，母样子依旧，小儿子已经长大成人，彬彬有礼，是位好青年。

问近况:“对什么最有兴趣？”

“饮食。”儿子程韶伦回答。

真奇怪，友人子女，都想干这方面的事，大概与从小吃得好有关系。

“干餐厅，很黐身（粤语词汇，指纠缠不清）。”我说。

“不是。”他妈妈说，“你先听听他的。”

“你知道的，我们家族和云南的关系很好。”程韶伦说，“我一向爱喝普洱茶，便顺理成章地想做普洱茶生意了。”

“那更糟糕，要辨别普洱茶的真假和好坏，最少也得再花几十年工夫。”

“不是卖茶饼，而是现喝的。”他说。

原来，程韶伦大展拳脚，购入最新机器，在最卫生干净的环境下，采集天然森林生长的大叶种乔木茶，其中有树龄三百年以上的野生古茶树和五十年以上的有机茶树，不需要施用化肥和农药，以高科技提炼出普洱精华来。他取出样板给我看，是牙签纸筒般大的包装，一撕开，浸入滚水或冷水中，即刻溶化。

对味道还是表示怀疑，我喝了一口，不错不错，刚好要出门旅行，喝他的普洱精华，早、中、晚餐都来一杯，方便到极点。程韶伦也做过 SGS① 检验报告，证实此精华的儿茶素、茶多酚含量高达六十二点九巴仙（指百分之六十二点九），这些活性成分有强烈的抗氧化、抗病毒和防癌防老的作用，一杯相当于六杯传统茶。

名为“吃茶去”，汉狮集团出品，当今已在市面上，可在置地和圆方的“Three Sixty 超市②”、九龙城“永富”以及小店“一乐也”买得到。

---

① 瑞士通用公证行。

② 由香港怡和集团旗下牛奶公司创立的大型有机超市。

忙里偷闲，苦中作乐

曾经为“茗香茶庄”写过一副对联，曰：“为名忙为利忙忙里偷闲吃杯茶去，劳心苦劳力苦苦中作乐拿壶酒来。”

自己的散文集成册，也用过“忙里偷闲”与“苦中作乐”为书名。

忙和苦真的那么可怕吗？是的，如果你是一个朝九晚五的工作者，那么退休的安逸生活，是你渴求的；要是你付出的只是劳力就简单了，老来过清淡的生活，舒服得很，养鸟种花，日子过得快。

人一不忙，就开始胡思乱想，以自我为中心起来。这很糟糕，不了解别人为生活奔波，以为做出的要求，非为你即刻办妥不可。

子女为什么不来看我？邮差为何不送信上门？每天派的报纸，怎么迟了十分钟？看病时，医生为什么不即刻为自己检查？

人不能停下来，如果你是一只大书虫，那就无所谓了，看书的人有自己的宇宙，旁的事，太渺小了。

有时可真羡慕外国人的豁达，一代是一代，长大了离开，父母不管我，我也不必照顾他们，各自独立。有了家族观念，反而在感情上纠缠不清。说是容易，但我们摆脱不了生长在中国家庭的宿命，我们还是有亲情的，我们的父母兄弟姐妹孙子孙女，都要互相拥抱在一起，我们一老，就不能原谅别人不理我们。

忙与苦，都能解决一切烦闷，一点也不恐怖，对老来的生活，是一剂清凉的良药。

工作可以退休，自修总可做到老。喜欢的事，加以研究，够你忙的。从种种问题中寻求答案，别的事就不必去烦恼。能得到的亲情，当成横财，仅此而已。

闲与乐，虽说要偷、要作，但那杯茶、那壶酒，终于是喝进自己的肚子。忙就忙吧，苦就苦吧！

享受之。

起先不懂，慢慢学的

我整天说应该提高生活质素（粤语，意为品质），活得一天比一天更好。大家即刻反应：“钱呢？”

“并不需要大量的金钱。”我说，“有时反而能赚钱。”

众人投我不信的目光。

举一个例子。义兄黄汉民曾经教过音乐，上一次我去新加坡时和我聊起男高音，说目前的那三个，还不如 Gigli（贝尼亚米诺·吉里，二十世纪意大利著名男高音歌唱家）和 Caruso（卡鲁索，二十世纪意大利著名男高音歌唱家）。

我也赞同，小时候受到熏陶，也是那两位大师的作品，当年收藏的七十八转黑胶唱片已经不知道哪儿去了，好久没听他们的歌，偶尔在收音机中接触罢了，想买几张送汉民兄，何处可觅？

跑去尖沙咀的 HMV[1] 找，好家伙，五层楼都是 CD 和 VCD，男

① 起源于英国的唱片零售店。

高音层属于经典乐部分，在顶楼，和爵士在一起。

一口气跑上去，唱片多得不得了，但客人只有我一个，一位年轻人坐在柜台后，自得其乐地听交响乐。

看了一阵子，找不到我要的那几张，只好跑去问：“到底 Gigli 和 Caruso 的歌还有没有人出唱片呢？”

“当然有。”年轻人带我到一个角落，纯熟地找了出来，“这一排都是。”

嘻，可多得不知要选哪几张，只好先挑些他们的代表作，其他较为冷门的歌剧留到下次慢慢听吧。

“你从小喜欢古典音乐？”我问。

年轻人笑着摇头：“起先不懂，做了这份工慢慢学的。”

“现在呢？”

“少一点钱我也愿意干。”他回答。

“最大的愿望是什么？”

他又笑了：“储够钱，去外国听演奏会。”

种花、养鸟、书局、乐器店等，都是让我们活得一天比一天更好的学校。

喜为五斗米折腰

为了准备二〇二〇年四月底在星马举办的三场行草书法展，我得多储蓄一些文字。发现写是容易，但要写些什么，又不重复之前的，最难了。

“岂能尽如人意，但求无愧于心”等字句，老得掉牙，又是催命心灵鸡汤，是最令人讨厌，写起来破坏雅兴，又怎能有神来之笔？

记起辛弃疾有个句子，曰：“不恨古人吾不见，恨古人不见吾狂耳。”很有气派，由他写当然是佳句，别人写就有点太自大狂了。

还是这句普通的好：“管他天下千万事，闲来怪笑两三声。”已记不得是谁说的，但很喜欢，又把“轻笑”改为“怪笑”，写完自己也偷偷地笑。

讲感情的还是较多人喜欢，就选了“只缘感君一回顾，使我思君朝与暮”。出自乐府《古相思曲》。原文是：“君似明月我似雾，雾随月隐空留露。君善抚琴我善舞，曲终人离心若堵。只缘感君一回顾，使我思君朝与暮。魂随君去终不悔，绵绵相思为君苦。相思苦，凭谁诉？遥遥不知君何处。扶门切思君之嘱，登高望断天涯路。”太过冗长，又太悲惨，非我所喜。

写心态的，目前到我这个阶段，最爱臧克家的诗：“自沐朝晖意蓊茏，休凭白发便呼翁。狂来欲碎玻璃镜，还我青春火样红。”也再次写了。

也喜欢戴望舒的句子：“你问我的欢乐何在？——窗头明月枕边书。”

“故乡随脚是，足到便为家”是黄霑说过，饶宗颐送他的一句话，能响了他的作品《忘尽心中情》。我想起老友，也写了。

在中学时，友人送的一句“似此星辰非昨夜，为谁风露立中宵”，至今还是喜欢，出自黄景仁书《绮怀》，原文太长，节录较佳。

人家对我的印象，总是和吃喝有关，饮食的字特别受欢迎，只有多写几幅，受韦应物影响的句子有：“我有一瓢酒，足以慰风尘。”

吃喝的老祖宗有苏东坡，他说：“无竹令人俗，无肉令人瘦。不俗又不瘦，竹笋焖猪肉。”真是乱写，平仄也不去管它，照抄不误。

板桥更有：“夜半酣酒江月下，美人纤手炙鱼头。”

不知名的说：“仙丹妙药不如酒。”

有一句我也喜欢：“俺还能吃。”

另有：“红烧猪蹄真好吃。”

更有：“吃好喝好做个俗人，人生如此拿酒来！”

还有:“清晨烙饼煮茶，傍晚喝酒看花。”

最后:“俗得可爱，吃得痛快。”

说到禅诗，最普通的是:“菩提本无树，明镜亦非台。本来无一物，何处惹尘埃。”被写得太多，变成俗套。和尚写的句子，好的甚多，如:“岭上白云舒复卷，天边皓月去还来。低头却入茅檐下，不觉呵呵笑几回。”

牛仙客有:“步步穿篱入境幽，松高柏老几人游？花开花落非僧事，自有清风对碧流。”亦喜。

布袋和尚的:“手把青苗插福田，低头便见水中天。六根清净方成稻，后退原来是向前。”

禅中境界甚高的有:“佛向性中作，莫向身外求。”都已与佛无关了。

近来最爱的句子是:“若世上无佛，善事父母；事父母即是事佛也。”

我的文字多作短的，开心说话也只喜一两字，写的也同样。

在吉隆坡时听到前辈们的意见，说开展览会叫售价要接地气，可以小的，大家喜欢了都买得起，结果写了“懒得管”“别紧张”“来抱抱”“不在乎”“使劲玩”。四字的有“俗气到底”“从不减肥”“白日梦梦”等。

自己喜欢的还有“仰天大笑出门去”“开怀大笑三万声”等。

有时只改一二字，迂腐的字句活了起来，像板桥的“难得糊涂”，改成“时常糊涂”，飘逸得多。“不吃人间烟火”，改成“大吃人间烟火”，也好。

佳句难寻，我在惯例每年开放微博一个月中，征求网友提供，好的我送字给他们，结果没有得到，刚好我的网购店铺“蔡澜花花世界”有批产品推出，顺便介绍了一下，便给一位网友大骂，说我已为五斗米折腰，其他网友为我打抱不平，我请大家息怒，自己哈哈大笑，改了一个字“喜为五斗米折腰”，成为今年最喜欢的句子。

人生迷惘？去麦当劳

年轻人最大的问题是迷惘，不知前途如何。成年人最大的烦恼，是不愿意听无能的上司指点。

在网上，很多人问我这些难题，我的答案只有三个字，那便是“麦当劳”了。

说多了，很多人误会：“你特别喜欢麦当劳的食物吗？”“你收了他们的广告费吗？为什么老是推荐？”

我可以再三地回答：“我不特别喜欢或讨厌麦当劳。”理由很简单：我没有吃过。我不喜欢麦当劳，是我最讨厌弄一个铁圈，把可怜的鸡蛋紧紧捆住，把一种可以千变万化的食材，改成千篇一律。我讨厌的，是将美食消绝的快餐文化。

至于广告，他们有年轻小丑推销，不必动用到我这个老头。他们请大明星，更是不成问题。我老是把这三个字推销给年轻人，是当他们问我失业怎么办，好的，去麦当劳打工呀，一定有空职，他们很需要人才。人生怎么会迷惘呢？最差也有一个麦当劳请你入职。

如果你肯经过麦当劳式的职业训练，你今后工作的态度也会有所改变，知道什么是规矩和服从。你再也不受父母的保护，你知道怎么走入社会，这是人生的第一步。

一切都要靠自己的努力，没有直升机从空而降，麦当劳是基本功。开一家餐厅，有数不清的困难和危机，对人事的处理，有学不尽的知识。做任何事，都不容易，麦当劳会出钱让你学习。

要拥有自己的餐厅，就像读书人的理想是开书店一样。喜欢饮食的人，为什么要朝九晚五替别人打工？为什么不可以把时间和生命控制在自己手里？

当小贩去吧！当今是最好的时机。

对的，香港已经没有小贩这回事，政府不许，都要开到店里去，当地产商横行霸道时，租金是当小贩的最大障碍，可是现在不同了，看这个趋势，房地产价钱一定下跌，租金也相应地降了，这是当小贩的最好时机。

和同事或老友一起出来打世界，一对小夫妻也行，存了一点钱就可以开店了，从小的做起，不必靠工人，不必受职员的气，同心合力把一件事做好，日本就有这种例子。人家可以，我们为什么不可以？

最大的好处是自由，想什么时候营业都行，如果你是一个夜鬼，那就来开深夜食堂吧。要是你能早起，特色早餐一定有市场。

卖什么都行，尽量找有特色的，市场上没有的，不然就跟风，人家卖拉面你就卖拉面，但一定要比别人好吃才行。

我一向认为，做食肆只要坚守着“平”“靓”“正”这三个字，绝对死不了人。

“平”是便宜，字面上是，但有点抽象，贵与便宜，是看物有所值与否。“靓”当然是东西好，实在，不花巧。“正”是满足。

有了这三个字，大路就打开了，前途光明无量。

基础打好，有足够的经验和精力及本钱，就可以扩大，就可以第二家、第三家地开下去，但越开多，风险越大，照顾不到的话，亏本是必定的。

至于卖些什么，最好是你小时候喜欢吃些什么，就卖什么，卖不完自己也可以吃呀！老人家说不熟不做，是有道理的，你如果没有吃过非洲菜就去卖，必死无疑。

即使吃过，只是喜欢是不够的，也别做去学三个月就变成专家的梦，好好学习，从头学起，一步步走，走得平稳，走得踏实。

香港人最喜欢吸纳新事物、新食物，泰国菜、越南菜，甚至韩国菜、日本菜，都可以在香港生存下去，有些还要做得比本来的更美味。

可以发展的空间很大，也不必去学太过刁钻的，像潮州小食粿汁，就很少人去做，开一档正宗的，粿片一锅锅蒸，一块块切出来，再配以卤猪皮、豆卜之类又便宜又美味的小食，只要是味道正宗，所有传媒都会争着报道。

东南亚小吃更有的做，但为什么一味简简单单、又受大众接受的叻（le，源自马来西亚的面食料理）沙没有人做得好呢？不肯加正宗的血蚶呀。血蚶难找，有些人说。九龙城的潮州杂货店就可以买到。

别小看小贩，真的会发达的，我亲眼看到过许多成功的例子，由一家小店开始，做到十几二十间分行，当小贩不是羞耻的行业。当今许多放弃银行高薪而出来、在美食界创业的年轻人，经过刻苦耐劳，等待可以收成的日子来到，那种满足感，笔墨难以形容。

好，大家当小贩去吧！

玩物养志，养志赚钱

很多年前，我写了一本书，叫《玩物养志》，也刻过同字闲章自娱，拿给师父修改。

“玩物养志？有什么不好？”冯康侯老师说，“能附庸风雅，更妙，现代的人就是不会玩，连风雅也不肯附。”

香港是一个购物天堂，但也不尽是一些外国名牌，只要肯玩，有心去玩，贵的也有，便宜的更可随手拈来。

很佩服的是苏州男子，当他们穷极无聊时，在湖边舀几片小浮萍，装入茶杯里，每天看它们增加，也是乐趣无穷。我们得用这种心态去玩，而且要进一步地去研究世上的浮萍到底有多少种类。从浮萍延伸到其他植物，甚至大树，最后不断地观察树的苍梧，为它着迷。

研究的过程中，我们会看很多参考书，从前辈那里得到宝贵的知识，就把那个人当成了知己。朋友就增多了。慢慢地，自己也有些独特的看法，大喜，以专家自称时，看到另一本书，原来数百年前古人已经知晓，才懂得什么叫羞耻，从此做人更为谦虚。

香港又是一个卧虎藏龙地，每一行都有专家，而怎么成为专家？都是努力得来，对一件事物发生了浓厚的兴趣，怎么辛苦，也会去学精，当你自己成为一个，或者半个专家后，就能以此谋生，不必去替别人打工了。

教你怎么赚钱的专家多的是，打开报纸的财经版每天替你指导，事业成功的老板更会发表言论来炫耀。书店中充满有钱佬的回忆录和传记，把所有的都看遍，也不见得会发达。

还是教你怎么玩的书，更为好看，人类活到老死，不玩对不起自己。生命对我们并不公平，我们一生下来就哭，人生忧患识字始，长大后不如意事十常八九，只有玩，才能得到心理平衡。

下棋、种花、养金鱼，都不必花太多钱，买一些让自己悦目的日常生活用品，也不会太破费，绝对不是玩物丧志，而是玩物养志。

***

我在内地和友人谈起生活之道，友人经常的反应是：“你有钱，所以有条件培养种种兴趣，我们做不到。”

一直强调的是兴趣与钱虽然有点关系，但是并非绝对。像种花养鱼，可由平凡的品种研究，所费不多。读书更是最佳兴趣，目前的书籍越卖越贵是事实，但绝非付不起的数目。而且，图书馆免费地等你。

重复又重复地说，兴趣可以变为财富。一种东西研究到深入，就成专家，专家可以以新品种来换钱，至少也能写文章赚点稿费。

钻了进去，以为自己知识很丰富时，哪知道已经有人研究得比自己还深，原来七八百年前写过论说，便觉自己的无知与渺小，做人也学会了谦虚。

另一方面，身边朋友少一点也无关紧要，我们可以把古人当老师，他们的著作看得多了，又变成他们的朋友。

一大早到花墟的金鱼市场观察鱼类，下来到雀鸟街听哪一只鸟啼得最好听，最后逛花街，看什么花是由什么国家输入，都是一个很好的开始。

前几天的副刊中也教过人种兰花，只要一百块港币就可以买到五盆廉价的兰花，经半年的精心培植，身价一跃到四百八十块港币一盆，足足有二十四倍之多。

故玩物并不丧志，养志还能赚钱，何乐不为？问题在于你肯不肯努力，肯不肯花心思。

近来政府把街上每一棵树都用小板写了树名钉在树干上，独自散步时把每一棵树的名字牢牢记下，一分钱也不必花。等到和有品位的女友拍拖时，把树名一棵棵叫出，即刻加分。

***

返港后，患感冒，看来是时候休息了。但，我是一个停不下来的人，正好利用这时间玩微博，吃完睡，睡完吃。

回答一群来自各地方的人的问题，新浪微博给他们安上“粉丝”的名字，我并不喜欢这个称呼，宁愿用回读者，或者新一点，叫为网友。

答案有时在书桌上写，有时在电视机前写，有时在床上写。iPad① 就是有这个好处，因为它是史蒂夫·乔布斯在病榻上构思出来的。

父母教的，凡事要做，就得尽量做得最好。我不敢说我的微博最受欢迎，但至少，我是回答得最勤力的。因为在这期间可以日夜上网，读者的所有疑难，不管大小，一一满足各人要求。微博有一个术语，叫作“刷屏”，网友一打开网站，看到的都是我的答案，就说每天被我刷屏了。

我用电脑，最大的苦恼在于不会以中文输入。曾经学过不少方法，除了手写，都失败。但手写，缺点有：一、速度慢；二、有些字，计算机认不出；三、iPad 并不支持繁体字。

---

① 苹果公司于 2010 年开始发布的平板电脑系列。

回复微博的这几天，我日夜锻炼，已经克服了以上难题。

一、写惯了，就快。二、计算机认不出的字，用最愚蠢的方法，先在 iPhone[①] 上下载“拼音字典”，一个个查，像“喜”是 xi，“欢”是 huan。久而久之，便记得。最后只要打“xh”，就跑出来“喜欢”二字，更敏捷。三、简体字也学会了，加上联想功能，愈写愈快。

答得多，在微博上关注我的人随之增加，当今已十二万，我将挑选一堆精简的聚集成书。内地的简体字版销路逐渐转好，已很少有盗版了，带来一些额外的收入。

这也呼应了我给年轻人的婆妈语：一切都要用功得来，并无他途。

今后在 iPad 上撰稿了，不必受传真之苦，去到哪里，写到哪里，一按键，电邮发到编辑部。

谁说玩物丧志？玩物养志才对！

① 苹果手机。

没有灵感时如何写出一篇稿子

外面下雪。

从落地玻璃窗望出，庭院中的松树像一把把的大雨伞，但只见伞骨，原来立了一根高柱，从上面挂下一条条绳子，绑着树枝，预防积雪把它们压断。

又看到一朵朵的红花，专在雪中怒放。

屋檐下悬着冰柱，那么尖锐，侦探小说中是否可以用它来杀人，警方永远找不到凶器？

忽然，感到一阵寒意，披衣浸温泉去。

回房间后，对着空白的稿纸，一个字也写不出，又呆呆地望着窗外。

有一片脚印，是野兔留下的，或者是小狐狸？在那么恶劣的环境之下还能生存，为什么人类的意志比它们薄弱？

寒山茶的花瓣被风吹散，落在雪地上有如鲜血斑斑，未开的花苞又长了出来。

想起父亲，生我时比我现在年轻。一代又一代，花开花落，回忆兄长的笑容，为什么当年我只会愤怒？

坐在榻榻米上，小桌子上铺一张被，盖住伸进去的脚。桌下有个火炉，温暖下半身，令人昏昏欲睡。

梦见丁雄泉先生，他的病已痊愈，拉我去天香楼，叫了一桌子的菜，还有醉人的花雕。

背脊还是有点冷，起身，再次浸温泉。回房，又见那空白的稿纸。

有什么好过由香港带来的普洱？沏了一杯浓如墨汁的，肚子里没有嘛。

天渐黑，吃过饭后，床已铺好，就那么睡吧，黎明起身再写稿，去年农历新年也一样过，像是昨天的事。今晚睡醒，又是明年除夕。

创一门新兴事业

算命先生说我有劳碌命，果然不错。今年，我又想创一门新兴事业，叫餐厅监制。

电影监制，什么都要管，除了资金不是自己出之外。餐厅监制也是一样的。

一向有自知之明，本人财产不善管理，投资者的钱则守得牢牢的。做餐厅监制，尝试帮食肆赚更多钱，自己也有应得的小报酬。

不熟不做，除了拍电影，我知道最多的是关于吃的，尤其是日本菜。

友人说：“真想吃到正宗日本菜，你来主理吧。”

因此，我接受挑战。

并非从头开始，是将现有的一家开在尖沙咀五星酒店内的店铺的水平提升。它有一个极美丽的海景，坐在寿司柜台，维多利亚港口就在眼前。本来食物和服务都很好，生意也不错，股东希望更上一层楼，我想我可以为他们达到这个目的。

餐厅监制，像一个乡下的小学校长，从修改学生功课到倒垃圾，什么都要做。请哪一位师傅？买什么品种的鱼虾？洗手间要清理多少次？都得仔细看管。减少不必要的开支，提高食物的质量，是最重要的环节。

我在富士电视台的《料理的铁人》节目中当过评判，因此结识许多饮食界的高手，他们都很乐意帮我这个忙，推荐大师傅，是无问题的。

货源挑选最新鲜当季的，我吃遍日本的山珍海味，也知道怎么进一些难得的食材，像日本三大珍味的 Bachiko（干海鼠子），是用海参的卵巢一丝丝晒干组成，再烘烤来吃，都能一一供应。

天天由日本各县的鱼市场空运来香港，也比其他餐厅一星期进货一两次更为新鲜。

“你说得那么有把握，为什么不自己去开？”小朋友问。这也没错。但是我是一个带兵打仗的将领，不是皇帝。命中注定，改不了。

***

除了餐厅监制，我还想做食堂监制。

国外已有这种职业，将公司食堂的食物从乏味的弄成好吃的。

很多公司都不注重这一点，以为大家有个地方吃饭就是，他们没有想到吃得好，就做得开心这一回事。

有些国家，请的食堂监制，会看价钱去挑选菜单，不超出本来预算，将食物弄得让人垂涎。这些专家还注重吃的环境，清洁不在话下，墙壁漆成什么颜色？挂些什么画？除厨房之外，请些什么大排档来增加氛围？都是工作的一部分。

大公司的餐厅一有水平，食物出了名，许多人都想去吃，除公司职员之外，还可以邀请外客光顾。上这种地方吃饭，是一件光荣的事。

但是，目前香港的工厂很多都搬到内地，拥有数百名员工的企业也愈来愈少，有的话也不会自己去弄家食堂。叫员工去外头吃吃算了，空间留当货仓。

所以这种职业在香港做不了，不少内地的大公司也还没有想到，只有等时机成熟才去做。

食品监制倒是可以想想的，大江南北的食物我一有机会就去吃，试过不少有水平又有很大潜力的小食，将它们重新包装，改善处理，可以做成各种畅销的产品。

“你把主意都告诉人家，不怕人家抄袭，捷足先登？”小朋友问。

主意不值钱，戏法人人会变。实行才是重要的，想想就算了，一点用处也没有。

餐厅监制这个主意酝酿已久，现在已和对方签下合同，可以着手去做了，当然不能马上有什么大的变化，但是脚踏实地，一步步来，总有把握将营业额提高。

想做的事，不能只想一件。弄个七八件，这件做不成做下一件，这才好玩。

二窟

小时候读电影书籍，看到一则著名导演经常来香港的事。

为什么来香港？拍戏吗？旅游吗？

答案完全不是：他来香港制造玩具。

很多电影人除了电影，一辈子不会干别的，他们以为电影已是一切，做其他事全部是旁门左道。生意更与艺术搭不上关系。

殊不知电影是一种燃烧生命的行业，那么多人在干，失败者居多。标青（突出）的，少之又少。一直维持在顶峰是个梦，现实中根本不可能实现，就算卓别林、斯坦利·库布里克等聪明绝顶的大师，至晚年，也呈现疲倦之态。

人生之中，总是有起有落。电影人，大多数以为自己是天才，只有往上爬，一部比一部卖座，没有倒下来的日子。电影行业那么吸引人，是有它的道理的。

就算一直倒霉下去，一天忽然拍部莫名其妙的戏，即刻翻身。所以大家都死守下去。

一部电影的卖座，全靠天时地利人和，有时不管拍得怎么好，扑街就是扑街。

电影人不信邪：“我从前也拍过卖座的戏，这一部不行，下一部证明给观众看。”

从前是用别人的钱拍的，现在为了证实自己的才华，把老本也投资进去。这一拍，又完蛋了，储蓄完全花光。

美国还有社会福利，中国香港人只缴十五个巴仙的税，一切靠自己。到了晚年，潦倒的不少。昔日风光，很难回头。享受惯了，余生怎么过？

所以在有钱的时候应该做点小生意，最好是自己的爱好，像童心未泯的李莱（玩具制造商），有什么比做玩具更好？只要是不烧伤自己的投资，年轻时就得做。

而人生最大的投资，莫过于培养本行之外的兴趣，专心研究，成为副业。所谓狡兔三窟，电影人的聪明，何止狡兔？至少也要二窟呀！

吃喝中悟出来的奇想，也许都是商机

吃了那么多，也谈了那么多的鱼、虾、蟹，就那么算了，实在可惜。

活在当下，我们都得讲钱；今时不比昔日，我们文人，也不必再扮清高了。

如果把尝试过的美味，化为经济来源，那该有多好！

吃过的鱼、虾、蟹化为文字，便可赚到稿费。你可能会说不是人人都能写的，而且去哪里找到发表的“地盘”？

这已是很落后的看法。只要会讲就会写，把讲过的话写出来就是，像会走路就会跳舞一样，中间经训练的过程而已。

什么训练？那就是开始写呀！想到什么就写什么，久而久之，你就会觉得控制文字，并非很难的一件事。

至于没有地盘，当今全世界都是地盘，计算机就是你的地盘，把自己的博客摆上去。精彩的话，就有人看，这和出书是一样的。

当作资料收集，请尽管写好了，总有一天，会很好用，当生财工具也说不定。

接下来，就可以把吃过的东西，演绎成独创一格的佳肴，开家餐厅也是办法，最厉害的是研发成商品。

卖东西，有两条途径：卖最便宜的，或最贵的。二者都有它的市场，走中间路线，永远失败。

印度尼西亚人老早就知道这个道理，他们把生虾剁成浆，加入面粉，煮熟后切成一片片的薄片，晒干了，就是他们全民皆喜的虾片了。

将虾片油炸，那么小的一块，变成一大块又脆又香的食材，形状也变化多端，有的制成丸形。到处可以看到小贩们背着一个大铁箱，叫卖虾片。

虾片，到底比洋人的薯仔片好吃。人类是肉食动物，鲜虾的气味，总不像植物那么寡。

大量生产，供应一般市场的虾片，面粉愈下愈多，虾肉愈来愈少，吃起来空虚无比。为什么不可以下足料呢？

日本人就有那种能耐，一家叫“阪角”的公司，采用全虾肉，只下一点点的面粉，和印度尼西亚人卖的刚好相反，做出来的虾片就很精彩。

经过压扁处理，炸出来的平坦的一片片，独立包装放进锡纸袋中，卖得很贵，这又是另外一个市场。上等的东西，总有一个市场，虽然不大，但可以维生。

日本人做的虾片，固然美味，但是没有进一步研发。东南亚的虾，味道比日本的更鲜更甜，尤其是在槟城市场中买到的生晒活虾虾米，放几粒煮汤，已鲜甜得不得了。上回和倪匡兄游大马，买了当手信，他一吃念念不忘。

拿这种虾米舂碎，再加上大量的鱼胶、少量的面粉来做虾片，炸了一定比日本的更有口感。只要在包装下功夫，贩卖到日本市场，不是问题。

或者，干脆用清水浸了，装入罐头，也能卖呀。罐头当然是迷你型的，一次吃一两罐，才不会因为太多吃不完而变坏。把虾米炸了，同样装入迷你罐，也是商机。

生活质素的提高，令世界各大都市皆有高级食品店，食材包装之后给人干净又高级的感觉，绝对能够在他们的架子上摆卖。

还有数不尽的酱类，包装得高档就行，像花胶酱、金华火腿酱、五香酱、鳗鱼酱、虾子酱、龙虾酱等，用来涂面包，送白饭，都是医治思乡病的恩物。

外国人有句老话，说一个人的美食，是另一个人的毒药。有时用的食材也不一定要花钱，像外国制造的鲍鱼罐头，鲍鱼肠都当垃圾扔掉，殊不知鲍鱼肠是日本人认为最好吃、最强精的东西，如果把它们做成罐头来卖，也无不可。

那么多年来，我总是吃吃喝喝，但累积下来的经验和广交的良缘，让我拥有许多门路，可以把一种商品卖到另一个地方去。上述举的多种例子，也不过是一部分罢了，还有数不尽的法宝藏在袖子当中。

要是各位有什么好建议，不妨大家交流一下，把吃喝中悟出来的奇想互相交换，也许都是商机。

只要不是抱着太大的期望，不冀求太大的利润的话，这些主意是非常好玩的。

过程之中，赚到一点小钱，游世界去，再没有更过瘾的事。

失败了再学，不会学不到

下着毛毛雨，路经天桥底下，见老人打着伞，坐在阶梯上，双眼望前，动也不动。

在干什么？等人？静观？都不像。没事做，是一定的。

去酒楼饮茶，入口处有一小丑，年轻人扮的，拿着一个泵，给彩色气球打入一半的气，然后折成一个个小圆球，组合成一只米奇老鼠，送给小孩。欢天喜地。

“请来的，”酒楼伙计说，“一个小时 700 元，包气球。”

不是儿童不送。我走过去向他宣布：“我是大小孩，也要一个。”

年轻人笑嘻嘻地点头。

“平时上不上班？”我问年轻人。

“在写字楼送信。”他回答。

“做气球玩具的技术，是谁教你的？”

他摇头：“没人教，到书店买了本书，看图识字学会的。”

“真厉害。”我说。

他又摇头："不是什么高科技，失败了再学，不会学不到的。"

"一个月能赚多少？"我问。

"写字楼 4000 多元。"他坦白地回答，"每个星期天跑两场。一场 700 元，两场 1400 元，再乘以 4，是 5600 元，加起来也有 1 万元，够用了。"

"酒楼怎么知道？"我又问，"他们怎么会请你的？"

"去每一家表演给他们看，每一家去问问，总可以问到一两家。"他说。

喜欢他，喜欢得要命。

天下总分几种人，有的不肯进取，不肯学习，就那样过一生，有的肯搏，出人头地。

天生的吗？遗传因子在作怪。有的坐在天桥下，有的绑气球。有因必有果，也不必歧视前者。给予同情，足够矣。

不去试，总得不到答案

侄儿的友人，其父开面包店，他本人留学法国，得大师傅指导，有很深的制作面包的基础，和几个同学合资开了间面包和蛋糕店。

生意不佳，愁眉苦脸，抱几盒作品上门讨教。我一向不爱吃这些东西，也乐意为他们一口口试之。

味道还过得去，但是牛角包、巧克力蛋糕、牛油饼似曾相识，外表和大小都不出奇。

“有没有主角？”我问。

“主角？”他扬起一边眉头，好像我这个做叔伯辈的人拍电影拍痴了。

“你一定要有一种很特别的产品，又便宜又好吃，才可以吸引到客人的呀。”我说。

他很聪明，即刻明白：“用什么东西当主角呢？”

“像蛋挞之类的……”我还没说完，他已反问：“但是已经流行过了。”

“我只是举个例子。现在卖得很好的是芝士蛋糕，将来会卷起浪潮的可能是绿茶、芥末、山葵的烧饼，一定要创新，但又不失原味。不去试，总得不到答案。”

他抓抓头：“还有什么新主意呢？”

“你想不出来，可以先参考别人的。如果来一趟香港，我可以带你到各家面包店去，就可以得到一些灵感。”我说。

他听了开始兴奋，我接着说：“要不然再去一下日本，看有排长龙的店铺就往里面钻。商品成功，一定有些道理。”

“日本那么远！”他感叹。

“那么就来香港好了，才三四个钟头的飞机，票子又便宜。”我苦口婆心。

“哦，”他说，“我考虑一下。”

那是半年前的事了，还没见他来找我，面包生意大概还是那样差下去。看看香港许多平凡的面包店，老板们也是坐在椅子上考虑的吧。

做生意，也是创作

从前，认为“生意”这两个字是肮脏的字眼。

现在自己做起生意来，觉得乐趣无穷，并不逊于艺术工作。其实做生意，也在不停地创作呀。

生意越做越好，就把这两个字慢慢分析。哎呀呀，这一分析可好，原来“生意”是“生”的“意识”，多么灵活，多么巧妙！

别的地方，做生意不易；在香港，却是满地的机会，等你去拾。

不熟不做，这句话只对一半。不熟不做，不是叫你除了老本行，什么事都别去尝试。真正的意思，应该是对一样东西深切地去了解之后，才去做。

所以，要做生意的话，一定先成为专家才行。

张君默夫妇对玉石研究极深，现在卖起古玉来，头头是道，生意兴隆。

古镇煌卖古董表和钢笔，也做得有声有色。

这种高贵玩意儿，要看本钱才行呀。你说。

也不见得，举的例子都不是不惜成本的，而且属于半路出家。

不只是高档货，另一个朋友养金鱼，养久了当然分辨得出品种，这一只打那一只，把金鱼交配当乐趣，生出了一只新品种的小娃娃，也发了财。

“工”字不出头，利用余暇做做小生意，略为动动脑筋，先把它当成副业，再发展下去不迟。主要的是抓紧时机。而且生意不做白不做。一向主张机会像一个美女，你上前去搭讪，成功率为百分之五十；你连打招呼都不敢，那只有痴痴地望着，成功率是零。

家庭主妇也可以做生意，朱牧先生的太太炮制辣椒酱的功夫一流，用的是干贝丝、泰国小辣椒、虾子、大蒜、火腿等材料。请教她做法如何，她总是笑盈盈的：“你喜欢吃，做一罐给你好了，何必自己动手那么麻烦？”

有类似的辣椒酱后来渐渐传于各个餐馆，称之为“XO 辣椒酱”的，现在已让李锦记商品化，销路不错。不过，朱太太也不在乎赚这些钱，她在电影监制方面下功夫，照样行得通。

方任莎莉烧得一手好菜，现在谁不认识她？做个广告，钱照收。

“湾仔码头”水饺的臧姑娘，白手起家，产品打入每一家超级市场。

这些都是我佩服的人物。

做生意的过程也有无穷的乐趣，还能认识许多有性格的人。

第一，你先要注册商标，那个律师长得高大英俊，简直是做电影明星的料。

第二，商标设计，那个半商人半艺术家的家伙，脾气臭得很，但是画出来的东西使你对他又爱又恨。

第三，把设计样板拿去拍照片分色，你会发现哪一家的冲印技术最高。

第四，分好色的菲林交给制版厂，有位固执的中年人对印刷的要求比你还高。

第五，说明画和传单，须要清雅又能解释内容，不然人家拿到手即刻扔掉，写这类文章的又是个可爱的人。

第六，宣传，你会接触到报纸、杂志、电台、电视的各位做推销的美女。

第七，出路，摆在什么地方卖呢？遇见的人更多些，条件一直谈下去，直到双方满意为止。

第八、第九、第十，种种说不完的阶段，走一步学一步，不尽的知识和智慧在等待你去完成。

开餐厅的友人也不少，成功的多数是先有创意，做人家未做过的菜色招呼客人。

不过做餐馆面临的是人手问题，大厨子不听起话来，苦头吃尽。服务员的流动性，也令人头痛。

只要亲力亲为，问题还是能一一解决的，“大佛口食坊”的陈汤美，自幼爱打鱼，理所当然地开起海鲜馆子。他能亲自下厨是信心的保证，而且他拼命把新品种的海鲜给客人吃，都是成功的因素。

当然失败的例子也不少，但是只要脚踏实地，起初小本经营，亏起本来，也无伤大雅，总比在股票上的损失来得轻、来得过瘾呀。

外国流行跳蚤市场，把自己做的东西、家中的旧货等统统拿出来卖。可惜香港地皮太贵，兴不起来，但也逐渐有些类似的场地出现。

星期天没事做，利用空闲，摆个地摊做小生意，和客人闲聊几句，比打麻将还要充实。

赚到了一点钱，买架货车改装，成为流动的商店，去到哪里卖到哪里，想想都高兴。

“你自己做起生意来，就把生意说成生的意识。”友人取笑我说，“那么‘商’字呢？‘无商不奸’你又作什么解释？”

我懒洋洋地回答：“‘商’，商量也。‘无商不奸’？那也要和你商量过，才能奸诈你呀。”

幸与不幸

我在中学时开始写作。十五岁时，我的第一个故事在当地报纸上发表。稿费不多，但足以让我请我的同学去酒吧喝酒。只要你付账，没人关心你多大了。

多年后，我进入了电影行业，完全忘记了写作。

一天晚上，我和一群朋友共进晚餐时，我和他们说起我的旅行经历。故事很有趣，大家都笑了。

其中包括香港主要报纸《东方日报》的主编。

“你为什么不把故事写下来？”他说。

“我不能。我已经忘记怎么写了。”

“放屁！如果你能讲一个故事，你就可以写。把它写在纸上，仅此而已。别想技巧，只需要像你跟我们聊天那样简单地讲述你的故事。”他建议道。

这激发了我成为作家的职业生涯，我得强调，我很努力。我讲的故事很受欢迎，读者想看更多。有一段时间，我同时为两份报纸写了两个专栏，为周刊写了很多文章。

最终这些故事被编成了书。版税少得可怜，但谁在乎。无论如何，这些文章已经由报纸和杂志付过稿酬。

很多年过去了。

书籍的数量逐渐增加。所有这些都是由我的好朋友苏美璐画的插画。我们有三十多年的友谊，这可以说是一个奇迹。

一天在嘉禾影城，老板邹文怀走进我的办公室。他看到我在书架上的书，酸溜溜地说：“如果你出生在日本，本来可以赚到很多钱，你就不用再在电影行业工作了。”他说的话好像在批评我工作不专心。

“是的，”我回答，“但如果我出生在柬埔寨，我就会被送上刑场。”

谷神面包店

团友之中，有对小夫妻，先生高高瘦瘦，太太清清秀秀，言语温文，很讨人喜欢。

看到他们对食物永远注意，一直尊重，不断抱好奇心发问，对他们更有好感。

有天闲聊时问：“做些什么的？”

“贸易。”先生回答。

“闷吗？”

对方点头。

“将来想改行吗？会做些什么？”

他们同声回答：“开面包店，也卖蛋糕。”

从许多小夫妻口中，都听过这种话，还有开花店的、开书店的，都是美丽的梦想。

不久，经过九龙城福佬村道，看见一家装修得比其他铺子别致的面包店，没有中文招牌，外文写 Cérès Boulangerie et Patisserie（谷神面包和糕点店），就走了进去。

一看，不是那对小夫妻是谁？

“蔡先生，是我呀，李兆伦。”对方叫了出来。

我也为他们夫妇实现了愿望感到高兴，看店里产品林林总总，职员又忙得不可开交，客人络绎不绝，也就不打扰，买了一些东西，答应下次再来。

这一耽搁就好几个月，但每次经过店铺，都关心地观察，见生意滔滔，微笑了出来。

今天劳动节，日子过得快，记不得哪天是假期，才发现没约人。又散步到福佬村道，店照开，见小夫妇过了时间还没吃中饭，请了他们两人到“金宝”吃泰国菜。

“Cérès 作何解？”我问。

“是古希腊神话中的谷神，也有丰收的意思。”太太说，“既然开的是法式面包店，不用中文名也好。”

“怎么想到开面包店，而不是花店？”

李兆伦说：“我小的时候，在后巷看到师傅揉面，搓成一团团，拿去一烘，变成面包出来，感到非常神奇，从此决定要自己做面包，就这么简单。”

“你也喜欢做面包吗？”我问太太。

她笑了：“喜欢吃而已。”

“不只喜欢面包，对吃的东西都喜欢，在外头一试到什么新菜，回家就拿我当试验品。”先生说。

“有没有正式学过？”我问李兆伦。

他摇头：“我小的时候就跑去叔伯的店里当学徒，后来念书，一有空也去面包店做业余工。后来教过书，假期到法国和其他地方上过几堂课。做贸易时实习，没停过。”

“现在的面包店是怎么组合的？”

“最重要的是人，同事都在大酒店做过，上司是洋人，发挥不了。我把理念告诉了他们，大家都很愿意跟我出来闯一闯。接着是机器了，一共八九台，瑞士和法国做的。做法国面包一定要用他们的机器，焙烤之前会喷出蒸气，面团才润，高温一焗，皮多肉少，又很爽脆。”

“哪来的资金？”

“亲戚们支持，我很感谢他们。自己又有点储蓄，全放进去了。”

“怎么保证品质？”

“机器好，用料高级，最基本了。说到底，还是靠大家的热忱，每一个员工的兴趣都相同，从早做到晚，没有一句怨言。我的要求又高，但也让他们自由发挥，只有两点一定要他们遵守的。”

“是什么？”

“一是不准在工作时吸烟。抽了烟，手上会沾烟味，影响到面包。收工后，他们吸个不停我也不管。第二件是不得爆粗口。”

“粗口人人都说的呀！”

“太太和我都听不惯。这是最低要求。”

“你们是怎么认识的？”

“青梅竹马，学校的同学，没有惊喜。”太太说。

“的确没有惊喜。”先生也笑了，“这个人一脑门子吃，除了吃，什么话题也没兴趣，看电视也专看吃的节目，有时真把人闷死。”

太太微笑不搭嘴，她深知让先生在别人面前诉诉苦，也没什么大不了的道理。

“还有呀，”先生说，“她一直嫌我长胖了，每天要我做俯卧撑，但是每天又煮很多东西给我吃。一餐五六个菜，我怎么会不肥？”

“女人是什么东西做的？”我问。

他有点惊讶：“人家都说是水做的呀。”

“不是，”我说，“是矛盾做的。”

他们都笑了出来。

看到这对小夫妻，很感欢慰。也许，今后数十年，一串的“谷神”连锁店会出现；或者，在他们年老时，小孩子们问：“叔叔，你从前是做什么的？”

他们幸福地回忆：“开过面包店呀。”

拍戏让我洞悉人生

天地图书为了我出版了一册新书，题名《吾爱梦工场》，看了很喜欢，谢谢编辑陈婉君和美编杨晓林，不管是图片的收集和文章的编排，都很精美恰当，只少了一篇序，而我的书多数是无序的，如果能够再版，也许可以把现在写的这篇加进去。

封面上的黑白照片，右边站的是谁？有些读者问过。这位老人家在西方鼎鼎有名，就是《海神号历险记》（*The Poseidon Adventure*），1972 年的那部经典灾难片的导演。此片亦重拍过，不管计算机特技有多么进步，但在剧情上的控制，远远不如旧的。

罗纳德·尼姆（Ronald Neame）是英国人，出生于 1911 年，入行时为摄影助手，升为摄影师时拍过《窈窕淑女》（*Pygmalion*，1938）、《与祖国同在》（*In Which We Serve*，1942）。在 1945 年拍了大卫·里恩的《欢乐的精灵》（*Blithe Spirit*，1945）之后，两人关系加深，当了大卫·里恩的制片，监制过《相见恨晚》（*The Brief Encounter*，1945）和《远大前程》（*Great Expectations*，1946）等经

典之作。

他自己导演的戏无数，值得一提的是《百万英镑》(*The Million Pound Note*，1956)、《财星高照》(*The Horse's Mouth*，1960)、《春风不化雨》(*The Prime of Miss Jean Brodie*，1970)。

到了好莱坞后最出名的还是《海神号》了，片商们看他拿手，就接着请他拍另一部灾难片，叫《地球浩劫》(*Meteor*，1979)。此片刚出 DVD，讲的是大陨石冲击地球的故事。这种题材后来好莱坞拍过好几次，也不如它的精彩，虽然当年的特技，今天看起来还是很幼稚的。

很多人不知道，《地球浩劫》是与香港邵氏公司合作的影片，部分外景在香港拍摄，而负责当地制作工作的，就是我了。

在这段时间内，老人家发现和我谈得来，不断地教导我关于电影的制作和编导的技巧。好莱坞的巨资制作，是不允许超支的，开工后得按照行程拍摄，否则延迟一天，就要损失数十到一百万美金。当我们去外景时，下雨，上千个临时演员在等待，怎么办？老人家说："拍特写。"

我们把这些琐碎镜头完成后，雨渐停，问道："是不是可以拍远景了？"

"还不行，光不够。"他斩钉截铁地说。

"怎么知道光够不够的呢？"我再问。

“你看商店里的日光灯，要是比外面还亮，那就表示还不能拍。等看不见了，光就够了。”回答得实在有道理。

至于监制上的工作，他老是教导：“镇定，镇定，镇定，镇定。做阿头的，一慌张，解决不了问题。”

谢谢老师，今后做人，怀此态度，也得益不浅。

有趣的人物，还有受艺术和商业界都看重的约翰·休斯顿（John Huston），他在1979年来香港，不是当导演，而是做演员，拍了《黑豹》（*Jaguar Lives！*）。

我们在闲聊时，问道：“你是位大导演，怎么肯来这里拍一部B级动作片，而且演的还是反派呢？”

他一面抽雪茄一面说：“如果你真正喜欢电影的话，有什么工作你就做什么。什么叫反派？什么叫正派？哈哈哈哈，我是一个无耻，也不知道什么是被尊敬的人。怕什么？什么叫羞耻？自己感觉。别人说什么你不必去管。”

我今天还记得他重复又重复的那句：只要真正喜欢电影的话。

僵尸片中，除了演僵尸的克里斯托弗·李（Christopher Lee）之外，一定有一个僵尸杀手，叫范晓森，而经常扮演这个角色的是彼得·库欣（Peter Cushing）。他来香港拍《七金尸》（*The Legend of The Seven Golden Vampires*）的时候，也经常喜欢听我说东方影艺的故事，但他本人不太出声，有点像戏里演的教授，真人比他面对的僵尸还要阴森。

常演大反派的李·范·克里夫（Lee Van Cliff），后来在意大利西部片演了些角色，红了起来，也当主角。来香港拍外景时由我招呼，他当年已经酒精中毒，而且头已秃，剩下两边发角。大醉之后叫醒他拍戏，他迷迷糊糊，抓了头顶上那块假发就贴上去。贴反了，由我指出，他一望镜头，哈哈大笑。一站在镜头前，即刻非常清醒，一拍完，醉态又生，是注定吃演员这一行饭的人。

接待来邵氏片场的人还有喜剧大明星丹尼·克凯耶（Danny Kaye），不文山（Benny Hill）也来过，平时人颇正经，一有记者拍照，即刻扮滑稽相，记者把相机放下，他又板起脸孔不笑。过后不久，就去世了。

印象最深的还是王妃格蕾丝·凯利（Grace Kelly），当年来港参观，身体已臃肿，但笑脸依旧，和摩洛哥国王一起左看右看，似乎对电影已不感兴趣了。有很多人不识趣，不断地要求合照，起初还保持笑容，后来人实在太多，略略地皱了一下眉头，王妃典范，还是保持住的。

除了尼姆活到差不多一百岁，其他人物俱往矣，梦工厂中有他们的足迹，在我脑海里也留了深痕。

做人总得拥有一点点自尊

社会上，常看到大老板一出现，身边就被一群手下围住，毕恭毕敬，老板一说什么，即刻赔笑。这种人，看不起他们吗？揾食（粤语词汇，意指工作）罢了，无可厚非。但始终是一种让人不愉快的现象。

人总是喜欢听好话的，有了权力，周围的人都要顺他。从前卑微的时候藐视这些小人，一旦自己有了地位，就要人服侍了。

但已经不是帝皇时代了，说错话老祖宗也不会抓你去砍头，东家不打打西家，为一份职业，也没有做奴才的必要。

对上司，当对方是一个长辈，听他们的教导，没有什么错处。绝对不可以打躬作揖，他们一知道你是可欺负的，就会来蹂躏你。

年轻人都是由底层做起，大家都有过老板，用什么态度呢？不卑不亢，最为正确。对方知道你有点个性，也会较为重用你，因为你这种人才有主张。

可惜懂得欣赏有主张的雇员的老板少之又少，多数是他们说什么，你赞同就是，一直提反对意见，迟早有难。

把自己的看法写成备忘录是一个绝招，很少人肯这么做。如果能做到，事后总可以说我已经觉察，你不听而已。如果备忘录上写的东西证明是错的，那么勇敢承认老板更有眼光，对方也会欣赏。

做人总得拥有一点点的自尊，为了一份工而连它也放弃，一生只是小人一个。

从前工作的机构中也有过这么一个小人，他附庸风雅，要我写几个字给他，我笔一挥，写出“不做奴”三个字，这厮当场脸青。还是我老妈最狠，她靠自己实力由教师当成校长，绝不低头，遇到我服务过的老板，对他说：“我儿子是人才，不是奴才！”好在对方明理，听了笑笑，换个别的老板，早就把我饭碗打破。

等到你成熟时，就会起变化

小朋友问我："我总不能填满那四百字的稿纸，不是太长就是太短，怎么办？"

"这样吧，"我回答，"不如把那四百字分为四个部分，一个部分一百字。"

"你是不是开我的玩笑？"小朋友恼了。

"不，不，我是正经的。"我说，"文章结构，总有起、承、转、合，刚好是四段。"

"那不是太过刻板吗？"小朋友不服气。

"基本训练，总是刻板，所有基础，没有一样是有趣的。等到你成熟时，就会起变化。"

"怎样的变化？"

"起、承、转、合，"我说，"可以变成合、转、承、起。或者任何一个秩序都行，只要言之有物。"

小朋友说："我明白了。如果将'转'放在最后，就变成了一个意外结局（surprise ending），等于你常说的‘棺材钉’。”

“你真聪明，一点就会。”我赞许。

“那么每一段不必是一百字也行？”小朋友还想确定一下。

“那是打个比喻。”我说，“先解决你写得太长或太短的疑问。”

“但是有时还患这毛病呀！”小朋友说。

“那么，你宁愿写长一点。修改时，左删右删，文字更是简洁。”

“有时不知道要写些什么才好。”

“我也是一样呀。”我说，“所以要不停地观察人生，不断地把主题储藏起来。”

“有了主题有时也写不出呀！”

“那么你先要坐下来，坐到你写得出为止。这也是一种基本功，最枯燥了。写呀写呀，神来之笔就会出现。”我说。

小朋友不太相信，露出像我开始写的时候，不太相信前辈所讲的话时一样的表情，我笑了。

真正学会的人，像农夫一样不出声

“原来你们会看月色，又能预测天气，真是了不起！”知识分子到了田中，感叹农夫们的本事。

老百姓耸耸肩：没什么了不起的呀。

所谓学问，学学问问，就学会了嘛。最怕你不愿去学，不肯去问。

学了问了，就变成知识分子。但是知识分子最大的毛病，莫过于以为自己了不起，学会一样东西，听到一个事件，马上就炫耀出来，大声疾呼：我会这，我会那。

真正学会的人，却像农夫一样不出声，耸耸肩：没有什么了不起。

像画画，从素描开始，不停苦练，学会了写实之后，再进入写意，最后完全抛掉，画出儿童画一样天真的作品。

像写字，从临碑帖开始，勤摹名家，最后创出自己的字体，却要有很深的基础才行。

不单是艺术，做买卖也一样，善于经营的人，都不自叫“我会做生意”！

这等于律师说“我懂得法律”！

律师不懂法律，做什么律师？

凡是自吹自擂的人，一定自信心不强。最低能的，莫过于有些医生说“我医好某某人”，听到这种话，最好别找他。

也很少听到知识分子说：“我看了这本书，又看了那本书。”

只见他们发表文章，攻击这个人，批评那个人。懂得一点皮毛，即刻引用。

自以为是知识分子的人，包袱太大，是假的知识分子。如果要批判，只能说出一个观念的正确与否。专门对付一个人，是没有自信心的表现。

“原来你会写文章，真是了不起！”有人向我这么说。

我只是写，每天写，不知道会不会。

答读者问

问：请问现实和梦想，如何选择？

答：年轻人选择梦想，老了才向现实低头。

问：先生，怎么看待“执着”二字？

答：喜欢得厉害，就会执着。

问：先生好，怎么去走一条看不到头的路？

答：照走。

问：如何保持对生命和生活的热爱？

答：不断学习新事物，永远保持那份好奇感。

问：喜欢的事情一定能做好吗？

答：坚持才行。

问：先生，请问在周围强者如云而我只是普通的环境中如何保持好心态？

答：不必管别人，自己拼。

问：先生，安于现状是否可耻呢？

答：也是一种境界。

问：三十五岁还有没有资格走出舒适圈？

答：五十岁再说。

问：请问先生，应该选择赚钱的工作，还是喜欢的工作？

答：当然是后者，这还用问吗？

想通了，运气跟着好

学史努比呀！在草原上跳舞，大叫：『一万年后，又有什么分别？』多想想那些让自己开心的事，想，是不花钱的。

当成玩的，什么事都可以做

和倪匡兄闲聊：“《天地日报》将我写你的稿子抽出来，要集成一本叫什么《倪匡与蔡澜》的书，你认为怎样？”

“太好了。”他说，“由老友写自己，有什么比这个更快乐的事？要不要写序？”

“你老兄不是说停笔了吗？”

“有什么问题？请出版社派人来家里等着，我一下子就能写好。”

“现在还在编辑，想不到一写就有一百多两百篇，当成一册太厚了，分两本又嫌麻烦。”

“怎么出都行，要做就做。”倪匡兄说。

我这个人的想法也和他一样，说说就做了。既然他不反对，就能成事。

“从前也有几本《倪匡传》之类的书，现在都绝版了。”

“也没什么好看，绝版更好。”他说，“传记一本正经来写，没什么看头；写来赞美一个人，更是虚伪；写来骂人，都是传记作者想标新立异，不值得看。”

“那么人物自己写自己呢？”

“除了拼命往脸上贴金，还有什么可读的？人一世，总有黑暗的一面，都想把它埋葬，挖出来干什么？”

“能卖钱啊，像克林顿的《我的一生》（*My Life*）就赚个满钵。”

“那是欧美才能做到，那边没有翻版，一下子卖千几百万本，捞一笔也不错。反正那些政治家说的话没有一件是真的，从头到尾，都是骗人。”

“东方呢？”

“看书的人愈来愈少，你说能卖得了多少本呢？”他问。

“说的也是，不如叫《天地日报》打消这个主意吧。”

倪匡兄笑了四声：“大可不必，当成玩的，什么事都可以做。”

就那么决定，趁这几天得空，把书编好。

莫再等明年

作家亦舒在专栏感叹：“莫再等待明年。明年外形、心情、环境可能都不一样，不如今年。那么还有今天，为什么不叫几个人大吃大喝、吹牛搞笑？今天非常重要。”

举手举脚地赞成。

旁观者不拍手，反而骂道：“大吃大喝？年轻人有什么条件大吃大喝？你根本就不知道钱难赚，怎么可以乱花？”

花完了才做打算，才是年轻呀。骂我的这个人，没年轻过。

年轻时挨苦，是必经的路程。要是他们的父母给钱，得到的欢乐是不一样的，我见过很多青年，都不肯靠家。

我想，能出人头地的，都要在年轻时有苦行僧的经历，所得到的，才能珍惜。对于人生，才更能享受。

所谓的享受，并非荣华富贵。有些人能把儿女抚养长大，已是成绩；有些人种花养鱼，已是代价。

今天过得比昨天快乐，才是亦舒所讲的重要。而这种快乐并非不劳而获，这是原则。

当然有些人认为年纪一大把，做人没有什么成就。但这只是一种想法，是和别人比较的结果。就算比较，比不足，什么问题都能解决。

大吃大喝并不必花太多的钱，年轻时大家分摊也不难为情。或许今天我身上没有，由你先付，明日我来请。路边档熟食中心的食物，不逊于大酒店的餐厅，大家付得起。

亦舒有时也骂我，一点储蓄也没有，把钱请客花光为止。这我也接受，只想告诉她我并不穷，也有储蓄，是精神上的储蓄。我的储蓄，老来脑中有大量回忆挥霍。

活着，大吃大喝也是对生命的一种尊重，可以吃得不奢侈。银行中多一个零和少一个零，根本上和几个人大吃大喝无关。

看更人

常听到友人罗卜蔡说，星期天早上几个人相聚在一起，做私家菜吃。好生羡慕，央求他带我去一次。

终于约到了，罗卜蔡一早接了徐胜鹤兄又来我家，驱车到九龙湾的一座大厦，把车停好，一同乘电梯到顶楼。是一间老板办公室，墙上挂着字画。一进门口，左边就是小厨房，有一位老太太和另一个光头的老者在里面做菜，老者瞪着 5 元银币般大的眼睛，是他的特征。罗卜蔡没有介绍，我以为是酒楼的大师傅。

其他友人陆续到来，光头老者捧着菜由厨房走出来，才知道是主人。

“坐坐。”主人说，“既然来了，就唔懒使（粤语，意为不用，用不着）客气。”

再下去，主人家所说的话，没有一句不带粗口，为了文章简洁，就不再重复有关性器官的字眼。

菜式花样不多，基基本本的几个：先是一大锅汤，煮熟着濑粉；另外两大碗，一碗煲着猪肚、白果和笋尖，一碗大鲩鱼头，都是以汤汁为主；一大碟白切鸡；一碟清炒芦笋；还有一大盘的叉烧，是另外一位开酒楼的朋友从店里带来让我品尝的。就此而已。

一大早大鱼大肉，实在幸福。我开怀大嚼，主人看我吃得高兴，也颇为开心。

“这汤怎么那么鲜甜？”我问。

主人轻描淡写：“选老鸡4只熬10个钟。”

“哇。”我说。

“鸡要选走地的，愈老愈好。饲养的一点味道也没有，昨天去内地买回来，晚上劏了，煲到天亮。4只鸡、3斤猪肉、2两陈皮，就那么简单。”主人说。

很难想象老者连那只白切的，一共拿着5只鸡在罗湖过关的尴尬。也许有工人，但又不像是靠助手帮忙的人。

“我一早就认识你的。但你不认识我。我们买牛肉都是向同一家人买。那条金钱月展，不是卖给你就是卖给我。”主人对我颇有知音的感觉。

“鲩鱼头怎么买到那么大的？”我又问。

罗卜蔡代为解释：“他一早去鱼档，选最大的那几条鲩鱼，叫人家算整条的钱。只要它们的头，不然鱼档怎么肯卖给你？”

主人笑了：“只要算贵一点，未至于要整条买。”

“猪肚怎么洗得那么干净？”我还是要问到底。

“我才不会洗，你去问她！”主人说完指着刚从厨房走出来的那位老太太。

“那是他姐姐，两人相依为命。”罗卜蔡在我耳边说。

“我一买猪肚她看了就生气，我把猪肚一丢给她就马上逃走。”主人像老顽童地说，“喂，蔡先生是食家，这次你不会生我的气吧？”

大姐慈祥地笑：“洗猪肚要三洗三煮。”

“三洗三煮？”我问，“什么叫三洗三煮？”

“买了回来，先擦了盐用水洗，冲干净，刮掉肚中的肥膏，再擦生粉洗，然后在滚水中过一过。拿出来，把黏在肚上剩下那一点点肥膏再刮去，又抛进滚水里煮个十五分钟，捞出来过冷河，才第三次加白果用老鸡汤煲。”

“哇。”我又折服了，“鲩鱼头也是用老鸡汤煲了？”

主人点头：“没有秘诀。”

饱饱。饭后喝陈年普洱茶。

“你们每个礼拜来，是不是夹份出钱买菜的？”我偷偷问罗卜蔡。

罗卜蔡说：“没有。都是主人请客。”

“钱算得了什么？”主人收拾碗碟时像是听到了，“我收的租，一生一世吃不完。”

刚刚说到这里，主人用自己的手遮着嘴：“这句话不能说得太早，上次说了即刻闯祸。”

“是怎么一回事儿？”我追问。

主人详细道来："我二十世纪四十年代来到香港，没读书，只有去捡垃圾。就是这块九龙湾的土地，以前是个垃圾堆。传说内地人吃苦，哪里有我们那种苦？捡垃圾是从堆得像山的垃圾捡起的，一层又一层，凡是有一点用的都捡，捡到平地，再向洞里找。洞里积了污水，这时候是捞而不是捡了，捞走水中的垃圾，再挖埋在地里的，这才叫作捡垃圾。我勤力，人家睡觉我继续捡，拿去卖。慢慢地，经营起废铜废铁，就是所谓的五金行了。五金行又做大，向银行借钱买下这块垃圾地，和人家合伙建了这座大厦收租。我大姐一直劝我说：'细佬呀，得省吃俭用呀！'我向大姐说，我们一生一世都吃不完。话一说，房地产跌价，我欠银行一屁股债。整天唉声叹气。大姐一看到我回来，即刻把所有窗门都关掉，怕我跳楼！"

"后来不是涨回吗？"我说，"现在又跌，可是你有这栋楼收租，再跌也吃不完呀。"

"还是不说好。"主人用手遮我的嘴。

"吃，尽管吃好了。"大姐走出来说，"穿还是可以省一点。"

主人说："你看我一身穿得像苦力，还不够省？昨天拿鸡回来时，遇到一个人，说这个看更（门卫）的很会享受。"

"你听了不生气？"我问。

"生什么气呢？"主人说，"我本来就是在看更，替我大姐看更，替我自己看更，看人生的更。"

昨日的压力，今天的笑话

减少压力，简称“减压”。

压力的敌对头，是好玩，什么东西都把它变成好玩，压力自然减少。

说得容易，你说：“做起来难。”

这话也对，但是如果不做，永远没有改变。我不知道说过多少次：做，机会是五十对五十；不做，等于零。

比方说看到一个漂亮的女人，你和她谈话，她可能不睬你，50%失败；或者她答应了你一句，成功机会也是50%。眼巴巴地看她走过，一句话也不敢讲，那永远只是走过，你咒骂自己三千回，也没用。好，开始做吧。

从何做起呢？

我们一生之中，经过无数的风波，起起伏伏，但现在还不是好好地活着吗？昨日的压力，已是今天的笑话了。

举例来说，我们担忧暑假家庭作业没有做好，死了，死了，一定给老师骂死。好，骂了几句，没有死。

我们担忧考试不合格，死了，死了，一定给家长骂死。好，骂了几句，也没死。

初恋时，非对方不娶不嫁，但有多少个人成功呢？爱得要死要活，失败之后，现在又还不是好端端地活着吗？现在想起来不是好笑吗？

出来到社会上做事，一时疏忽，做错了，死了，死了，一定会被炒鱿鱼。忽然，柳暗花明又一村，上司根本忘记有这么一回事儿，或者轻轻讲了几句算了，当时的压力，不是多余的吗？

那么多的风浪都经过。目前谈起来，还摇摇头，说一句："当时真傻。"

好了，既然知道当时傻，那为什么不现在学精一点？目前所受压力，也一定会过的。"人，只要生存下去，总会过的。"你也开始明白地向自己说，"过了就变成好笑。"

好，等以后再笑，不如马上笑。

想那么多干什么？忘了它吧。

不过，一般人还没学到家。说忘，哪里那么容易？回头一转，那恐怖的压力又来干扰你。

我们最好能够用幻想的手把一切烦恼事搓成一团，扔进一个保险箱里面去。锁一锁，再把锁匙丢到海里，看着它沉下去。

但是，但是，又回来了。

今早被人家偷荷包，扒掉三千块，拼命想忘，但一下子那不愉快的感觉又回来了。昨夜被人遗弃，拼命想忘，但那痛苦还是缠绕着你。

过，一定会过，你开始那么想，你开始去做，机会是五十对五十。记得吗？

佛学所说：“境由心生。”

一切，都是你想出来的。你想好，就好；想坏，就坏。不相信吗？多举一个例。

八号风球台风，一个人在街上走，忽然间从天上掉下一块瓦片，打中前额，流血了。

啊！我为什么那么背？为什么这块瓦片不掉在别人头上，偏偏是打中了我？我真是倒霉！这是一种想法。

八号风球台风，另一个人在街上走，忽然间从天上掉下同一块瓦片，同样打中了前额，同样流血了。

啊！我真幸运！要是这块瓦略为偏差，打中了脑中央，我不是死定了吗？啊！我真幸运！这也是一种想法。

要选哪一个，不必我告诉你，你也应该知道。

“这是阿Q精神！”你说，“自己骗自己。”

阿Q精神有什么不好？阿Q精神万岁！往好处想，人生观会变豁达，别给鲁迅骗去。鲁迅满肚子牢骚，别听他的，听了之后就会变得和他一样愤世嫉俗，钻牛角尖去了。

生老病死，为必经过程。

既然知道有这么四件事，还不快点去玩？

玩，不需要有什么条件，看蚂蚁搬家也可以看个老半天。养条便宜金鱼、种盆不值钱的花，都可以玩个够。

虽说生命是脆弱的，但一个长者曾经告诉我，他被日本人关在牢里，整整八天，不给饭吃不给水喝，也没死掉。看周围，活到七八十岁的人渐多，要是你是例外，那也就认命吧。自己是少数的分子之一。要有我们这种人，大多数的别人才会活老一点。不如这么去想。

为赋新词强说愁，那是年轻人的愚蠢，我们哪会有那么多空闲去记愁？记点开心的吧。

为了避免成为不幸的少数，那么珍惜每一刻应得的享受，把人生充分地活足了它。有了万一，也已够本。

压力来自别人管你。有人管，做错了事，便有压力。所以必须力争上游，尽量减少管你的人。我从小被家长管，被老师管，长大后被上司管，那就要拼命地出人头地，把上司一个个消灭，那么压力自然而然会减少。

想通了，运气跟着好

坐上的士，阵阵香味传来。

“怎么你的姜花没枝没叶，是一整扎的？”我看到冷气口挂的花。

“哦，”司机大佬说，“我住在荃湾，那边的花档把卖不出去的姜花折了下来，反正要扔掉，不如用锡纸包好，才两三块钱一束。卖的人高兴，买的人也高兴。”

又看到车头有些小摆设：“车是你自己的，所以照顾得那么好？”

“刚刚供的。”司机说，“从前租车的时候，我也照样摆花摆公仔。”

“要供多久？”

“十六年。”他并不觉得很长。

“生意差了，有没有影响？”我言下之意，是赚的够不够付分期。

“努力一点，”他说，“怎么样也足够，总之不会饿死。”

“你很乐观。”我说，“近年来一坐上的士，都是怨声载道。”

“不是乐不乐观，”他说，“总得活下去，怨要活下去，不怨也要活下去，不如不怨的好。怨多了，人老得快。”

“你不是的士司机，是哲学家。”我笑了。看到车头有个小观音像，又问：“你信观音，所以看得那么开？”

“一个乘客丢在车上，我捡到了就用胶水把它粘在这里，我不是信教，我只是觉得好看，没有其他原因。”

“你们这一行的，大家都说客人少了很多。”我说。

“很奇怪，”他说，“我不觉得，大概想通了，运气跟着好，像我载你之前，刚接了一单，客人一下车，即刻又有生意做。”运气好也不会好到这么厉害吧？到家，我付了钱，邻居走出大门，截住，上了他的车。

幽默傍身

陪一个女人去买房子，前来介绍的女经纪，身体肥胖。她气喘吁吁地爬上那小山坡，满脸笑容。看完了一间又一间，我朋友都不满意，最后来到嘉多利山（香港山名）的布力加径（嘉多利山上的一条步行径），有间楼顶很高的，价钱又便宜，逗留得久一点。

我这个朋友是个名副其实的八婆，常损人不利己地酸溜溜讲对方几句，看见那女经纪又气喘如牛的怪样子，她单刀直入地问道："你有没有一百四十磅（约一百二十七斤）？"

"哇，请你不要乱讲，我现在哪有一百四十磅？"女经纪呱呱大叫一轮后说，"我二十岁那年已经一百四十了。出来做事，爱吃东西，一年胖一磅，现在一百六了。"

连那个紧绷着脸的朋友也被她惹得笑得不停。幽默真是一件大武器，绝对比那两个"打破头"的男经纪强得多。

我出外景时选工作人员，如果对方能讲一两个笑话，绝对先和他签约，因为我知道一去就是几个月，好笑的人比不好笑的容易相处。

有幽默感的人，做事的成功机会总比别人多，交到的朋友也更多。别以为讲笑话就是轻浮，连做总统也得讲一两个笑话来缓冲紧张的局面，里根和克林顿都曾使用过此招。

“你为什么出来做这一行？”朋友又问。

女经纪回答：“要养孩子呀，我和我先生离了婚。”

“为什么要离婚？”朋友又不客气地问。

“不能沟通呀，”女经纪说，“他连和哪一个女朋友约会都不肯告诉我。”

我们又笑了。朋友心情好，房子又看得满意，最后她说：“我想和先生商量一下。”

“商量一下也好，”女经纪说，“不过不是每一件事都要老公决定的。我减肥，就从来没有得过他的同意。”

朋友又笑了，交易即成。

学史努比在草原上跳舞

“寻开心”这个字眼，原有贬义，是无赖的行为。

“你在寻什么开心？”当对方说这句话时，是骂你无事找事做。

现代的诠释已经不同。做人，的确是要寻开心，才是积极，快乐由自己创造，书本、音乐、种花、养鱼，都是开心的源泉。

家庭主妇买菜，为了能够减一两毛钱，也乐个半天。到超级市场比价，看哪一家的面纸卖得便宜一点，一天很快活地过。

不过也有宿命论：不开心的种，养出不开心的人；父母闷闷不乐，做儿女的想挤也挤不出一个笑容。快乐或否，完全由天生个性决定，再努力也没有用。除非你是一个以为人定胜天的人，这种“以为”的态度，已是积极。改变个性和命运的例子，还是有的。

回顾一下，有什么事能令你大笑一场？那么，重复去做吧！绝对没错。

我说过要一天活得比一天更好，是生活质量的提高，不一定靠金钱，但需要付出努力。花时间研究任何事，结局是都能变为专家，一变成专家就能挣钱。烦恼总是不断地出现，有什么方法应付？学《花生漫画》的史努比呀！在草原上跳舞，大叫“日日是好日”。

或者，为在意别人怎么看你，又烦恼了。再次学史努比呀！在草原上跳舞，大叫：“一万年后，又有什么分别？”

多想想那些让自己开心的事，想，是不花钱的，大家寻开心去也。

旅行时感冒

出发之前没睡好，到达目的地了又赶了整夜稿。翌日，打了几个喷嚏。我知道伤风菌已经侵入了抵抗力较差的身体。

旅行时感冒是最麻烦的事，我带一群人，是负担不起生病的。

团友们看我狼吞虎咽，笑说："平时你不大吃东西，每一样尝一点点就摆下筷子。今天胃口怎么那么好？"

"对付伤风最好的办法就是吃、吃、吃！"我说，"从前带队出外景，一遇到感冒就吃个不停。肚子饱，什么事都没有。"

虽那么说，还是对任何事都提不起兴趣，但是来到绍兴，怎能不喝绍兴酒？

发现那些十年、二十年、三十年的都不是很好喝，还是"咸亨酒店"旁的一碗七八块钱的"太雕"最可口，连灌五六碗，面不改色。

武松打老虎的时候，五粮液等烈酒还没发明，大概喝的也是这种黄酒。什么三碗不过冈？酒量都不是很惊人嘛。

回到旅馆，即刻呼呼大睡。

梦中，看见一群年轻人到一个海水清澈见底的小岛度假。

众人七手八脚，抓到的海鲜都不会弄来吃，搞得一塌糊涂，发生了许多令人捧腹的画面。

接着他们互相谈恋爱，进入社会。数年后，又在岛上相聚。随着年龄的增长和对食物的认识加深，他们已烧得一手好菜。过程经仔细地介绍，从头到尾，观众看了也学会怎么做。

岛上发生了一场大风暴，船沉了，救援赶不到，但他们绝望之余又逢生机。仿佛象征了香港的经济。结果大家还是烧一顿好的来吃，同时发现做人的道理。整场梦是一个很完整的电影剧本，有分场、分镜头，前呼后应。

起身，真想把它写下来，但再次感冒不是开玩笑的，还是作罢。

人生一定要交的两个朋友

一颗吸血僵尸般的虎牙，开始摇动，我知道是我们离别的时候到了。

虽然万般可惜，但忍受不了每天吃东西时的痛楚，决定找老朋友黎湛培医生拔除。近来我常到尖沙咀堪富利士道的恒生银行附近走动，看到我的人以为我是去找东西吃，并不知道我造访的是牙医。

牙齿不断地洗。又抽烟又喝浓得像墨汁的普洱，牙齿不黑才怪。黎医生用的是一个喷射器，和以水喉（粤语词汇，指水管）洗车子一样，一下子就把牙齿洗得干干净净，不消三分钟。如果一洗一小时，那么加起来浪费的时间就太多。

今天要久一点了，拔牙嘛。

做人，最恐怖和最痛苦的，莫过于拔牙。前一阵子还在报纸上看到一张图片：有个女的赤脚大夫，用一把修理房屋的铁钳替人拔牙。想起来发（粤语词汇，意为做了）几晚的噩梦。

老朋友了，什么都可以商量，我向黎医生说：“先涂一点麻醉膏在打针的地方，行不行？”

“知道了，知道了。”黎医生笑着说。

过了几分钟，好像麻醉生效了，用舌头去顶一顶，没什么感觉。

还是不放心，再问：“拔牙之前，你会给我开一开笑气的？”

“知道了，知道了。”

这种笑气，小时候看“三傻”短片时经常出现。向当今的年轻人提起，他们还不知道有这种东西。不过现在的牙医不太肯用，怕诊所内空气不流通的话，自己先给笑死。

一个口罩压在我鼻子上，听到吱吱的声音，接着便是一阵舒服无比的感觉，像在太空漫游，我开始微笑。

“拔掉了。”黎医生宣布。

什么？看到了那颗虎牙，才能相信。前后不到十分钟，打针和拔牙的过程像从记忆中删除。这个故事教育我们，人生之中，一定要交几个朋友，一个和尚或神父，还要一个好牙医。这样精神和肉体的痛苦，都能消除。

双毒齐下

北海道是最受香港人喜爱的观光地之一,一向以环境干净、东西好吃闻名。但是去北海道，不可不知道潜伏着的一种危机。

年尾我到了札幌，感到头痛、腹泻、作呕、全身无力。

酒店很快把一个医生叫来，年纪有七八十吧！彬彬有礼，面孔慈祥，留着白须，衣着不是很流行，但全是好料子裁剪出来的，名副其实的一个老绅士。

“啊，你患的是 Norovirus（诺如病毒）。”他一看就知道。

“怎么那么肯定？”我虚弱地问。

“这种 Norovirus 北海道最多，尤其在冬天传染得更厉害，它有一个别名，叫札幌病毒（Sapporo virus）！”

“请您先止止痛吧，我快要死了。”我哀声叫出。

“死不了，死不了。这个病毒会先死的。”老绅士医生说完，请护士给我打了一针，“您会很舒服的，舒服到想再打一针。”

果然，一阵飘飘然的感觉，我像躺在一张白云做的大床上，向太空飞去。

第二天醒来，头不痛了，但继续呕吐，只要喝一口水，就想上一次洗手间，当然连稀饭也吃不下去，酒店的职员替我盛来的粥，我也没力去动。

药已买来，我看了一下，都是些早晚各一粒的止痛药，三日份，没有一连吃一个七天疗程的。记起昨天老绅士医生说的要我到他医院的话，勉强起身。

我由酒店经理和我带去的一个女助手搀扶着，到了医院。老绅士出来，问过病状，就叫女护士在我手腕上插了一针，接了喉管，一大袋盐水就那么一滴滴地流进我的血管中。

“患了札幌病毒，你为什么不替我打抗生素，把病毒杀死？”我直接问医生。

他低声细语地解释：“到现在，还没有抗生素可以杀死它。那等于说，没有药医的。”

“这怎么办？”我急着问。

“昨天不是告诉您了吗？病毒会自己先死的。”

我才放下心。这一大袋盐水一滴，就滴了一两个小时。旁边来了一个人，比我年轻，患同样的病，他一面吊盐水一面呻吟，我本来以为自己就快好了，给他那么一叫，反而病得更重了。

忘记请老绅士给我点安眠药，第二晚睡得很不安宁，整夜做噩梦，面前都是吃的东西，愈不想吃，食物愈变多。啊，跑出房门，看到一家电影院，就去看部戏吧。哪知上映的又是李安的《饮食男女》，又是什么《美食总动员》之类的电影片段。辛苦到极点，一刻一刻很难忍，抬头才看见窗外已发白了。

第三天，我决定不去医院吊盐水了，最好把护士请来房间。酒店经理替我打电话给老绅士，但他的诊所挤满病人，来不了。

想起自己拥有一张 American Express（美国运通）的黑卡，那是因为友人说在外国生病时很管用，才去申请的。即刻打电话给我的女秘书，请她通知对方，要求一个医生或护士来酒店给我吊盐水。

得到的回复，是 American Express 介绍了两家当地的医院，要我自己去看。才知道这一张所谓管用的卡，一点也不管用。医院何必他们介绍？我懂得日语，自己找也找得到呀！

这时，酒店经理高兴地通知我："医生听说您不肯去医院，他认为要照顾好您，所以勉为其难，要抽空过来看您。"

"为什么吊盐水是那么重要的呢？"我一看到老绅士就问他。

"您一直拉肚子，会拉到脱水，那时候身体的水干了，去不了肾脏，人就会休克而死的。"他仔细地解释。

如果身子那么虚弱下去，绝对不是办法，只有吃东西才能恢复体力。但一点胃口也没有，怎么办？想起数十年前，在印度也发生过同样的情形。好，吃咖喱吧！只有咖喱的那种刺激，才吞得进口。

一大碟咖喱饭下肚，又上洗手间，再叫多一碟，又去一次，等到第三碟，感觉到饱，才入眠。

第四天已有力气，夜机飞回香港。吴维昌医生已替我准备好一切，三更半夜他还在等我，让我住进医院去。

又吊了一天盐水，中途请护士替我把管子拔掉，跑去医院的食堂。可真不错，菜单上有咸鱼蒸肉饼、鸡煲饭、梅菜蒸鲩鱼等，俨如一个大餐厅。我点了一桌子菜，吃得过瘾，才跑回房去再吊盐水。

到了傍晚，体力完全和患病之前一样，说什么也不肯多住一夜，跑回家了。

吴维昌医生来电："你的排泄物报告已经出来，你患的的确是中文叫诺沃克的病毒。"

"为什么叫诺沃克，而不叫其他名字？"

"那是在一九六八年，美国俄亥俄州的 Norwalk（诺沃克）小镇第一次才发现到的病毒，所以用这个名字叫它。"吴医生说，"除了诺沃克，你的排泄物之中还有沙门氏菌，那是在一八八五年一个叫 Daniel Elmer Salmon（丹尼尔·埃尔默·萨尔蒙）的医生发现的。两种病毒一起侵入到人体，也是罕见的例子。"

这次为什么会被两种病毒侵犯？研究起来，也没吃错什么东西，大概是自己的身体太过疲倦，是时候休息一下了。说不幸，也是大幸，带了一群人到北海道吃东西，只有我一个人患病。像我这种馋嘴的人，几年吃出一次毛病，是应该的。大难不死，必有后福，我继续大吃大喝去也。

缘

在人生中，总会与某些人结识，但是为什么这亿万人中不邂逅而去遇到他们呢？这便是“缘”。

往往认识的人有几个会影响到自己的一生，他们并不限于活生生的，也许是历史上的人物，或者是图片上的形象。这几个人当中，现在冥冥在我脑中的一位是佛，我相信我与佛已经结缘。

对于佛学，我一窍不通，只知道自己很想去了解多一点。对于佛像，我开始有浓厚的爱好。我爱佛像的宁静，我爱佛像的庄严。

一次，在庙里受到一位高僧的赠予，得一极古典静谧的铜像，很想一生保留供养，哪知闻悉友人得了淋巴癌，我深信要是她得到这尊佛像，病必痊愈，便奉送上去。果然，她开刀平安无事，我也心安，知道这尊佛像与我无缘，还是放在她家好。

到各地旅行时经过多处与佛像有关的地方，古刹中的博物馆里的只能陶醉地观赏，在古董店也有精致感叹者，但价钱高不可攀，认为无此必要去买。庙宇旁边店铺内的，又嫌俗不可耐。

很厌恶一些富裕的人把佛像摆在客厅一角当装饰品。他们以为佛像在手，已经是与佛有缘，但这种心态是否正常？

不如自己雕塑一尊吧。买了很多有关佛像雕刻的书籍、木头和工具，但为稻粱谋，没有闲情去动手，还是无缘。越来越喜欢到庙里去看佛像。有时对着那些巨大形象，所受感染很深，可是又觉得到底是佛给我的呢，还是造佛的人给我的感觉？

为什么会对佛渐渐有仰慕之意？是年纪的增长、社会的变迁、对自己失去信心、在工作上受的挫折，还是觉得没有了爱？这都不是答案。

也许是丰子恺先生吧。由他的作品中我认识了他的高尚和优美的思想，令我的心灵升华。再追溯到影响他的人——老师李叔同。另从李老师的友人和学生叙述他如何出家成为弘一法师，深一层去阅读法师的作品和演讲稿。唉，我还是那么的肤浅。什么时候才能让我有广阔一点的精神领域？什么时候才能让我的精神生活更为丰饶？

快乐即能功德圆满

今天的外电中又说，心理学家证明，快乐和个性有关，开朗、自重、乐观的人，自然快乐。有钱人、出名的人，如果个性不乐观，照样是不快乐的。

再一次地证明我们的一切都出自遗传基因。美国人胖子多，是因为胖子的身上缺少了认识肚子饱的基因，什么东西都吃得下去，所以变成胖子。

你看，连胖子都是命中注定，我们还去担忧些什么？

如果你赞同我这句话，那么请放心，你是属于乐天一派，今后一生，笑着度过。

假如你骂我胡说八道，那么你有一个暴躁的因子，请小心，会惹祸。

要是你幽幽地怨说为什么自己的想法不同，那么你在遗传上是个多愁善感的人，注定是一个悲剧人物。

要改变自己的个性，非趁年轻不可，一老就固执，不管你是哪种人，都有一个共同点，那就是越老越不听人家的劝告。

最怕遇到的是林黛玉型的女子，就算是多美，也应该避开。这种女人好的也怨，坏的也怨，永不休止。怨到最后，只有自杀或病死。别以为我在胡说，亲眼见到的就有好几个，绝不虚假。

一些命中注定失败的人，也很容易看出。他们永远认为自己的想法是最好的，只是别人不会欣赏。而且，他们会教你做这个、做那个。主意一箩筐，但没有一个行得通。

天生少了一条筋的女子真难得，她们永远笑嘻嘻，是个白痴。只对痛苦是白痴，其他事还是很聪明，遇上这种女人，三生有幸。

既然注定，我们不必花精神去改造自己。

天如禅师说过："人生能有几时？电光眨眼便过！趁未老、未病，抖身心，拨世事；得一日光景，念一日佛名；得一时工夫，修一时净业；由他命终，我之盘缠预办，前程稳当了也。若不如此，后悔难追。"

把"念一佛名"，改为"喝一壶酒"，把"修一时净业"，改为"吃一餐好饭"，便功德圆满。

人生算法

乘的士，司机是位年轻人，态度友善，下车时，他给了我一张小传单，说："请你花几分钟看看。"

里面写着：你一生的年日。

翻阅，显然是传教宣传品。

内容为：曾经有人研究人类一生如何花去光阴，发现一生如果有70岁，他的时间就大致如此分配：

睡眠，占23年，一生的32%。

工作，占16年，一生的20%。

电视，占8年，一生的11%。

饮食，占6年，一生的8%。

交通，占6年，一生的8%。

学业，占4年半，一生的6%。

生病，占4年，一生的5%。

衣着，占2年，一生的2%。

信仰，占半年，一生的 0.7%。

所以，这张传单说我们应该多花一点时间在求神拜佛上。

我并不反对人生有点信仰，只要不沉迷就是。有许多东西是不能解释的，也解释不了。

只觉得上述几项分得太细，我对人生是这样看的：若活 70 岁，睡眠 23 年，还要减去年少无知的 7 年，已去 30 年，剩下 40 年，人生苦多。30 年是不愉快的，只有 10 年真正快乐。

所以，我们一有机会，便尽量去笑吧。我们一遇到让我们感到喜悦的人，便尽量地和他们接近吧。避开负面的人，尊敬可怕的八婆，而远之。

走远几步路，去吃一间比较有水准的餐厅，别对不起自己。

享下等福，心平气和地活

冯老师虽然逝世，老人家写给我的一幅字，却一直陪伴着我。

跟随老师的那几年，令我对很多事情的价值观有所改变，也让我明白了淳朴、恬淡是什么东西，享用不尽。

对人生附属的许多烦恼，老师教导我们如何去摒弃。我们在老师处学到的不单是书法和篆刻，还有如何心平气和地活下去。

老师写给我的对子，我将之以深蓝色的缎为衬底裱起来。老师说过："这颜色没有什么人敢用，但是裱起来很稳重，很大方，很悦目。"

对子以篆书：

发上等愿　结中等缘　享下等福

择高处坐　就平处立　向宽处行

上款题了："蔡澜老隶台喜书画，耽篆划，随余间字，刀笔朴茂，尤近封泥，前途拭目以待，勉之勉之。”这几句话鼓励着我。

朋友问：“下等福有什么好享的？”

我微笑不语。

身外物

日本朋友告诉我一个陶艺界的故事：

爷爷今年已经七十岁了，他所做的陶器、瓷器全国闻名，每年都要来东京的百货公司开展览会，在我们家住一晚，隔天就回乡下去。

我们家的小孩很喜欢这位爷爷，因为爷爷常把一些素描给小孩看，惹小孩们的欢心。

一次，我们全家到爷爷的工作室去做客，见他全神贯注在陶器上画画，表情投入，顽固又严肃，吓得孩子们一跳。“从前这些陶器都是粗品，现在卖得那么贵，我做了却觉得没意思了！”爷爷很喜欢喝日本清酒，醉后，总发几句牢骚。

家里又收到爷爷寄来的包裹，打开纸箱一看，却是些碗碟和茶具，爷爷说：“卖剩的，你们用好啦！”

那么有名的人做的东西，我当然收了起来，向爷爷说：

“不能让小孩子们用，打烂了多可惜！”

爷爷听后大喝一声：“你说些什么鬼话，有形状的东西总会坏的，从小开始不用好的东西，长大之后眼光就不够！”

从此，我们家用于吃饭、喝茶的东西每个都是八千日元（约合人民币四百元）以上。

小孩子们也记得爷爷的教训：“那是些身外物！”

何必感叹知己太少

石栗已开花，尖沙咀东部一带的树，会有一块小牌子钉在树干上，除了拉丁学名之外，石栗更有一个普通的英文学名，叫“Candle nut”。

据说此树结的果，就是南洋人捣碎了用来煮咖喱的那种。我从来没有看过石栗结果，不过称得上“栗”，一定有果实吧！

夏天来临之前，石栗树顶开满似叶非叶，像花又不是花的东西，从低处望去，有如中年人的华发，由高楼俯观，更是全白一片。

每年一度，必见石栗花，要是它不开时，平平无奇；长满了花，整条界限街结了彩一般，非常壮观。花开维持三四个星期，落了有如樱花飘零，地上铺了一层雪，更是美丽。

是什么人在树干上钉了名字？市政局吗？没情趣的人会认为多此一举，浪费公款，但是如果了解了香港每一种树的树名，那不更像是多交了几位好友？

任何自然现象，都能成为研究的对象，学习之中，得知前人已做了这项工作，并有著作，那么就可以和这位仁兄沟通学习，也许自己发觉的细节，比他更清楚。如果他还在人世的话，一定欣赏我们的努力。

树之外，香港的鱼类、云朵、楼宇、小鸟，等等，都是学问，我们何必感叹知己太少呢？

要是人类生长的过程像树一样，那又有多好！别等到老才后悔。与植物共同在一年之中发芽、长叶、开花、跌落、枯去，经历了一生，明年又来过，便不那么愚笨了！

伴侣好好去照顾，时光好好去珍惜，人生必定丰满。一年又一年长成，树干一年比一年粗壮。长根长入地球的土壤里，所长叶子数万片，每一叶都供应水分——它们长大后死去，死去后又长大。

石栗树教我们的东西，实在太多。

跟古人学快乐，快乐其实很简单

古人有四十件乐事：

一、高卧	二、静坐	三、尝酒	四、试茶
五、阅读	六、临帖	七、对画	八、诵经
九、咏歌	十、鼓琴	十一、焚香	十二、莳花
十三、候月	十四、听雨	十五、望云	十六、瞻星
十七、负暄	十八、赏雪	十九、看鸟	二十、观鱼
二十一、漱泉	二十二、濯足	二十三、倚竹	二十四、抚松
二十五、远眺	二十六、俯瞰	二十七、散步	二十八、荡舟
二十九、游山	三十、玩水	三十一、访古	三十二、寻幽
三十三、消寒	三十四、避暑	三十五、随缘	三十六、忘愁
三十七、慰亲	三十八、习业	三十九、为善	四十、布施

从前，大部分乐事都不要钱的；当今，当然没那么便宜，谈的只

是一个观念。

高卧，睡个大觉，不管古今，大家都喜欢，可是很多都市人睡得不好，只有吞安眠药去。静坐，都市人谈不上，我们劳心劳力，坐不定的。

尝酒可真的是乐事，现在已可以品尝各种西洋红白酒，较古人幸福得多。试茶，人人可为，不过茶的价钱被今人炒得不像话，什么假普洱也要卖到几千几万，拍卖起来甚至到百万元，实在并非什么雅事。

阅读的乐趣最大，不过大家已对文字失去兴趣，宁愿看图像，连最新消息也要变成什么动新闻，看得十分痛心。

临帖更是不会去做。对画？对的只是漫画。

诵经只求报答，求神拜佛，皆有所求。《心经》还是好的，念起来不难，得个心安理得，是值得做的一件事。

咏歌？当今已变成去唱卡拉 OK 了。真正喜欢音乐的人到底不多，鼓琴更没什么人会去玩了。

焚香变成了点烟熏，化学味道一阵阵。檀香和沉香等已是天价，并非人人烧得起的。

最难的应该是莳花了。“莳花”这两个字指的是栽花、种花、整理园艺、栽培花的品种，当今只是情人节到花店买一束送送，并非古人的“莳花弄草卧云居，漱泉枕石闲终日”了。

候月？今人不会那么笨，有时连头也不抬，月圆月缺，关吾何事？

听雨吗？雨有什么好听的？今人怎会欣赏宋代蒋捷的“少年听雨歌楼上，红烛昏罗帐。壮年听雨客舟中，江阔云低、断雁叫西风。而今听雨僧庐下，鬓已星星也。悲欢离合总无情，一任阶前、点滴到天明”？

望云来干什么？要看天气吗？打开电视机好了。

瞻星？夜晚已被霓虹灯污染，怎么看也看不到一颗。有空旅行去吧，在沙漠的天空，你才会发现，啊，怎有那么多。

“负暄”这两个字有两种解释：一是向君王敬献忠心，很多人以为这两个字只有这个意思，不知道它还有第二个解释，即在冬天受日光曝晒取暖，这才是真正的乐事。

赏雪吗？今天较幸福，一下子飞到北海道去。

看鸟去是不敢了，有禽流感呀。

观鱼较多人做，养鱼改改风水，挡挡灾。不然养数百数千数万的锦鲤，发财喽。

漱泉吗？水被污染得那么厉害，怎么漱？就算有干净的泉水，也被商人装成矿泉水去卖，剩下的才用于第二十二条的濯足。

倚竹？当今只有在植物公园里才看到竹，普通人家哪有花园来种？抚松也是，只能在辛弃疾的词中联想：“昨夜松边醉倒，问松我醉何如？只疑松动要来扶，以手推松曰：去！”

远眺，香港的夜景，还是可观的。

俯瞰，从飞机的窗口看看香港的高楼大厦吧。

散步还是一项便宜的运动，慢跑就不必来烦我了。

今人怎有地方荡舟？有点钱的乘游轮看世界，没有的只好来往天星码头。

早上学周润发爬山的好事，至于玩水，在香港的公众浴池，有些人会在中间小解的。

访古最好去埃及看金字塔，寻幽就要到约旦的佩特拉看红色的古城。

当今人真幸运，旅行又方便又便宜，天热可往泰国消暑，又有按摩享受；天寒可到韩国滑雪，又有美味的酱油螃蟹可食。

第三十五的随缘已涉及哲学和宗教了，大家都知道，但大家都做不了。第三十六的忘愁也是一样。

第三十七的慰亲赶紧去做吧，要不然有一天会后悔的。

第三十八的习业是把基本功打好，经过这段困苦而单调的学习过程，一定懂得什么叫谦虚。

最后的两件为善和布施尽量去做，如果不是富翁，在飞机上把零钱捐给联合国儿童基金会吧。

所有烦恼，都有解药

解药听起来，像是武侠小说里才出现。

茶喝多了，尤其是未经发酵的绿茶，像龙井，就会醉人。半发酵的铁观音也好不到哪里去，空肚子喝，不习惯的人总出毛病。

茶醉起来比醉酒更难受，头晕眼花，冷汗直飙，整个胃像放在洗衣板上揉擦，又搓在一起，挤出一滴滴黄色的苦汁。

茶的解药，就是喝更多的茶，你想不到吧？品种不能乱服，只限老水仙，像大红袍等岩茶最佳。

另一种解茶醉的秘方就是糖了，把一方块冰糖放进口中咬，最有效。西人喝完茶总送点甜品，是有道理的。

泻肚子也靠糖，不过是葡萄糖。西药的小小粒止泻药很有效，中药的济众水、日本药的喇叭正露丸都不错。但是止了泻，食物中的毒素留在肠胃，还是发出一阵阵的绞痛，让它拉个干净较佳。这时整个人虚脱，就要靠葡萄糖来补充了，喝一口很浓的葡萄糖水人就舒服起来，再也不必去洗手间，百试百灵。

药房中卖很多解酒的药，广告上也有扮皇帝的演员推销，试过的人说很有效，但严重的宿醉，这些成药救得了吗？

醉得多了，自己有一套解酒方法，那就是在中药店买五块钱的枳椇子，煲个二十分钟，服了即解。枳椇子很厉害，草药书籍上也有记载，说造酒之家要是种了这种树，叶子掉入酒瓮，即刻败坏。

最原始的解酒药，就是睡它三天。

至于感情上的解药又如何？

男朋友离你而去，唯一解药，就是找个新的。没有比这个秘方更快更有效的了。

文人说钱不重要，当今社会已是迂腐。钱是必要的，解药是不把钱当上司或老板，把钱看作菲律宾家政助理，最有效。

答读者问

问：先生，总觉得自己很差劲怎么办？

答：改为觉得自己很厉害呀。

问：先生，人长大了但快乐的事变少了，很多不如意怎么办？

答：也得活下去，开心也活，不开心也活，选开心吧。

问：先生，请问什么才算是大事？

答：天塌下来。

问：先生，快乐是最重要的吧？

答：绝对。

问：先生，请问年纪越大，获取快乐的能力会越强吗？

答：只限聪明人。

问：蔡老，好奇您的豁达是天生性格还是后天养成多？

答：后天。

问：先生，你开心吗每天？我不知道干啥每天。

答：我的开心，希望染上你。

问：未来会好吗？

答：不会，但要相信会。

问：先生，人生该是积极的向上的，还是庆幸的活在当下知足常乐的？

答：双管齐下。

问：蔡老，不开心该怎么办？不漂亮又该如何呢？

答：每天大笑。拍照时用美图。

问：先生，为什么会觉得烦恼痛苦呢？

答：自寻的。活该。

问：蔡先生，因为做了一个决定很后悔，我害怕以后生活再也不会好了。

答：你才几岁？

问：蔡先生，在生活最困难的时候，您是怎么度过的？

答：咬紧牙关。

狂又何妨

人生已走一大半，不如意事常八九。
到现在，可以避免尽量避免，
深感不值得有更多的烦恼。

花你多少

“今天活得比昨天快乐，明天活得较今天精彩。”我发表大理论。

朋友听了又板起脸来：“这种话你不知道说了多少次，我被你烦死了！你们这种人现在存了几个钱，就在那儿晒命。追根究底，一切是钱。没有钱，何谈快乐？讲什么精彩？”

“钱，我不会迂腐到说它不重要。”我好言相劝，“但是，我宁愿我是主人，钱是奴隶。为奴隶服务？免了。”

“你写那么多稿，做那么多种生意，难道不是为钱服务？”友人反问，“你那么忙，不是为钱做奴隶，是什么？”

“忙，我承认。忙有什么不好？愈忙愈能把时间储蓄起来。”我回答，“愈忙学的东西愈多。”

“我在加拿大舒舒服服，一生不是照样过得很好吗？”

“是。”我说，“生活方式，每一个人都有他们自己的选择，我不羡慕你。我住在香港，我喜欢都市，我也学会忙里偷闲。”

“哈哈哈哈。”友人大笑，“闲还用偷？明明是强辩，你就干脆说为了钱好了。你的享受，哪一样不花钱？”

“我种种白兰花，花了多少？我买宣纸练书法，花了多少？我画领带，花了多少？还有，我爱看书，花了多少？金庸先生曾经说过，多看书，人生的层次才会愈来愈高。也等于说是活得愈来愈快乐。”

“现在的书，卖得也贵。”朋友不服，“我不喜欢看文字，那岂非没有了希望？”

“看电影好了。”我说，“电影综合了文字、音乐、绘画和摄影。从无穷的电影，可以得到不尽的知识。就算买正版的 VCD，能花你多少？”

度过不平凡的青春，做回普通人

另外一位年轻友人也上路，抵达纽约。

他在唐人街的一家餐厅洗碗碟，做小厮，但是他勤劳，得到了赞赏和生活下去的条件。

在纽约，他吸收了一切在小地方工作想象不到的东西。大都会博物院、自然文物馆、摩登美术厅，这三个地方，已经抵得上他欠下的一切。

说走就走，他也不知道是那么容易。

年轻人没有做不到的事。埋怨，总不是办法，一心一意的理想，总是能够达到。但是，如果步入中年，就再也没有那么多的希望和勇气了。

你说这世界上没有超人吗？错，错。年轻人就是超人，奇怪得很，他们在车祸中骨头断了又接回来；他们喝了什么烈酒第二天照样清醒；他们有了爱情的挫折，但眼泪一下子就干了。

你我拼命地储蓄防老，剩下的钱在银行账簿上只是一个数字。

年轻人也在存钱，可是他们的钱，是他们的回忆，因为，他们根本不知道钱的用处。

别笑他们，当年华消逝，而你只是一个很普通的人，你会恨自己的。

做普通人没有什么不好，要遵守的，是已经度过不平凡的青春，才有资格做普通人。

别被无聊的约绑死

又是新的一年，大家都制定这次的愿望，我从不跟着别人做这等事，愿望随时立，随时遵行则是。今年的，应该是尽量别绑死自己。

常有交易对手相约见面，一说就是几个月后，我一听全身发毛，一答应，那就表示这段时间完全被人绑住，不能动弹，那是多么痛苦的一件事。

可以改期呀，有人说，但是我不喜欢这么做，答应过就必得遵守，不然不答应，改期是噩梦，改过一次，以后一定一改再改，变成一个不遵守诺言的人。

那怎么办才好？最好就是不约了，想见对方，临时决定好了。喂，明晚有空吃饭吗？不行？那么再约，总之不要被时间束缚，不要被约会钉死。

人家有事忙，可不与你玩这等游戏，许多人都想事前约好再来，尤其是日本人，一约都是早几个月。“请问你六月一日在香港吗？是否可以一见？”

对方问得轻松，我一想，那是半年后呀，我怎么知道这六个月之间会发生什么事？心里这么想，但总是客气地回答："可不可以近一点再说呢？"

但这也不妥，你没事，别人有，不事前安排不行呀！我这种回答，对方听了一定不满意的，所以只有改一个方式了："哎呀！六月份吗？已经答应人家了，让我努力一下，看看改不改得了期。"

这么一说，对方就觉得你很够朋友，再问道："那么什么时候才知道呢？"

"五月份行不行？"

"好吧，五月再问你。"对方给了我喘气的空间。

说到这里，你一定会认为我这人怎么那么奸诈，那么虚伪，但这是迫不得已的，我不想被绑，如果在那段时间内我有更值得做的事，我真的不想赴约的。

"你有什么了不起？别人要预定一个时间见面，六个月前通知你，难道还不够吗？"对方骂道，"你真的是那么忙吗？香港人都是那么忙呀？"

对的，香港人真的忙，他们忙着把时间储蓄起来，留给他们的朋友的。

真正想见的人，随时通知，我都在的，我都不忙的，但是一些无聊的、可无可有的约会，到了我这个阶段，我是不肯绑死我自己的。

当今，我只想多一点时间学习，多一点时间充实自己，吸收所有新科技，练习之前没有时间练习的草书和绘画。依着古人的足迹，把日子过得闲散一点。

我还要留时间去旅行呢。去哪里？大多数想去的不是已经去过吗？不，不，世界之大，去不完的，但是当今最想去的，是从前一些住过的城市，见见昔时的友人，回味一些当年吃过的菜。

虽然没去过的，比如爬喜马拉雅山、到北极探险等，这些机会我已经在年轻时错过，当今也只好认了，不想去了。所有没有好吃东西的地方，也都不想去了。

后悔吗？后悔又有什么用。非洲那么多的国家，刚果、安哥拉、纳米比亚、莫桑比克、索马里、乌干达、卢旺达、冈比亚、尼日利亚、喀麦隆等，数之不清，不去不后悔吗？已经没有时间后悔了。放弃了，算了。

好友俞志刚问道："你的新年大计，是否会考虑开'蔡澜零食精品连锁店'，你有现成的合作伙伴和朝气勃勃的团队，真的值得一试……"

是的，要做的事真的太多了，我现在的状态处于被动，别人有了兴趣，问我干不干，我才会去计划一番，不然我不会主动地去找事做把自己忙死。

做生意，赚多一点钱，是好玩的，但是，一不小心，就会被玩，一被玩，就不好玩了。

我回答志刚兄道：“有很多大计，首先要做的，是不把自己绑死的事。决定下一步棋，也要轻松地去做，不要太花脑筋地去做。一答应就全心投入，就会尽力，像目前做的点心店和越南粉店，我都是百分之百投入的。”

志刚兄回信：“说得好，应该是这种态度，但世上有不少人，不论穷富，一定要把自己绑死为止。”

不绑死自己，并不是一件容易的事，我花光了毕生的经历，从年轻到现在，往这方向去走，中间遇到不少人生的导师，像那个意大利司机，向我说：“现在烦恼干什么，明天的事明天再去烦吧！”

还有遇到在海边钓小鱼的老嬉皮士，当我向他说：“喂！老头子，那边鱼更大，去外边钓吧。”他回答道：“但是，先生，我钓的是早餐呀！”

更有我的父亲，向我说：“对老人家孝顺，对年轻人爱护，守时间，守诺言，重友情。”

这都是改变我思想的人和事，学到了，才知道什么叫放松，什么叫不要绑死自己。

停下来发一阵呆吧

到上海，入住花园酒店，路过的一条街上有家吃茶店，外面写“喝茶、聊天、下棋、发呆”几个字。好一个发呆！

发呆，广东人说成“发牛豆”。一个人入了神，就用“牛牛豆豆”来形容。牛豆比咪摩（意为磨叽）还要厉害。咪摩是东动一下西摸一下，牛豆则是眼睛半开，望着前面，连焦点也没有。

一个人在沉思时，别人看来以为他在发呆。发呆是在想东西想到进入睡眠与清醒之间的一个过程。

小孩子的发呆最为可爱，叫醒他们之后总可以看到这个样子，恨不得吻他们一下。

老人的发呆最为可怜，曾经到过温哥华的旧唐人街，在一个五层楼的建筑物窗口中，老人向外望去，一动也不动，像人生终结之前的定格。如果还有思想，应该是胡不归吧？

我自己的发呆，通常是写稿写到一半，不能继续，思想由主题飞到十万八千里之外，毫无关联，如果不被自己唤回，也许是进入别人的梦中。

简直是浪费生命！分秒必争的香港人骂道。

是的，生活在这个地方，是不允许发呆的。发呆变成了奢侈，是一种高级享受，是一件劳碌的人绝对没资格做的事！

发呆之后，淌下一滴眼泪，最悲哀不过了；发呆之后，笑了笑，非常幸福。

后者怎么形成？全靠美好的过往。

所以说，人生储蓄除了金钱之外，还要收藏光辉的记忆。老了，再多钱也没用，发起呆来，永远是为生活挣扎。

想想我们生命中的情绪，回忆初恋，记一记我们的好朋友。现在是不是也在发呆？在不发呆的时候最好去银行，千万别将生活弄得单调，而最好的办法，是当人家数绵羊入眠时，我们能够算一算吃过的每一道佳肴。

停下来发一阵呆吧。

放纵的哲学

“享受人生的快乐，由牺牲一点点健康开始。”尊·休斯敦说。

这个人放纵地过活，但是八十多岁才死。所谓的牺牲一点点的健康，并非一个致命的代价。

大家都知道自由的可贵，但是大家都用“健康”这两个字来束缚自己。

看到举重的壮汉，的确健康，不过这个做运动的人总不能老做下去。年龄一大，自然缓慢下来。到时他那坚硬的肌肉开始松懈，人就发胖。为了防止这些情形发生，他要不断地健身。试想看到一个七老八十的人全身还是那么一块块的肌肉，和隆胸的妇女有什么两样？

又有个朋友买了一栋有公共游泳池的公寓，天天游，结果患了风湿。

注重健康，说得难听一点，就是怕死。

烟不抽，酒不喝，什么大鱼大肉，一听到就摇头。

好，谁能担保不会有个人，二十多岁就患肺动脉高血压？哪一人够胆说自己绝对不会遇上空难、车祸、火灾、水灾和高空掷物？

想到这里，更是怕死。

思想的健康比肉体的健康更加重要。

一个人如果多旅行、多阅读、多经历人生的一切，就不当死是怎么一回事儿了，这个人在思想上绝对是健康的。

思想健康的人一定长寿，你看那些画家、书法家、作曲家，老的比短命的多。

当然不单单是指做艺术工作的人，凡是思想健康的，不管他们出的是好主意还是坏主意，都死不了。你没有看到中国的那几个抽烟的老人皇帝吗？

总认为人类身体上有一个自动的刹车器，有什么大毛病之前，一定先感到不舒服。如果你精神上健康，一不舒服就不干，便不会因为过度纵欲而病倒。

喝酒喝死的人，是精神不正常。像古龙那样的人，明明知道再喝就完蛋，但是还是要喝下去，也许是他认为自己是大侠，也可能是活够了，觉得这个世界没有什么事是新鲜的了。

吃东西吃死的例子倒是不少。

什么胆固醇，从前哪里听过？还不是照样活下去。

也许有人会辩论说那是因为几十年前，社会还是困苦，人没有吃得那么好，所以不怕胆固醇过多。精神健康的人也不会和他们争执，你怕胆固醇，我不怕胆固醇就是了。近来已经有医学家研究出胆固醇也有好的胆固醇和坏的胆固醇，我们只要认为所有吃下去的东西都是好的胆固醇，不亦乐乎？那些怕胆固醇的人，失去尝试到好胆固醇的享受，笨蛋。

略微对暴食暴饮有节制，不是因为不想放纵，而是太肥太胖，毕竟是不美丽的。

科学越发达，对人类的精神越是伤害，现在的医学报告已达到污染的程度。

最近研究出喝牛奶对身体无益，打破了牛奶的神话。当然早就说吃咸鱼会致癌，好，就不吃咸鱼。又听到鸡蛋有太多的蛋白质，什么吃肉只能吃白肉而不吃红肉，等等，唉，大家不知道吃什么才好。

吃斋最有益、最安全、最健康了。吃斋，吃斋。

你以为呢？蔬菜上有农药，吃多了照样生癌！

医学家建议你吃生果（意为水果）之前洗得干干净净。心理上有毛病的人，把它们都洗烂了才够胆去吃。有些医生还离谱到叫你用洗洁精洗蔬菜和水果，体内积了洗洁精也患癌，洗洁精用什么其他精才能洗得脱？

已经证明维生素过多对身体不好。头痛丸有些含了毒素，某种泻药吃了会大脖子，镇静剂安眠药更是不用说了，吃了之后和鸦片海洛因没有分别。

算了，吃中药最好，中药性温和，即使没有用也不会有害，人参、燕窝比黄金更贵，大家拼命进补。但是有许多例子，是因为进补过头，病后死不了，当植物人当了好几年还不肯断气。

植物人最难判断的是到底他们还有没有思想。如果有的话，那么他们一定在想，早知道这样，不如吃肥猪肉，吃到死算了。

肉体健康而思想不健康的人，就会出禁这个禁那个的馊主意。这些人终究会失败，和美国禁酒失败一样。现在流行禁烟了。

制造戒律的人，都患上思想癌症，越染越深，致使“想做就做”的广告也要禁止放映，是多么可怕。

烟、酒和性，不单是肉体的享受，也是精神上的享受，有了精神上的储蓄，做人才做得美满。

让你在身体上有个一百巴仙的健康吧，让你活到一百岁吧，让你安安稳稳地坐在摇椅上，望向远处吧！但是脑袋一片空白，一点美好的回忆都没有，这不叫“健康”，这叫“惩罚”。

快点把那本劳什子的 *Fit for Life*（《健康生活》）丢进字纸篓去！

狂又何妨

亦舒看了我一本书，叫《狂又何妨》，说我这个人一点也不疏狂，竟然起了那么一个书名。

哈哈哈哈。我也不认为自己疏狂，出了七八十本书，所有书名都与内容无关，只是用喜欢的字眼罢了。

中国诗词有一定的模式，并不自由奔放。到了宋朝，更引经据典，晦涩得要命。诗词应该愈简单愈好……

整首背不出来，记得一句，也是好事。丰子恺先生就爱用绝句中的七个字来作画，像“竹几一灯人做梦”“几人相忆在江楼”“嘹亮一声山月高”等，只要一句，已诗意盎然。

承继丰先生的传统，我的书只用四个字为书名，像《醉乡漫步》《雾里看花》《半日闲园》，等等，发展下去，我可以用三个字、两个字或一个字。

有些书名，是以学篆刻时的闲章为题，如《草草不工》《不过尔尔》《附庸风雅》等，也有自勉的意思。

《花开花落》这本书的书名有点忧郁，那是看到家父去世时他儿孙满堂有感而发。

大哥晚年爱看我的书，时常问我什么时候有新的。我拿了新的一本要送给他时，他已躺在病榻上。踌躇多时，还是决定不交到他手上。

家父教导的守时、重友情、做事负责任，由成长至老去，都是我一心一意牢牢抓住的，但也不是都做得到，实行起来很辛苦。最重要的，还是要放弃以自我为中心。

艺术家可以疏狂，但疏狂总损伤到他人，这是我尽量不想做的事。

心中是那么羡慕！“疏狂”二字，多美！

梁实秋和三毛的不亦快哉

前辈作家梁实秋说看了金圣叹的《三十三不亦快哉》之后，自己也有十一不亦快哉。大意是：

一、晨曦牵狗散步，让它在人家的门口便溺，狗一身轻，自己家清洁。

二、烈日下边走边吃甘蔗，随嚼随吐，兼可制造清垃圾者的就业机会。

三、早起，穿着条纹睡衣，抱红泥炉置街外，烧至天地氤氲，一片模糊，表示有米下锅。

四、天近黎明，打整夜麻将回来，任司机大按喇叭，吵醒邻居。

五、放学回来，见邻居的门铃就按，令人仓皇应门。

六、见隔壁有葡萄架，半夜越墙而入饱餐一番。

七、见十字路，不许人行，只准走天桥时，忽然直闯，搅乱交通，扬长而去。

八、将办公室中用品顺手牵羊，写私信、发请柬、写谢帖。

九、逛书肆、看书展，趁人潮拥挤时，偷几本回家。

十、把电话翻转，打开底部，略作手脚，使铃声变得声哑，这么一来，电话随时可以打出，但不一定要去听。

十一、生儿育女、婚嫁时在报纸大刊广告，红色套印，敬告亲友，令天下人闻知，光耀门楣。

梁实秋可能借此讽刺别人，但看到他写到“穿着条纹睡衣”的形象，实在有点恐怖。还是三毛单纯，她的不亦快哉包括：打太极拳打不成，自己安慰已经打完一套了；在严肃的会议中折纸船；逛街一日，什么都不买，回家见旧衣，倍觉件件得来不易；拉断的鞋带，拿来绑辫子；上课时，学生反应不佳，老师自己逃课；借邻居狗散步，不必自己饲养；等等。可爱到极点。

不偶尔偷懒一下，活着干什么

“你做那么多事，一定从早忙到晚！”认识我的人那么说。

也不一定，我有空闲的时候，有时一天什么事都不做。慢慢梳洗、阅报、看小说，饿了煮个公仔面吃吃，逍逍遥遥。

香港人忙来干什么？忙来把时间储蓄，灵活运用，赠送给远方来访的友人。

返港后，刚好遇到好友路过，我陪他一整天。反正现在有手提电话，急事交代几句，轻松得很，没什么压力。

通常都会睡得迟一点，可惜这条劳碌命不让我这么做，五点多六点就起，到阳台看看，今天又长了多少朵白兰花。

散步到菜市场，遇相熟友人，上三楼去吃牛腩捞面之前，先斩些叉烧肉，吃不完打包回家，中午炒饭，又派上用场。

应该做的零星事，像把眼镜框修理好，手表的弹簧带断了，快去换一条新的，头发是否要剪？脚指甲到时候修了吧？

趁今天多写点稿！这么一想，所谓的悠闲日便完全被破坏。心算一下，这份报纸还有多少篇未发表？那本周刊有几多存货？可免则免，宁愿其他日子挨通宵，也不想在今天做。

是替家父上上香的时候了，将小佛坛的灰尘打扫干净，合十又合十。

是打个电话去慰问家母的时候了，啊！啊！没事吗？没事最好！燕窝吃完了吗？下次带去。今天是赶不及探访了。

篆刻书法荒废已久，再练一练吧？把纸墨拿出来时，改变主意，还是继续画领带好。一条又一条，十几条之中，满意的只有一二，也足够了，明天上班戴上。

“你还要上班吗？”友人问。

不上班，怎么知道礼拜天可贵？不偶尔偷懒一下，活着干什么？

热天穿的衣服不能超过二两

遇到一个认识的人。

“好久不见。”我打招呼。

“我倒常看到你。”他说，“你穿着拖鞋和短裤，在旺角跑。”

去菜市场买菜，穿西装打领带，不是发疯了吗？

衣着这问题，最主要的还是看场合。更要紧的，是舒不舒服。

在夏天，洗完澡后，我最喜欢穿一件印度的丝麻衬衣。这件东西又宽又大，又薄又凉，贴着肌肤摩擦的感觉，说不出的愉快。第一次穿过后，我便向自己发誓，在自由自在的环境下，热天穿的衣服不能超过二两。

见人、做事时，服装并非为了排场。整齐，总是一种礼貌，这是我遵守的。我的西装没有多少套，也不跟流行，料子倒不能太差，要不然穿几次就不像样，哪里能够一年复一年？

衬衫、领带的颜色常换，就可以给人一种新鲜的感觉。那几套东西穿来穿去都不会看厌的。

对流行不在意的时候，那么大减价的衣服只要质地好，不妨购买。价钱绝对比时髦者便宜。

跟不跟得上潮流不在乎的时候，买东西便能更客观，更有选择。

贵一点的领带是因为料子好，而且不是大量生产。便宜的打几次就变成咸菜油炸粿，到头来还是不合算的。那么多花样的领带怎么去挑选呢？答案很简单，一见钟情的就是最理想的。走进领带部门，第一眼就把你打昏的领带千万不要放过。如果一大堆中挑不到一条喜欢的，那么还是省下吧。

总之，不管穿西装也好，穿牛仔裤也好，穿自己要穿的，不是穿别人要你穿的。这是人生最低的自由要求。

我醉欲眠卿且去

越来越不懂得客气是怎么一回事儿。

为了礼貌，有时对人说：“有空去饮茶。”

这一来不得了了，天天闲着，有空时想想：“值不值得去？”

最后，还是勉强地应酬，深觉没意思。

所以，“有空去饮茶”这句话，少说。如果没有心，说来干什么？自己找辛苦。

吃完饭大家抢着付账，要付就让人家去付好了，已经学会接受这种方式。

最糟糕的是，想请客，先把信用卡交上柜台，但对方坚持要付，把你的卡退回给你。应付这种情形，唯有让他们去结账，再备一份重礼择日送上。

一切顺其自然好了，人生不应该在这种小节上浪费工夫。

走出门，要是我先一步，就走在前面，如果朋友带头，跟着好了，别让来让去。

一张圆桌，主人家叫你坐在什么地方，乖乖地听。

“不，我怎么可以坐主位？”这种废话，说了无益。对方要是不尊敬你，你想坐在一角都难。但是没等主人说话，自己就大剌剌地坐在主位，也是禁忌。

到婚宴或生日会上，觉得没趣，快走。打一声招呼最好。

要是引起宾客的纷乱，那静悄悄地溜了算数（意为得了，好了）。大场面并不会因为少了你一个人而停止的，别自视过高。

事先声明你不喜欢卡拉OK，别人便不会拉你去。

尽量别做自己不想做的事，哪怕得罪对方，也值得。如果他们那么小气，不做朋友也算了。

中国人有很多礼貌上的迂腐之处，但也并非人人如此。有句古诗云:“我醉欲眠卿且去。”实在可圈可点，是人生最高的境界。

不陪诸君作无益语

“才一年前买的两千多万元的楼，现在可以卖三千多万元，一年之内，赚一千万元。”朋友说。

“恭喜你了。”我说。

此人叹气：“是同事买的。”

废话！

跟着，他埋怨这叹息那，说了一大堆看走了眼的机会。

我还是那句老话：“广东人说得对，有早知，无乞儿。”说完我转头走开。

另一种“想当年”的人，我也很怕。“当年我有多么厉害”等的对白，听得令人作呕，而且他们喜欢重播又重播，让人多吐几次。

有时一桌人晚饭，谈政治，一谈谈个不停，要是都是好朋友，我便坦率地要求他们转个话题，遇到不是太熟的，我便静悄悄地跑回家。

有些长气（粤语方言，形容人唠叨）的八婆，自以为好心肠，看见我患了感冒，便说：“还不去看医生？”

“喝点姜茶就好了。”我回答，自己的身体自己知道，已拥有数十年了。

“有种膏药搽在心头很有用！”她们又说。

“喝点姜茶就好了。”我又说。

“介绍你一个喷气筒，很有效。”再劝我。

“喝点姜茶就好了。”同一个答案，用三次、四次、五次，用到她们觉得烦为止，自能将八婆治退。

学郑板桥说：“年老神倦，已不陪诸君作无益语也。”

愈来愈觉得人生苦短，不能浪费生命在这种无聊人身上。

不过，自己的毛病不觉察，也许周围的人也不能容我。是时，我可能成为一个固执、孤独的老者，但亦不后悔。有山有水为家，有花有鸟做伴，已足矣。

享受讲真话的乐趣

我们骗人，有时候也不一定出自什么鬼主意，我们只是在学习怎么“做人”罢了。

遇到朋友的小儿子，实在是个长得极不讨人喜欢的家伙。我们能够照实说吗？当然是以摸摸他的面颊，说声“这个小孩子真聪明”作为收场。

像夫妻之间，讲了真话反而要吵架，不如互相哄哄算数。

久而久之，我们的谎言愈来愈多，做人所谓圆滑。到最后，我们自己也分辨不出自己讲的话是真是假。

年纪大了，有个好处，就是可以尽量地少说假话，少骗人。

我们会发觉讲真话，是多么的舒服，多么的过瘾。在我自己的例子，竟然可以用讲真话闯出一个名堂。

日本有个很受欢迎的电视节目叫《料理的铁人》，由节目组派出大师傅和来自名餐厅的挑战者比赛，用同一种材料，在一小时内看谁烧的菜最好吃，花样最多。

这节目的制作人叫我去当评判，我吃了之后，好吃就说好吃，难吃就说难吃，不像别的评判那么为了要做人而含糊不清。

结果，变成我的评语最受欢迎。

渐渐地，我已经在享受讲真话的乐趣。

如果我应酬时吃饭吃到一半，觉得无聊，我就会起身告辞，做个“酒仙”。哈哈，粤语中的“走先”。

我也很明白老了之后要有一点积蓄的道理，但是储的钱应该按照今后可以活多少年去花，死了留来干什么？

真话也要花，我花我从前学会“做人”的经验。人得罪了也算不了什么，继续讲真话。

愿做小丑，娱人娱己

人生已走一大半，不如意事常八九。到现在，可以避免尽量避免，深感不值得有更多的烦恼。

大概自幼就有不喜欢愁眉苦脸的性格，小朋友们为了梁山伯与祝英台痛哭的时候，我在一旁看徐文长故事，偷偷地笑。

“为赋新词强说愁”的阶段也曾经有过，爱上缠绵悱恻的诗句和小说。

但是，那个时候，痛苦等于是一种享受，悲戚是喜剧的化身。

以娱乐当事业，结论是没有走错。不会挑选哭哭啼啼的东西为题材，因为一部电影你们可能只看一两次，但是制作过程中我自己最少过眼二三十遍。悲剧，先会把我闷死。

一种米养百样人，我不反对别人搞肮脏的政治、当成仁的战士、做宗教的使者。

总需要一名小丑吧？让我来染红鼻子。

跟跄伤怀、柔肠百转、五内俱焚、心如刀割、怔忡不已、郁郁寡欢等字眼，最好在我脑中消逝。套句现时流行语：去吃自己吧！

与小人争权夺利，为名誉出卖自己？

不不不。

换父母

杂志编辑来电："我们要改版，你是否可以改变作风？"

我战战兢兢地回答："要是读者看厌了，不如停一停吧。"

"我不是说读者不爱看，我是说一种方式维持太久，就不新鲜。"编辑辩论。

"那么你有什么建议呢？"

"可以说个故事，讲个笑话呀！"

我抓抓头皮："我写的，就是这些东西呀。你看不出吗？那真的要停一下了。"

"没有人叫你停！"编辑大叫。

"那请你具体一点，说出缺点来。"

"没有人说你的东西有缺点，只……只是，总之更换新方式，新作风！"

"我的作风，辛辛苦苦，花了几十年才建立起来的呀。"我说，"这一把年纪了，要重新建立，恐怕来不及了吧？"

“换一个方式来讲，”编辑说，“比方一个老婆天天做一种菜，总会吃厌的。”

“说得真是有道理。”我明白了，“你是叫我换老婆吗？”

“没有人叫你换老婆，比方罢了！”编辑又大叫，“总可以多交几个女朋友！”

“好极了。”我说，“你介绍些来！”

“去哪儿找来介绍给你？”

我懒洋洋地：“我说的，也只是比方罢了。你想得出怎么变，我就变给你。”

编辑哑口无言。

我继续说：“作者和读者之间的关系，时间一久，会成为亲人。也许会觉得单调，但已有了血缘关系，不是夫妻那么简单，是父母了。你要换掉你的老父老母？”

“换个话题吧。”他最后说。

“正好。不如谈谈稿费，已有好几年没加一毛钱。”我说。

对方挂掉电话。

我连声道歉，说自己疯了

有些人，对于钱，想不开就是想不开。

七老八十了，有一大堆的储蓄，说什么也不肯动用，每天过着对不起自己的生活。

钱是人家的，管他那么多干什么？朋友一直那么骂我。说得也是，一种米养百种人，大家的想法不同，才有趣。但见彼等斤斤计较，为一点小费而争吵，佛都有气。

一位移民到美国的友人，数十年前抵港，赤手空拳闯天下，有所成。至今老矣，家产逾亿，亦不懂得享受。好在到了中年，培养了爱好艺术的兴趣，又遇内地名家字画不值钱，大量收购，藏的都是精品。

“参加旅行团，游世界呀！”我说，“趁现在走得动。”

他横眼看我，像见到一个引诱他堕入深渊的魔鬼：“哪来那么多钱？”

“把你收藏的任何一幅画卖掉，整个地球让你跑几圈也用不完。”我说。

“万万不可。”语气有如古人地拒绝了。

他有子女，家产也许要为他们留下，无话可说。但是又有一位刚刚丧妻的朋友，也收藏了很多字画，我劝他卖掉养个小的，他同样说万万不可，不过他膝下犹虚，无任何节省的理由。

“带进棺材吗？”没教养的人可能那么当面指责，这句不吉利的话我是说不出来。

其实，当成自己活到一百岁，把剩下的钱逐年计算用完，不行吗？字画，身外物也。而且那么多，少了一两幅根本无伤大雅，奖励自己一生辛辛苦苦，也是应该。

忽然，我伸手在他的秃头上打了一下。

“你打我干什么？”他大怒。

我连声道歉，说自己疯了。

阿妈是女人

“你要好好读书，才会出人头地。”

“不要光顾着交女朋友，今后有大把时间。”

“好好找个老公。”

“你已经超过三十岁了，快点结婚。”

这一类的话，我都叫它们为“阿妈是女人”。理所当然的事，说来干什么？

到了我这把年纪，最“阿妈是女人”的一句话是：“什么都是假的，身体最要紧，健康才是最可贵。”

谁不知道身体健康这回事儿？我已经说过很多次：身体健康之前，精神要先健康，这不敢吃，那不敢碰，精神上已经有了毛病，当然影响肉体。

不喜欢人家那么多废话，自己就不说了，我们应该尽量避免说“阿妈是女人”的话。

读书的兴趣完全是自发性的，能不能出人头地，对小孩子们来讲，一点也不重要。为什么不告诉他们尽量活得快乐？

青春期要禁止对性的好奇，难如登天，说这种话的父母，难道自己没有经历过？

找个好老公谈何容易？爱上的人有老婆，喜欢自己的又看不上眼，让她们自由发展好了。中国人最聪明，以“缘分”两个字就解释一切。缘分到了，自然会找到。

结婚是个野蛮制度，当今的人个个都怕，但是个个都结婚，为什么？要等到冲昏头脑时！那时要阻挡也挡不来。儿女养得那么大，留身边多陪自己几年，有什么不好？为什么要把他们推出门去？

这都是关心你呀！说“阿妈是女人”的话的人那么辩论。要关心，用英语说 take care，用中文说保重，已经够了。

不过“阿妈是女人”之中，有一句我倒是经常说的，那就是：“别斤斤计较，死，你是死定的！”

巴黎已是晚上

中国的伟大剧作家李渔谈喝酒时说，喝酒之事，有“五贵”。一、贵在能好，酒量大小都不要紧。二、贵在喜谈，饮伴多寡不拘。三、贵在可继，好酒劣酒，都不成问题。四、贵在可行，喝酒后答应的事要做。五、贵在可止，长喝短喝，喝得多喝得少，一旦叫停，就能够再也一滴不喝。

有了这“五贵”，才有资格称为能欣赏酒的人，方可叫作懂得喝酒之乐。

李渔生平还有“五好”和“五不好”。他不好酒而好客，不好食而好谈，又不好长夜之欢，而好与明月相随而不忍别离。不好苛刻的法律，但是爱看坏人受罚，并且令他欲辩无辞。不好一喝酒就骂座之人，而好酒后肝胆相照的朋友。

有了这“五好”和“五不好”，会不会喝酒，是另一回事儿，终日可以和好酒之人为伍。

喝酒时最好能听听音乐，每听必至忘归。好个李渔，不回家也不必怕被老婆骂。

他说的我完全同意，听音乐我不限于听古典或歌剧，至于到卡拉OK去，听那些本来长得漂亮的女人一开腔，完全走音，就大叫不妙，逃之夭夭。

友情还是比喝酒之道重要，当年倪匡兄酗酒，疯了起来李渔讲的“五贵”完全忘光，但是我们这群老友还是能原谅他和宽容他的。

除了李渔讲的那些不喜欢的事，我还讨厌人家喝完酒后呕吐得一塌糊涂，那股味道久久不散，实在难闻。

常笑那些说白天不喝晚上才喝的朋友。白昼宣饮，是人生乐事，不必为工作担忧，那多逍遥？倪匡兄有一次见我老母在中饭时拿出一瓶酒，推拒不喝。妈妈说现在巴黎已是晚上，照喝不误。

答读者问

问：先生，女人能不能不生孩子？

答：当然可以，又不会死人。

问：先生信命吗？

答：说我好的，相信。

问：蔡先生，我真的好喜欢你，你能回复我一句麦当劳吗？

答：肯德基。

问：人可以选择走下坡路吗？

答：不可以就不是人了。

问：怎样拥有喜欢的人？

答：人，是给你拥有的吗？

问：先生好，您最爱的一句话是什么？

答：不置可否。

问：没有问题是不是也有点问题呢？

答：没有问题找问题没有问题，没有烦恼找烦恼就该死。

问：您的书已经看了四本了。

答：看完四十本再说。

问：怎么暴富？

答：走开吧。

问：先生，我刮刮乐怎样才会中奖？

答：我知道的话，现在就每天刮，不会在这里回答你这些不太聪明的问题。

问：蔡先生，我今年二十八还有机会当富二代吗？

答：问你老子，问你妈。我没空。

问：想要问问先生对喜欢的定义是什么？

答：喜欢就是喜欢，真笨。

问：先生，请问有什么办法可以随心所欲地活着？

答：放开思想。

附录

关于身世

问：你真会应付我们这群记者。

答：（笑）这话怎么说？

问：我们来访问之前，你就先问我们要问什么题目。问吃的，你把写过的那篇关于吃的“访问自己”拿给我们；问到电影，你也照办，把我们的口都塞住了。

答：（笑）不是故意的，只是常常遇到一些年轻的阿猫阿狗，编辑叫他们来访问，他们对我的事一无所知，不肯收集资料，问的都是我回答过几十次的。我不想重复，但他们又没的交差，只好用这个方法了。自己又可以赚回点稿费，何乐不为？（笑）但是我会向他们说，如果是在我自问自答的内容中没有出现过的问题，我会很乐意回答。

问：（抓住了痛脚）我今天要问的就是你没有写过的：关于你家里的事。

答：（面有难色）有些私隐，让我保留一下好不好？像关于夫妇之间的事，我都不想公开。

问：好。那么就谈谈你家人的，总可以吧？

答：行。你问吧。

问：你父亲是怎么样的一个人？

答：我父亲叫蔡文玄，外号“石门”，因为他老家有一个很大的石门。他是一个诗人，笔名柳北岸。他从中国来南洋谋生，常望乡，梦见北岸的柳树。

问：你和令尊的关系好不好？

答：好得不得了。我十几岁离家之后，就不断地和他通信，一礼拜总有一两封，几十年下来，信纸堆积如山。他一年之中总来我们那里小住一两个月，或者我回新加坡看他。

问：你的一生有没有受过他的影响？

答：很大。在电影上，都是因为他而干上那一行。他起初在家乡是当老师的，后来受聘于邵仁枚、邵逸夫两兄弟，由中国来新加坡发展电影事业，担任的是发行和宣传的工作。我对电影的爱好也是从小由环境培养出来的，那时家父也兼任电影院的经理。我们家住在南天戏院的三楼，一走出来就看到银幕，差不多每天都在看戏。我年轻做制片时不大提起是我父亲的关系，长大了才懂得承认干电影这行，完全是父亲的功劳。

问：写作方面呢？

答：小时，父亲总从书局买一大堆书回来，由我们几个孩子去打开包裹，看看我们伸手选的是怎么样的书。我喜欢看翻译的，他就买了很多《格林童话》《天方夜谭》《希腊神话》等品种的书给我看。

问：令堂呢？

答：妈妈教书，来了南洋后当小学校长，做事意识很坚决，这一方面我很受她的影响。

问：兄弟姐妹呢？

答：我有一位大姐，叫蔡亮，因为生下来时哭声嘹亮。妈妈忙着教育其他儿童时，由大姐负担半个母亲的责任，指导我和我弟弟的功课，我一直很感激她。后来她也学了母亲，当了新加坡南洋女子中学的校长，那是一所名校，不容易考得进去。她现在退休了，活得快乐。

问：你是不是有一个哥哥和一个弟弟？

答：唔，大哥叫蔡丹，小蔡亮一岁，因为出生的时候不足月，很小，小得像一颗仙丹，所以叫蔡丹。后来给人家笑说拿了菜单（蔡丹），提着菜篮（蔡澜）去买菜。丹兄是我很尊敬的人，我们像朋友，多过像兄弟。父亲退休后，在邵氏的职位就传给了他。丹兄前几年因糖尿病去世，我很伤心。

问：弟弟呢？

答：弟弟叫蔡萱，忘记问父亲是什么原因而取名了。他在新加坡电视台当监制多年，最近才退休。

问：至于第三代呢？

答：姐姐两个儿子都是律师。哥哥一男一女，男的叫蔡宁，从小受家庭影响，也要干和电影有关的事，长大后学计算机，住美国。以为自己和电影搭不上道，后来在计算机公司做事，被派去做电影的特技，转到华纳，《蝙蝠侠》的计算机特技有份参加，还是和电影有关。女儿叫蔡芸，日本庆应大学毕业，做了家庭主妇。弟弟也一男一女，男的叫蔡晔，因为弟妇是日本人，家父说取“日”和“华”为名最适宜。“晔”字念成“叶”，菜叶菜叶的也不好听，大家都笑说我父亲没有文化。女儿叫蔡珊，已到社会上做事。

问：为什么你们一家都是单名？

答：我父亲说发榜的时候，考得上很容易看出，中间一格是空的嘛。当然，考不上也很容易看出。

问：你已经写了很多篇“访问自己”，是不是有一天集成书，当成你的自传？

答：自传多数是骗人的，只记自己想记的威风史。坏的、失败的多数不提，从来没有自传那么虚伪的文章。我的“访问自己”更不忠实，还自问自答，连问题也变成一种方便。回答的当然是笑话居多。人总有些理想，做不到的事，想象自己已经做到。久而久之，假的事好像在现实生活中发生过。但是我答应你，这一篇关于家世的访问，尽量逼真，信不信由你。

关于写作

问：谈过你对人生、宗教等的看法，你本身是个作家，还没问过你写作的事，从什么时候开始写的？

答：你我一样，都是在念小学的时候，从老师叫我们做作文开始写的。

问：正经一点好不好？

答：我讲这句话，是有目的的，等一会儿再转回来谈。如果你是问我从什么时候开始赚稿费，那是在中学。我投稿到一家报馆，发表了。得到甜头之后陆续写，后来靠稿费带女同学上夜总会。

问：从那时候写到现在？

答：不。中间去外国留学就停了，后来为事业奔波，除了写信之外，没动过笔。四十岁时，工作不如意，才开始写专栏。

问：是谁最先请你写的？

答：周石先生。那时候《东方日报》好像由他一个人负责，包括那版叫《龙门阵》的副刊。周石先生很会发现新作者，他常请人吃饭，与人聊天，听到对方在饭局上说故事说得精彩，就鼓励他们写东西，我是其中一个。

问：后来你也在《明报》的副刊上写过？

答：是，我有一个专栏，叫《草草不工》，用到现在。

问：《草草不工》不像一般专栏的栏名，为什么叫“草草不工”？

答：草草不工，不工整呀！带谦虚的意思。当年向冯康侯老师学书法和篆刻，他写了一个印稿给我学刻，就是“草草不工”这四个字，我很喜欢。这方印，在报纸上也用上了。

问：那时候的《明报》副刊人才济济，很不容易挤得进去，是怎么让你在那里发表的？

答：在《龙门阵》写，有点成绩，才够胆请倪匡兄推荐给金庸先生。当年金庸先生很重视这一版副刊，作者都要他亲自挑选，结果他观察了我一轮文章之后，才点头。后来做过读者调查，老总潘粤生先生亲自透露，说看我东西的人最多，算是对金庸先生有个交代。

问：怎么写，才可以写得突出？

答：要和别人有点不同。当时的专栏，作者多数讲些身边的琐碎杂事，我就专门讲故事，或者描写人物，或者谈谈旅游。每天一篇，都有完整的结构。几位写得久的作者说我写得还好，问题在于耐不耐久，他们没想到我刚开始就有恃而来。

问：这句话怎么说？

答：停了写作那几十年之中，我不断地与家父通信，大小事都告诉他，至少一星期一两封。我也一直写信给住在新加坡的一位长辈兼老朋友曾希邦先生。写了专栏，我请他们二位把我从前写过的信寄回来，整箱整箱地寄，等于翻日记，重看一次，题材就取之不尽了。

问：你的文章中，最后一句时常令读者出乎意料，这是刻意安排的吗？

答：刻意的。我年轻时很喜欢看欧·亨利的文章，多多少少受他的影响，爱上他的写作技巧——终局的 twist（转折）。周石先生说那是一颗“棺材钉”，钉上之后，文章就结束。

问：怎么来那么多“棺材钉”？

答：一篇文章的结构，跳不出起、承、转、合这四个步骤，但是不一定要依这个次序去写，把“转”放在最后，不就变成“棺材钉”了吗？

问：要经过什么基本训练吗？

答：基本功很重要。画画要做素描的基本功，写字要做临帖的基本功。

问：什么是写作的基本功？

答：看书。像干电影业的人，不看电影怎行？写作人基本上是一个勤于读书的人。需要从小就爱看书，从小不爱文学，最好去做会计师。

问：你是从看什么书开始的？

答：小时看连环图，大一点看经典，像《三国演义》《水浒传》《西游记》《红楼梦》等，都非看不可。中学时代是人一生之中最能吸收书本的时候，什么书都生吞活剥。只有在这年代，你才有耐性把长篇的《约翰·克利斯朵夫》《战争与和平》《基督山恩仇记》等看完。像一个发育中的小孩，怎么吃都吃不饱。经过那段时期，就很难接触到那么厚的书了。当然，除了金庸先生的武侠小说。

问：我也经过了那段时期，我也想当一个专栏作家，你认为有可能吗？

答：啊，现在可以回到刚才所说的，做学生时，你我都写过作文。我认为会走路的人就会跳舞，会举笔的人就会写文章。你想当作家？当然有可能，不过跳舞的话，跳步总得学，写作也要练习。光讲是没有用的，你想当作家，就先要拼命写、写、写。发表不发表，是写后的事。为了发表而写，层次总是低一点。不写也得看，每天喊着很忙很忙，看来看去只是报纸或杂志，视线都狭小了。眼高手低不要紧，至少好过连眼都不高。半桶水也不要紧，好过没有水。当今读者对写作人的要求不高，只有半桶水也能生存，我就是一个例子。

问：你为什么不用粤语写作？

答：我也想尝试，但是我的广东话不灵光。香港有许多用粤语写作的文人，因为他们是以粤语思考。我写东西，脑子里面讲的是华语，所以只懂得用这方法写作。而且，我觉得用华语能够接触到某一种方言以外的读者。写东西的人，内心里都希望有多一点人能够看到。

问：所以人家说你的文字简洁，就是这个道理？

答：只答中一半。我选用的文字尽量简单，像你我在聊天，我没有理由用太多繁复的字眼。当今的华文水平愈来愈低落，有些人还说金庸先生的作品是古文呢。（笑）文字简单也是想让多一点人看得懂。至于说到那个“洁”字，是受了明朝小品的影响，那一代的作家，短短的几百个字就能写出人一生的故事。我很喜欢。但对于赚稿费，一点帮助也没有。（笑）

问：你的文章看了好像随手拈来，是不是写得很快？

答：一点也不快，一篇七百字的东西要花一两个钟头。写完重看一遍，改。放了一个晚上，第二天再看，再改。这是我父亲教我的写作习惯。至于题材，则每时每刻地思考，想到一个，就储起来，做梦也在想，现在和你谈天也在想。

问：你一共出了多少本书？

答：已经不去算了，反正天天写。七百字的短文，一年可以集成三本左右；一星期两千字的，一年集成两本。写餐厅批评八百字的，一年也是两本。

问：都是发表过的文章？没有为了出版一本书而写的吗？

答：先在报纸和周刊上赚一笔稿费再说，中文书的销路实在有限，单单出书得不到平衡。

问：为什么你讲来讲去，都讲到钱？

答：为理想而不顾钱的情形，在我的人生中也发生，但是不多。不过钱多一个零少一个零对日常生活也没什么改变，钱只是一种别人对自己的肯定，我是俗人，我需要这份肯定。

问：要是在美国或日本的话，你的版税一定不得了。

答：我从前在电影公司做事，一位上司也向我这么说。我回答说，当然不得了，但是如果我生活在泰国，谁会找我出中文书？做人，始终是比上不足，比下有余，知足常乐。

问：听说你的稿费很贵？到底有多少？

答：唉，年老神衰，写不了那么多，对付那些前来邀请的新办杂志编辑，我只有吹牛说人家付我每年一百万港币，你给得起的话，再说吧！

问：你的稿费就算再高，研究纯文学的那班人也从来看你不起，他们一向提都不提你。

答：（嬉皮笑脸）不要紧。

问：你有没有想过你的文章能不能留世？

答：倪匡兄也遇到一位所谓纯文学，或者叫严肃文学的作者。她说："倪匡，你的书不能留世，我的书能够留世。"倪匡听了，笑嘻嘻地说："是的，我的书不能留世，你的书能够留世。你留给你儿子，你儿子留给你孙子，就此而已。”倪匡兄又说：“严肃文学，就是没有人看的文学。”

问：哈哈！他真绝。

答：能不能留世，根本就不重要，最重要的是保持一份真，有了这份真，就能接触到读者的心灵。倪匡兄说过我就是靠这份真吃饭，吃得很多年。

问：你难道一点使命感也没有吗？

答：有了使命感，文字一定很沉重，和我的个性格格不入。

问：你的文章中有很多游戏，又有很多歪曲事实的理论，不怕教坏青少年吗？

答：哈，要是靠我一两篇乱写的东西就能影响青少年，那么教育制度就完全崩溃，每天花那么多小时读的书，都教不到他们判断力，多失败！

问：你写的多数是小品文，为什么不尝试写小说？

答：我也写过一本叫《追踪十三妹》的小说呀。

问：我看过，还没写完。

答：我会继续写的，都是用第一人称，新书只说一个新人物，也认识十三妹这位二十世纪六十年代的专栏作家。多写几本，也是把每一个人物都串联起来。我这一生，只会写这一辑小说。

问：什么时间才写？

答：等我停下来。

问：你停得下来吗？

答：（呆了一阵子）大概停不下来吧。

问：对于写作，你可以做一个结论吗？

答：记得十多年前有本杂志，叫什么读书人的，请金庸先生亲笔写几个字，他老人家录了钱昌照老先生的《论文》诗，诗曰：

文章留待别人看，
晦涩冗长读亦难。
简要清通四字诀，
先求平易后波澜。

关于金钱

问：金钱重要吗？

答：哈哈哈哈。（干笑四声）

问：香港是不是一个以金钱挂帅的社会？

答：英国大班的后代来到维多利亚港，闻了一闻，问他手下道：“这是什么味道？”他的华人同事回答：“这是金钱的味道。”香港，是个钱港。

问：道德是不是比金钱重要？

答：在香港，有二重、三重或四重的标准。

问：高地价政策崩溃之前，有层楼的人都是百万富翁，当今大家都变成负资产了。

答：小部分罢了。买来自己住，变成负资产，是可怜的。多买一家来炒，变成负资产，就不值得同情了。这像买股票一样，愿赌服输，怎么救他们呢？

问：那么大部分香港人还是有钱的？

答：有，银行的存款，加起来还是数千亿。大部分香港人花钱还是花得起，看花得值不值得而已。当今不景气，大家省一点，是香港人的应变能力。

问：你认为香港还是有前途的吗？

答：日本经济一衰退，就是十几年，大家也还不是过得好好的吗？香港也遇到过好景的时代，都存了点钱。日本人现在一直在吃老本，十几年没吃完。我们也在吃老本，才几年罢了，呱呱叫干什么？

问：失业大军每天在增加，不怕吗？

答：失业率多过二十世纪五六十年代的香港？当年挨了过来，香港人生存力多强！比起当年，现在算得了什么？

问：你没担心过？

答：穷则变，变则通。做无牌小贩也好，做看更也好，不想做，是嫌钱赚得不够多。现在几块钱就能吃一餐饱的，花园街上的衣服也是几块钱一件。香港很少饿死人，也没听过有人冻死。

问：你自己算是有钱吗？

答：那就要看“有钱”的定义是什么了。我只能说够用罢了，我赚钱的本领没有我花钱的本领高，买几件看得上眼的古玩，足够令我倾家荡产。

问：你还没回答我，你重不重视金钱？

答：年轻时被书籍害了，认为钱不重要，要有情有义，有些赚钱的生意，给我我也不想做。年纪大了，才知道钱有多好，但是太迟，现在什么钱都赚，连广告也接来拍。这么老了，还要抛头露面，牺牲色相，真丢人！

问：你有没有算过你有多少钱？

答：真正有钱的人，才不知道他有多少钱。我当然算过，但不是一个很清楚的数目。总之不多，刚才也说了，够用罢了。

问：可不可以准确地去为“钱”下一个定义？

答：钱是好的，但是不能看得太重，当它是奴隶来使用。我从来不用钱包，把钞票往后裤袋一塞就是，有时会丢掉一些，也不可惜。因为塞在裤袋的钱，加起来也没多少。

问：这是不是和你没有子女有关系？

答：你说到了问题的根源。是的，我的朋友存钱，都是以存给子女为借口。有了下一代，对金钱的看法和没有的完全两样。至今，我没有后悔过。

问：怕不怕有一天忽然一点钱也没有？

答：永远有这个阴影存在。社会制度健全，就没这种担忧。像日本，老人福利做得很好，看病不要钱，退休金也够养活余年。但是要靠福利，就不是福利了，人一定要活得愉快。活得不愉快，不如别活下去。我一向主张要活，就要活得一天比一天更好！

问：你有钱，才说这种风凉话。

答：我不知道说过多少次，这和金钱不能相提并论，活得一天比一天更好，是看你活得充不充实。多学一样东西，就充实多一点。记一记路旁的树叫什么名字，是不要钱的。记多了就成专家，成了专家就能赚钱。

问：我完全听不进去。看你有一天真正穷了，能干些什么？

答：到路边去替人家写挥春（粤语方言，春联）呀！

问：字也要写得像样才行！

答：之前你就要学呀，学书法花得你多少钱？学了，生活就充实。生活充实，人就有信心。多学几样，每一样都是赚钱工具，不要等到要靠它吃饱才去学。

关于烦恼

问：看你整天笑嘻嘻的，你到底有没有烦恼？

答：哈哈哈哈。（干笑四声）

问：那怎么没看到你写关于你的烦恼的文章？

答：我想我基本上是一个很喜欢娱乐别人的人，干了半辈子的电影业，多少也是一种娱乐事业。喜欢娱乐别人的人，怎会把自己的烦恼告诉人家？

问：哭也是一种娱乐呀。

答：你去做好了。

问：我们年轻人怎么克服烦恼呢？

答：没的克服，只有与它共存。

问：怎么共存？

答：一切烦恼，总会过的。我们小时候烦恼会不会被家长责骂。大了一点，担心老师追功课。青春期为失恋痛苦。出来做事，怕被炒鱿鱼。但是，这一切不是都已经过了吗？一过，就觉得当时的烦恼很愚蠢，很可笑。我们活在一个刷卡的年代，为什么不预支快乐？既然知道一过就好笑，不如先笑个饱算数。

问：这不是阿Q精神吗？

答：什么叫阿Q精神，你还弄不懂，你想说的是逃避心理吧。逃避有什么不好？逃避如果可以解决困扰，尽管逃避。有些事，避一避，过后它们会自动解决。

问：说是容易，做起来难呀！

答：这我知道，但是说比不说好，想比不想好。

问：你难道没痛苦过吗？

答：痛苦分两种，精神上的和肉体上的。精神上的痛苦是想出来的。不想，痛苦就没了。肉体上的痛苦才是真正的痛苦。人家砍你一刀，你一定会痛苦。女朋友走了，你认为还有新的，就不痛苦。肉体上的痛苦，好解决呀！拼命吞必理痛（Panadol）就是。别听人家说吃多了对身体有害，痛苦是不需要忍受的，把必理痛拿来当花生吃就是。

问：什么情形下才产生烦恼？

答：个人看得开的话，烦恼不出在自己身上，是出在你周围的人身上。喜欢的人，在不知不觉之中，完全变成另一个人，而你自己又改变不了对方的想法，烦恼就产生了。

问：我们年轻人怎么解决？

答：没的解决。一就是离开这个人，二就是强忍，都是看你爱对方爱得有多深。其实，也都是自己想出来的。因为你两者都想要，或者两者都做不了，烦恼就来了。

问：宗教信仰能不能帮你解决？

答：那才叫作逃避。

问：我们年轻人，分不开，也不懂。

答：你别整天把“我们年轻人”挂在口中，我们也年轻过。年轻时分不出什么是烦恼，什么是一定要活下去。年轻人享受体验烦恼的感觉，就像辛弃疾所说“为赋新词强说愁”。大家都有过这个阶段，醒悟得早，醒悟得慢，要看一个人的灵性了。

问：活下去那么重要吗？

答：有时，是一种无奈。

问：多愁善感，美不美？

答：不美，什么事都想到负面上去，这种人要避开。林黛玉也许很吸引年轻人，但这种女人闷死人，整天哀哀怨怨，烦都烦死了，送给我，我也不要。

问：那是天生的呀。

答：我也承认这一点，所以愈来愈相信宿命论，遗传基因决定一切。物以类聚，让他们相处在一起，互相享受好了。我们不同的人，要避开。

问：避不了呢？

答：又要回到爱得有多深、忍与不忍的问题了。

问：（懊恼）说来说去，还不如不说。

答：有一种办法，叫作自得其乐。

问：怎么自得其乐？

答：做学问呀！

问：普通人怎么要求他们去做学问？

答：我所谓的“学问”，并不深。种花、养鸟、饲金鱼，简简单单的乐趣，都是学问。看你研究得深不深，热诚有多少。做到忘我的程度，一切烦恼就消失了。你已经躲进自己的世界，别人干扰不了你。

问：做买卖算不算是学问？

答：学问可大呢。研究名种马的出生也是学问。

问：我什么都不会，也没有兴趣，怎么办？

答：看漫画有兴趣吧？

问：有。

答：什么漫画都看好了。中国的连环图，日本的暴力书，英国式的幽默，等你看遍了，就是漫画专家，别说没有烦恼，还可以靠它赚钱呢。

问：我明白了，所以你又拍电影，又写作，又学书法和篆刻，又卖茶，又开餐厅。你的烦恼，一定很多。

答：……

关于岁月的逝去

问：你不避忌谈谈死亡的问题吧？

答：人生必经之道，避忌些什么？这是东方人的缺点，以为长寿是福，从不谈及死亡的问题。活得不快乐的话，长寿怎会是福分呢？

问：今后会有什么计划？

答：小时候，老师鼓励我们在一个年月的开始写下要做什么。大了，不做这些傻事。

问：你想你会活多久？

答：目前科学和医学昌明，我要是能够活到七十，不算要求过高吧？一定要我说出一个计划，就来个十年计划。十年过后，如果不是这里痛那里痛的话，那么再订一个十年计划也不迟。

问：你有没有想过这个十年计划中，你会做些什么？

答：想过。想了老半天，想不出一个头绪。还是随遇而安，一天过一天吧。人的生命，是那么脆弱。从早死的亲戚和朋友那里，我们可以得到这种结论。计划归计划，现实生活中将会发生些什么，谁知道？

问：难道连一个月的也没有？

答：我最不喜欢有什么目的或者有什么使命。如果硬说需要什么指标，那么还是一句老话：希望活得一天比一天更好。今天比昨天快乐，明天又要比今天充实。

问：什么叫充实？

答：多看书，多旅行，多观察别人是怎么活下去的，多学一点你想学的东西，就会感到充实。像我最近才学会用电脑上网，就有充实感。

问：物质上的享受重不重要？

答：回答你不重要，是骗你的，我的欲望还是很强的。我的一个食评专栏名字叫《未能食素》，和吃不吃肉没有关系，那是代表我对物质放不下，我还不能达到无欲无求的层次。

问：有一天，没有了欲望，你会做什么？

答：做和尚呀！

问：你不是开玩笑吧？

答：一点也不是在说笑，认真的。那时候到来，我就去泰国清迈，那里我买了一块地，搭一间工作室，用木头刻刻佛像。懂得艺术的和尚多数是会受尊敬的。

问：做了和尚，还管得了受不受尊敬？

答:（脸红）你说得对，所以我说我六根未净嘛。

问: 还是谈回死吧。

答: 人生下来，自己是不能决定的。但是，我想，死最好能够自己掌握。小时候看过马克·吐温的小说《顽童流浪记》，主人翁骗大家被淹死了，又偷偷回来看自己的葬礼，那多有趣！

问: 你的葬礼是怎么样的一个葬礼？

答: 最好是像开大派对一样，载歌载舞，开香槟，不要任何哀愁，只有欢乐。

问: 然后呢？

答: 然后结束自己的生命呀！

问: 可能吗？

答: 高僧都知道自己什么时候死。像弘一法师，他最后写了“悲欣交集”四个字。我最后还没决定要写哪四个字，给我一点时间想想。

问: 你觉不觉得老？

答: 古人有“丹青不知老将至”的句子，幸好我的头发虽然白了，但是还没掉光，所以也不感觉老。体力大大不如从前，倒是每天感觉到的，像酒量，像性爱的次数，等等。思想上可是愈来愈年轻，觉得周围的人都比我稳重。我常开玩笑，说我和年轻人有代沟，我比他们年轻。

问: 你吃得好，住得好，当然比很多人年轻啦。

答：我吃得好，住得好，是年轻时付出了勤劳的代价。我也有经济不稳定的岁月，我不是在说风凉话。我和年轻人有代沟，是我觉得他们对生活的态度不够积极。

问：还有什么想吃的东西？

答：很多。但是大部分我都吃过，我现在看到鲍参肚翅就怕，宁愿吃豆芽炒豆卜。

问：有没有不敢吃的？

答：前几天去了东京，那间吉野家的牛丼（即肥牛饭）没有人敢食，我才不怕，照吃不误。疯牛症的潜伏期有十年，如果我有计划，那刚好到期。再过三年，我也不管艾不艾滋了，艾滋病的潜伏期是七年嘛。哈，老是人生一张自由自在的通行证。

问：真的不怕死？

答：人生充实了，对死亡的恐惧相对减少。我好像告诉过大家这么一个故事：有一次我乘长途飞机，旁边坐了一个体型彪悍的鬼佬，遇到了不稳气流，飞机颠震得厉害，鬼佬拼命抓紧把手，我若无其事照喝我的酒。气流过后，鬼佬看我看得不顺眼，问我："你是不是死过？"我懒洋洋举起食指摇了一摇，回答道："不，我活过。"

杨澜对话83岁蔡澜

现在就是最好的

我一点不后悔没有小孩，照顾不了的事就不要照顾

问：您从年轻的时候就选择不要孩子，到了老的时候会不会有一点后悔呢？

答：一点后悔都没有。因为我不喜欢有小孩子，是因为我照顾不了，我自己都没长大的。我的哥哥弟弟都有小孩，所以不必我来生了。生来干什么？我自己不喜欢的东西要做来干什么？

问：所以这个想法从年轻到现在也没有改变？

答：没有。我决定得很早，我在日本拍电影，我做监制，王羽有一部戏在韩国拍，邹文怀叫我去，“你去把他搞定”，我说我回去收拾一下，“不要收拾，太紧迫了，他们那边差一点打起来了，马上要走”，只有听他们的马上走，果然把事情搞定了。回到家里，我养的一笼麻雀都死掉了。那么从此以后我就认为说，你照顾不了的事，你不要去照顾，那么我照顾不了孩子，我就发誓不再养了。

问：反而觉得现在没有人来管你了，很自由。

答：很好。我租最好的房子来住，所以我现在是最好的。

把收藏都送人会心疼吗？

“我有一壶酒，足以慰风尘。尽倾江海里，赠饮天下人”。

问：您决定把自己的收藏都送人，然后带着助理就开始住在酒店里，您的想法是不是，这辈子把挣到的钱都花光才是成功的人生呀？

答：花光才是你会花钱嘛。

问：我知道您有很多的收藏，一方面自己有创作，一方面也有收藏，这么多一辈子的心血，就这么送出去，不心疼吗？

答：心疼说不上心疼，你到了某个程度，你就把它们断舍离的，送人。他们喜欢比我自己喜欢更多，所以就送了。

问：所以其实你也要做很多的准备，才能够把它送给合适的人吧？

答：我看他的兴趣比我还要大，那么你就送掉。

问：就是喜欢赚钱，但也并不守财。

答：嗯。

这辈子没为钱窘迫过

人到老年的时候，尊严和自由很重要

问：你这辈子有没有觉得手边没钱很窘迫的时候？

答：没有。因为我很努力很努力挣钱。我妈妈跟我讲的，一定要赚钱。

问：赚钱的目的是什么呢？

答：多一点自由。

问：人家说过去的文人呢，陶渊明“不为五斗米折腰”，你说是“喜为五斗米折腰”，这怎么来讲呢？

答：能够有五斗米，你就很高兴了嘛。吃得饱，如果能够折腰就折吧，又有什么关系呢？情操上你自己知道你很干净，这个是很重要的。

问：所以现在看起来，这个人到了老年的时候，有一点积蓄，是能够给人带来尊严的。

答：尊严自由很重要。

美食和天赋无关

真心做出来的东西是最好的

问：美食这件事情就是因为天赋吗？你为美食还要下什么功夫呢？

答：一个人做其他的行为都不比吃的次数更多，一天要吃三餐，每天要做的事情你还不做好它，笨蛋。

问：人也不是只是为了活着而在吃，是吧？你的要求会是怎么样？

答：要求东西很真，做一个早餐做得很好，因为她真的是拿出她的心情出来做给我吃，那我也希望这样的态度来对别人，我也要求别人这样的态度来制作我的三餐。

“内卷”和“躺平”只能选一个 否则一定会有烦恼

问：现在网络上很流行两个词，一个叫“内卷”，一个叫“躺平”，对于面对这个选项的年轻人，您有什么样的分析和建议呢？

答：两者选中一种。

问：只能选一个吗？

答：只能选中一个，你就没有烦恼了。“躺平”就“躺平”，我要“躺平”，你怎么样，你奈我何。

问：那就得下个月付得出房租才能“躺平”。

答：付不起房租了，那你就永远地不快乐下去，那是你的事情，总之你选一种，你就不会太伤心，你选两种都要，一定伤心，一定烦恼。

对死亡没有畏惧 之所以拼命写书拼命工作是怕老了没钱用

问：谈死亡的问题，一直有一点禁忌，您有吗？

答：以前没有活过的时候就有，活过了就没有了，要吃的东西吃过了，要玩的地方玩过，走是一定要走的嘛，就要走得比较潇洒一点。这么拼命地写书、练书法，这么拼命地出了很多版本的书，都是因为怕老了以后没钱用。

问：您年轻的时候也是有这个焦虑，就怕老了以后没钱用？

答：对。

可爱的女人和反感的男人

问：觉得什么样的女人可爱？

答：女人最漂亮的地方是脑，这个脑要有趣才有用，我认为独立的（女人）最可爱。

问：你要真诚。

答：独立的才可爱嘛。要她们有自由的观念，有自主的精神，那种女人才好。整天就是谈车子谈衣服，那种女人笨得很哪，你五分钟你就完全知道她的脑里面想些什么，那种女人不行的。

问：就无趣了？

答：无趣无趣，虽然长得很漂亮也没用。

问：最反感的男人是哪样的？

答：第一，你一出来，鼻毛都伸出来了，这种男人怎么可以呢，这么难看嘛。

问：不修边幅的男人不可以？

答：不修边幅，是精神上不修边幅，你外表一定要好看，这个是基本嘛。

问：还有什么样的呢？

答：男人也还有那种凡事只会用金钱来衡量，“我赚了多少钱”，这种男人也很讨厌。那种男人也是五分钟十五分钟你能够了解他一生，很讨厌。

问：还有呢？如果是当着别人的面，讲过去女朋友的坏话的，是不是你也不喜欢？

答：我不喜欢。我不喜欢李敖，就是他把他离过婚的妻子的细节拿出来讲，这种男人是什么男人嘛！

香港《健康吗》频道专访

八人团队服侍生活

答：我助手，另外一个秘书，两个日班两个夜班，一个司机，有一个负责按摩，八个。这个按摩，我每晚都有人按摩。我算来算去八个人，当中只有一个男人，其他都是女人。

问：现在是否你理想中的退休生活？

答：不是，我理想中最少几十个人（照顾我）。

用钱狠，赚钱更狠

问：你对钱有何看法？

答：要用。有钱又不用，跟穷人没什么分别。不要把钱花光。把钱花光后，万一真的有需要用，不是太好。一定要有积蓄。你赚 100 元，你用 50 元，没问题，你永远有信心；你赚 100 元用 100 元，你是穷光蛋，没用的；你赚 100 元，你用 20 元，这人是“孤寒鬼”。如果我赚钱不厉害，我就不会擅长用钱。我每做一件事，我赚钱不是因为我贪，是因为我觉得，我做一件事成功了，很多事我都会做到成功为止。写书法，现在我写一张最少值 1 万元，以前我没想过会赚 1 万元这么厉害。这些不是钱的问题，是你得到认同的问题。老了以后身边一定最好有医生，一定有律师，还有就是古人说一定要有和尚，这个和尚就是你的信仰，或者精神上可以帮到你少许。我帮不到，在经济上帮不到你，但如果有和尚跟你做朋友，你或者会觉得日子容易过点。我很喜欢弘一法师，如果他可以跟我聊一整天，我就发达了，发达过我赚的几千万。

不多想就能减压

问：你生活有没有压力？

答：没有压力是假，一定有压力，但压力有用还是没用，如果你不想就没有压力，如果你想就有压力，但是你不想行不行？是可以，我不能说我可以完全（不想），但是我会尽量不想。

问：有很多人说香港人不开心、很悲观，你认同吗？

答：所以又是想不想的问题，你不想就不悲观，都是想出来，可以的，并非不可以，其实对于已经想过的人，好像我这样我就觉得可以轻松做得到，另外都可以向人学习。第一个能做到的就是倪匡先生，我是向他学习，还有我本身去很多地方，我去墨西哥想买烟花放，“蔡先生不行，这些死人才放，活人不放不庆祝”，从中又学到一点，学到西班牙人的热情。去到哪里就学到哪里，这些都减少我压力。

问：现在年轻人流行一种“躺平”文化，就是人生没什么目标，没有什么生活追求，对此你怎么看？

答：本来就应该这样。那些年轻人，如果有消极的想法，我帮不到他，如果我能帮我早就帮了，什么都拿出来帮你。这么多年轻人，你看看楼下走来走去那些，我帮得到我撒钱给他们，帮不到，所以说什么都是想出来，不用怕，我们都会好好地活下去，不用担心太多。

人生最美好时刻

问：我记得你说喜欢旅行，但你去旅行不是看风景这么简单，你更加注重和人互动对吗？

答：是啊，还有我比较幸福，因为我们拍电影，我去到哪里，人家去一星期或者十天，觉得已经认识到这个地方，但是我们一去就一年了。

问：这么久？

答：是啊，我多数拍成龙的电影，《快餐车》那些都是没有剧本，去到那里才开始写剧本，所以住很长时间，写剧本那段时间是生活中最美好的一段日子，很多事情我可以先谈一谈先想一想，这个景以后怎样拍，我有这个福气，南斯拉夫那时候去过，墨尔本、墨西哥，都很幸福。

问：你鼓不鼓励年轻人多旅行，去哪里都好，去久一点？

答：你如果不旅行，你根本就没有办法理解，一定要走万里路。如果有这些机会你还不去，就比较迟钝。

问：你去过这么多国家旅行，有没有特别喜欢哪个国家和它的文化？

答：那时候邹文怀先生说，“有人逼成龙拍戏，你快点带他走”，一听到说去哪里都可以，我立刻笑出来，结果就在西班牙住了一年。我昨天睡不着，NHK[①] 有个节目，说巴塞罗那，我起床看，看到很晚都没睡，巴塞罗那真是一个好地方，吃东西又好，高质素的火腿在里边切，在外面买得到，非常好的一个国家。那时候我去韩国，真是好玩，那条河叫汉江，你和女朋友去，跳上船，那个船夫跳进江，做什么呢？他说不想骚扰你们，跳进汉江之前，先点蜡烛，他说一完事你吹灭蜡烛就行了，我们到一半就吹灭，他在江边看，看到蜡烛灭了，他就跳进江游回来，是一个很美好的记忆。

人有教养才有趣

问：我看过你一些报道，你很重视一个人有没有教养。无论男女都好，你觉得人怎样才有教养？

---

① 日本放送协会。

答：多旅行多读书，就这样。你多旅行多读书，自然会令你有教养。年纪大了才知道，有教养的人比没教养的人有趣，没有教养的人很没趣。那些美女你和她聊五分钟，你差不多知道她一生发生什么事。

问：这么厉害？

答：为什么不知道？因为她脑里都没有知识，五分钟已经太多。

问：怎样看出来？

答：你说来说去都是化妆品，说来说去都是车，说来说去都是那些很小的圈子，很小很小，马上知道。比较不漂亮，但你和她可以聊二十分钟，那些就有教养有情趣。

问：心灵上的交流更重要？

答：是啊。

识英雄重英雄

问：倪匡呢？你想不想念倪匡？

答：当然了，这个老朋友教我很多事，特别感激他。倪匡先生真的是外星人，想的东西完全不同。

问：我看过你一个讲座，你就说“你们不知道我有多喜欢黄霑”，你有多喜欢他？

答：是，我有说过，黄霑反而不是教我，反而是我教他。我和他一起时，他说很多林燕妮的事情给我听，我说你不要和我说这些，你跟我说不要紧，你如果跟另一个人说，把这些谈话讲给林燕妮听，你岂不是糟糕？所以有些事情是我教他。他说明白，结果他也明白。

问：你也说过，你们感情很好，无论谁挑拨离间，你们都不可以生大家气，因为你们三个是最好兄弟，你们怎会有这份兄弟情？

答：大家有不同的兴趣、不同的想法，但是可以交流，互相地欣赏所谓的才华。黄霑那些作词作曲，我们做不到；倪匡先生外星人的思想，我们又做不到；我经常嘻嘻哈哈，他们又做不到。我比他们乐观。

问：倪匡先生有一段时间在医院，你买叉烧给他吃，走遍全港，最后只找到甘棠烧鹅，他喜欢吃，为什么你这么疼他？

答：他疼我一样的。

问：他是怎样疼你？

答：他什么都教我，什么都跟我说，我有什么都跟他说。我有烦恼，什么烦恼，他一句话，你不要想就没有烦恼，已经教我很多了，这些已经用不完，很难的。

问：你们向大家承诺过，谁先走另一个都不可以哭，是吗？

答：没用的。

问：因为哭是没用，伤感是没用？

答：是的。

问：现在面对身边的朋友离世，是否都是这个心态？